Mañana será tarde

José Antonio Zarzalejos

MAÑANA SERÁ TARDE

Planeta

Diagonal, 662-664, 08034 Barcelona
www.editorial.planeta.es
www.planetadelibros.com

Primera edición: mayo de 2015
Depósito legal: B. 11.566-2015
ISBN: 978-84-08-14132-7
Preimpresión: Víctor Igual, S. L.
Impresión: Rotapapel
Printed in Spain – Impreso en España

El papel utilizado para la impresión de este libro es cien por cien libre de cloro y está calificado como **papel ecológico**

A mi hijo Pedro Pablo, él sabe por qué y para qué

Índice

Prólogo

Un dictamen sereno

La gran crisis española no ha terminado todavía, pero lleva durando tanto tiempo que ya tenemos algo de perspectiva para ver su itinerario y para observar algunos de sus rasgos más acusados. Ahora el gran derrumbe que empezó en 2008 se ve como inevitable, pero si algo había sorprendente en sus vísperas, y aun en sus primeros episodios, era la falta de avisos claros sobre lo que se avecinaba, incluso la negación tenaz y autodestructiva de lo que ya estaba sucediendo. La memoria de los asuntos públicos es más frágil todavía que la de las vidas privadas, así que tan solo unos años después ya cuesta acordarse de la percepción que se tenía de las cosas en el pasado reciente, y más todavía no trasladar a nuestra conciencia de entonces las impresiones y las ideas que se han adquirido después. Porque vemos algo muy claro ahora nos parece que ya lo veíamos así mientras nos estaba sucediendo. Pero la capacidad de comprender el presente inmediato es muy limitada, probablemente por hondas razones cognitivas, reforzadas por la tendencia a la distracción, por la vehemencia ideológica, por el interés, por la ceguera del sectarismo político. Charles Seignobos definió la Historia como la ciencia de las cosas que ocurren una sola vez. Las cosas ocurren, en cualquier caso, muy rápido, de manera inesperada, muchas veces en zonas muy apartadas de la atención pública. De esa historia de lo inmediato quien se ha encargado tradicionalmente ha sido el periodismo, pero también el periodismo, ahora, es uno de los grandes damnificados de la crisis, y cada vez se acentúa más la que parece su irreparable penuria. Lo triste es que el periodismo tampoco brilló muy alto en los tiempos de la prosperidad.

Hacen falta historiadores de lo presente y lo muy cercano y hacen falta testigos que den cuenta con claridad y rigor de lo que está a la vista de todos, o de aquello que permanecerá oculto si no hay quien tenga el coraje y la capacidad de alumbrarlo. José Antonio Zarzalejos, que se ha pasado una gran parte de su carrera dirigiendo algunos de los periódicos más influyentes de nuestro país —*El Correo* primero, luego *Abc*—, tiene buenas cualidades para ocuparse de esas dos tareas. Por su trabajo, y por las posiciones que ha ocupado, en esos espacios de la periferia y la cercanía del poder que antes frecuentaban con más aplomo que ahora los periodistas de peso, Zarzalejos ha sido y es un testigo magníficamente situado. Pero su larga experiencia, y la relativa lejanía en la que ahora se mueve, favorece que también pueda ejercer de manera solvente el oficio de historiador de lo cercano, o más exactamente de estos años de la crisis, de su llegada repentina y su duración desoladora, y de las raíces o los antecedentes que explican con más claridad esta época ya terminada, este sistema político que se originó en los años posteriores a la muerte de Franco y que ahora tanta gente se apresura en declarar obsoleto, o directamente muerto.

Zarzalejos ha respirado la atmósfera del poder y del terror en el País Vasco y luego la del Madrid al que llegó para hacerse cargo de la dirección de un gran periódico que llevaba durando un siglo y parecía destinado a durar tranquilamente al menos otro siglo más. Ha visto, pues, las dos caras de la vida pública española, lo que antes se llamaba la provincia y lo que a pesar de todo sigue siendo la capital, aunque sea la capital de un país cuya existencia no parece clara ni conveniente a muchos de sus ciudadanos. En España el olvido avanza más rápido que en casi cualquier otro país que yo conozca, pero es importante recordar que una parte de la carrera de periodista de José Antonio Zarzalejos tuvo lugar bajo la sombra negra y la amenaza constante del terrorismo más sanguinario de Europa. Me honro de haber conocido a unos cuantos de los que alzaron la voz en el País Vasco en aquellos años, de muy diversas inclinaciones políticas, y creo que todos ellos tienen o al menos tuvieron en común un rasgo que ha sido muy poco habitual en el resto de España: una conciencia muy clara de la distinción entre los adversarios y los enemigos, y de las muchas cosas fundamentales que unen a los ciudadanos en una democracia, por encima de las discrepancias políticas. La pedagogía democrática que en nuestro país nunca se hizo —no ha habido más pedagogía efectiva que la del adoctrinamiento nacionalista y la obstinación identitaria— se encontraron ejerciéndola a diario con sus actos las personas decentes que en el País Vasco salían juntas a la calle para vindicar el derecho de todos a la vida y a la libertad. Cuando uno puede jugarse la vida por escribir en un periódico o incluso por salir a comprarlo al kiosco, cuando la presión colectiva de la conformidad se vuelve asfixiante, los valores democráticos esenciales dejan de ser abstracciones para convertirse en necesidades tan reales como el aire y el pan.

Desde la periferia de Bilbao, Zarzalejos continuó su educación de historiador de lo cercano nada menos que en el mismo centro de la política y el dinero, en el centro del centro, en un periódico con vínculos muy particulares con la Monarquía. Y a pesar de que en España la adhesión a los periódicos que se leen puede ser tan sectaria como la de los partidos a los que se vota, Zarzalejos, unas veces con más éxito que otras, dadas las circunstancias, quiso fortalecer en *Abc* una tradición abarcadora y liberal que había sido tan marcada en el periódico como sus fidelidades monárquicas y eclesiásticas. José Antonio Zarzalejos seguía escribiendo con claridad, altura de miras y sosiego cuando la atmósfera de los periódicos se iba enrareciendo y crispando, según sucedía lo mismo en la política y en la sociedad española. Que lo apartaran de la dirección de *Abc* fue el síntoma de algo muy grave, en varios sentidos a la vez, político y empresarial, pero supongo que a medio plazo fue para él también un alivio.

Y desde luego esa salida fue la otra condición necesaria para que cobraran más fuerza sus capacidades de testigo y cronista. En un país donde casi todo el mundo ocupa un lugar invariable en el casillero de las adscripciones políticas, José Antonio Zarzalejos es una presencia móvil, alguien difícil de clasificar y de definir. Escribe en *La Vanguardia* defendiendo con claridad y vehemencia la unidad de España, pero lo hace en un tono y con unos argumentos que solo pueden despertar agresividad en las zonas más fanatizadas de la opinión. Es un hombre del sistema, en el sentido amplio y en el sentido preciso de la palabra, pero también es profundamente crítico, porque es muy consciente de las debilidades que pueden llevarlo a la ruina.

El lugar del testigo es la crónica; el historiador necesita la extensión del libro, más todavía cuando su relato aspira a la condición de examen y diagnóstico, de reflexión serena pero urgente sobre lo que nos ha pasado, lo que nos está pasando. Zarzalejos enumera las zonas de debilidad y crisis de nuestro sistema político y las examina una por una con la vivacidad observadora del testigo y con la voluntad de rigor de alguien que aspira a comprender la historia mientras está sucediendo. Se detiene en la corrupción, en la Corona, en la situación del País Vasco, en Cataluña, en el ascenso y caída de las empresas periodísticas españolas. Este último capítulo es casi el más triste, y el más inquietante, porque Zarzalejos ha asistido y asiste muy de cerca al deterioro intelectual, económico y laboral de un mundo que le es muy querido, y porque el final de la relevancia y la independencia de las empresas periodísticas será, si se consuma, un daño irreparable para la democracia.

Pero en el lamento de Zarzalejos no hay esa capitulación en el fondo nihilista del que se engolfa en explicar lo mal que está todo. Es un hombre templado, cauteloso en sus juicios, empeñado en la tarea racional de comprender y de explicar. Pertenece a la generación que al mismo tiempo que saltaba de la adolescencia a la juventud vivía el tránsito de la dictadura a la libertad, que se hizo adulta profesionalmente al mismo tiempo que aprendía a ejercer la ciudadanía democrática. Sabe, pues, de primera mano, la diferencia entre la oscuridad y la pobreza de las que venimos y todas las cosas que hemos ganado en todos estos años, igual que sabe la escala de las posibilidades que se abrían a final de los setenta y los primeros ochenta, las que se lograron y las que se frustraron. En su examen yo encuentro espacios en blanco que sería preciso llenar, fragilidades tan graves como las que él repasa, pero que no menciona, como el estado crítico de nuestro sistema educativo y las tremendas desigualdades sociales que se están acentuando. Pero una mirada y una voz como las suyas me parecen fundamentales en esta época aturdida, desolada y convulsa que estamos viviendo: necesitamos información precisa, no panfletos; razonamientos, no consignas; un debate abierto y pragmático para saber lo que puede hacerse y lo que no, lo que es prioritario, todo lo que nos hace falta para salvar lo mejor de lo que se fue logrando en las últimas décadas, para limpiar la mugre y ventilar la atmósfera, para asegurar un porvenir de libertad y decencia a tantos ciudadanos que ahora no parecen tener otras perspectivas que el abatimiento, la falta de esperanza o el delirio político.

ANTONIO MUÑOZ MOLINA

Introducción

> Cuando pensamos que el día de mañana nunca llegará, ya se ha convertido en el ayer.
>
> Henry Ford

La crisis económica que estalló el 15 de septiembre de 2008, el día en que Lehman Brothers quebró después de operar en el mercado financiero desde 1850, marcó la fecha inicial para una profunda transformación en el mundo occidental. Porque la crisis financiera se desenvolvió con una feracidad de rostros y mutaciones que la ha hecho poliédrica, cristalizando, según los países, en procesos críticos muy diferentes. En el caso de España, la negativa política a asumir la certeza de la crisis hasta que ya había avanzado irreversiblemente durante el Gobierno de José Luis Rodríguez Zapatero (2008-2011) y la renuencia a realizar reformas de carácter político durante el mandato del ejecutivo de Mariano Rajoy (2011-2015) han constituido actitudes de evitación o diferimiento que han generado el caldo de cultivo para la conformación de una crisis político-institucional de fenomenales dimensiones. En ella se encuentra enclaustrada la sociedad española.

El efecto más profundo de la crisis política en nuestro país se distingue por la precarización en la que ha quedado instalado nuestro sistema político-constitucional diseñado en 1978. La recesión de nuestra economía, y la necesidad súbita de adoptar medidas de ajuste que han modificado sensiblemente las expectativas de prestaciones y seguridades que ofrecía el Estado del bienestar, han ido cincelando una nueva sociedad, una colectividad que ha ido mutando aceleradamente. La crisis económica ha pasado a ser, así, una crisis del Estado y, por lo tanto, sistémica. Y ha producido el llamado *efecto bajamar:* cuando se retira la marea, quedan sobre la arena mojada los restos del naufragio, cuyo único destino es la incineradora o el basurero.

La percepción de que los tiempos de bonanza han estado cebados de comportamientos inadmisibles —algunos sabidos, pero omitida sistemáticamente su condena—, ineficiencias intolerables y disfunciones despilfarradoras ha activado una aceleración de la historia de la sociedad española en la que ha primado una clara sensación de urgencia por el cambio, la renovación y, en algunos casos, la ruptura con un sistema que no ha soportado la galerna de la crisis. La expresión más acabada de esa energía social de intolerancia al statu quo político e institucional actual ha consistido en la quiebra de la confianza entre la ciudadanía y sus clases dirigentes en la que se ha venido basando el régimen constitucional de 1978. Según las encuestas del Centro de Investigaciones Sociológicas (CIS), concretamente de 2012, casi siete de cada diez españoles viven con malestar la democracia, cuando una década antes se contaban entre los ciudadanos europeos con un nivel de insatisfacción muy bajo. Los españoles han pasado de estar mayoritariamente satisfechos con su régimen político a detestarlo a tal punto que parece que hubiésemos retrocedido a los tiempos de una Transición política que más de la mitad de los españoles no vivieron y en la que se dilucidaba si había que romper o había que reformar, si había que empezar de la nada o comenzar a reconstruir desde unos fundamentos sociales consistentes.

El dilema actual es muy parecido, porque se ha producido el gran desplome de las clases medias que, por efecto de la crisis, han visto volatilizarse sus expectativas vitales, provocando esa decepción colectiva una convulsa inversión de valores políticos. Según un estudio de Mikroscopia-My Word, hasta el 54 por ciento de los españoles considera que ha descendido de clase social como consecuencia de la crisis, lo que genera un rechazo racional, pero también visceral, hacia los que se consideran sus agentes: los Gobiernos, el sistema financiero y las grandes empresas. De ahí que España se haya convertido en un país anticapitalista. Según estudios solventes, ha caído en picado el apoyo a la economía de mercado cuando hace sólo unos años recababa el mismo apoyo que en Francia o Alemania.

Un desplome que no puede calificarse de sorprendente si se repara en que el 27 por ciento de la población española está en riesgo de pobreza o exclusión, o sea, uno de cada cuatro ciudadanos estaría en una situación económica y social límite, según el informe *Vulnerabilidad social* de la Red Europea de Lucha contra la Pobreza y la Exclusión Social, correspondiente al período 2009-2013, con datos extraídos del Instituto Nacional de Estadística (INE). Además, la renta por habitante ha retrocedido dieciséis años. España alcanzó la renta media europea en 2002; en 2007, superó la de Italia, y ahora está en el 95 por ciento de la media de la Unión Europea, en la que Alemania disfruta de la más alta (124 por ciento), siendo la media general de 108 por ciento, de tal modo que nos situamos —siendo la cuarta economía de la eurozona— en el puesto duodécimo de los veintiocho Estados de la Unión Europea. La devaluación de las rentas salariales —además de otros activos— ha sido extraordinaria: también según el INE, entre 2008 y 2013 los salarios han perdido el 40 por ciento de su capacidad adquisitiva.

Todos estos datos remiten a otro histórico más preocupante y definitivo: la contracción de las clases medias sobre las que ha recaído el peso de la crisis de manera particular. Como escribió Joaquín Estefanía,[1] la clase media española ha dejado de ser burguesía. «La clase media es la clase del desencanto y la indignación, porque su futuro se presenta oscuro», afirma el periodista, lo que supone, según el nada sospechoso de eufemismos Thomas Piketty —autor de una obra de referencia sobre las desigualdades provocadas por la crisis—[2] «todo un riesgo y una amenaza para la democracia», porque «el ascenso de la clase media ha sido el cambio más importante en la distribución de la renta en las últimas décadas». En España, su progresiva expansión —encuadrable en función de determinados niveles de renta, de formación y cualificación profesional, y protección de determinados valores sociales como los de estabilidad, or-

1. «La clase media ya no es la burguesía», en *El País* de 25 de noviembre de 2014.

2. *El capital en el siglo* XXI, Madrid, FCE, 2014.

den, libertad, seguridad y moderación— ha sido el eslabón que ha engarzado a la ciudadanía con los estamentos dirigentes en un pacto tácito vigente durante décadas. Hasta que la clase media se ha sentido traicionada por la deslealtad de aquéllos —corrupción, egoísmo social, ineficacia gestora, avaricia dineraria— y se ha convertido en una instancia social disruptiva. Como ha escrito el filósofo José Luis Pardo, «la actualidad está del lado del disenso, de la disrupción, conflicto, el no contrato, de acuerdo con aquellas *modas intelectuales* que vaticinaron la *mutación epocal* después de 1968».[3]

Pero las transformaciones que ha experimentado nuestro país durante estos años de crisis económica que ha mutado en política abarcan un espectro más amplio. Es verdaderamente dramática la recesión demográfica: en 2015 morirán más personas de las que nacerán, lo que significa el primer crecimiento vegetativo negativo desde la guerra civil. El INE prevé que la población española irá cayendo 5,6 millones hasta 2064 si persiste la tendencia actual. Tendencia que respondería no sólo a las mejores expectativas de vida, sino a dos graves disfuncionalidades: por una parte, un menor flujo migratorio y, por otra, la baja tasa de nacimientos en combinación con la *fuga de jóvenes* para lograr horizontes profesionales y vitales en otras latitudes.

Según el economista Ángel de la Fuente, «en España este problema es todavía más grave que en otros países. En pocos años la natalidad se desploma y a la vez la esperanza de vida va en aumento. La pirámide demográfica ahora en España no es una pirámide, es un rombo. Esto implica veinte o treinta años de transición con unas implicaciones económicas que son desagradables». El problema se agudiza con una proyección a décadas vista: en 2060, el 15 por ciento de la población española tendrá más de ochenta años y sólo el 13 por ciento menos de catorce, según el INE. Sólo Portugal y Eslovaquia tendrán menos jóvenes que España. La tasa de fertilidad española es la tercera más baja de la Unión Europea. Y no

3. «Lo viejo y lo nuevo», José Luis Pardo, en *El País*, 11 de febrero de 2015.

se trata sólo de un problema económico; se trata de un comportamiento generalizado que comienza a adentrarse en el terreno de lo cultural, porque implica un hábito muy común de procrear menos y hacerlo a edades más avanzadas. ¿Por qué? La respuesta es relativamente sencilla: el sistema no ofrece seguridades, certezas y confianzas para afrontar el futuro familiar, sea cual fuere su modalidad de las varias que ahora conviven en la sociedad española: la heterosexual, la homosexual y la monoparental. Como ocurre con otros aspectos problemáticos, España participa de los males europeos, pero con la circunstancia de que su sintomatología ofrece un diagnóstico peor al de la media de los países de nuestro entorno.

El hecho de que los españoles atribuyan a la religión un rol negativo —más del 50 por ciento lo hacen— nos sitúa en este peculiar ránking por delante de Estados militantemente laicos como Francia. Este dato lo arroja la macroencuesta realizada en sesenta y cinco países por Red WIN Gallup y que en España ha desarrollado el Instituto DYM Market Research. ¿Qué significación podría contener este dato? Sin duda una evolución de valores colectivos muy acendrada. La Iglesia es mal percibida porque, al alterarse el marco de referencia de los valores cívicos, el prohibicionismo moral ha dejado paso a otros criterios de discriminación ética. La oposición de la jerarquía católica al matrimonio homosexual o al aborto mediante el sistema de Ley de Plazos, la exclusión de los divorciados de la comunidad eclesial y de la mujer del sacerdocio y el sórdido fenómeno de la pederastia clerical —que da la sensación de ser generalizado, aunque esa impresión pueda responder más a la lógica y explicable repercusión mediática— son vectores en los que la Iglesia católica ha quedado connotada como un factor retardatario de la progresión social y, sobre todo, vinculada a la élite dirigente que confraterniza con poderes distintos —políticos y sociales— y que ha sido la que nos ha llevado a la situación actual.

Este panorama de profundas transformaciones sociales —algunas apuntadas antes de la crisis, pero otras fomentadas por ella y eclosionadas durante su desarrollo— remite a la nueva filosofía de la liquidez de las referencias colectivas que ha formulado Zygmunt Bauman en varios libros que han hecho fortuna. Hemos perdido ideas guía permanentes y las que existen son contingentes, temporales y menos consistentes. Todo cambia a una velocidad casi vertiginosa. Valga un ejemplo: en nuestro país, en 1996, sólo el 1,3 por ciento era usuario de Internet, mientras que en 2012, según el Pew Research Center, su uso ocasional ascendía al 79 por ciento, cifra cercana a la de Estados Unidos. España, además, es ahora el quinto país del mundo en la utilización de las redes sociales. En estos fenómenos —a veces de aparición y extensión abruptas— consiste la liquidez de lo que antes «era sólido», como nos ha recordado Antonio Muñoz Molina en un ensayo de referencia para comprender cabalmente lo que ha venido ocurriendo en nuestro país.[4]

Pero quizá la expresión más cierta de este acelerón de la historia que ha provocado la crisis —especialmente en una España en estado político de provisionalidad— haya sido la fragilidad del poder. Lo ha teorizado con perspicacia Moisés Naím en su libro *El fin del poder*, título que se hace acompañar de un subtítulo sugestivo: *Empresas que se hunden, militares derrotados, papas que renuncian y Gobiernos impotentes: cómo el poder ya no es lo que era.*[5] Para Naím, el poder se está volviendo cada vez «más débil y, por lo tanto, más efímero». Escribe el autor venezolano que «sabemos que el poder está fluyendo de quienes tienen más fuerza bruta a quienes tienen más conocimientos, de los países del Norte a los del Sur, de Occidente a Oriente, de los viejos gigantes empresariales a empresas jóvenes y ágiles, de los dictadores aferrados al poder a la gente que protesta en plazas y calles, y en algunos países, hasta comenzamos a ver cómo va pasando de hombres a mujeres y de los más viejos a los más jóvenes».

Este trasvase desde el poder tradicional a los *poderes* de la nueva sociedad ya se ha producido. Se ha producido, además, a una enor-

4. *Todo lo que era sólido,* Barcelona, Seix Barral, 2013.
5. Barcelona, Debate, 2013.

me velocidad. Mientras en el tartán de la historia la ciudadanía corría desbocadamente por la calle interior, por la exterior renqueaban los sucesivos Gobiernos que han apostado obscenamente por reducir la complejidad de todas estas transformaciones a una cuestión material, económica, casi mercantil. Si el Gobierno socialista en las legislaturas 2004-2008 y 2008-2011 fragilizó los consensos de la Transición que ofrecían al sistema una identidad fundacional muy prolongada, el Gobierno popular de 2011-2015 se ha limitado a introducir en la legislación nacional —casi una mera transposición— los mandatos de la troika en la más pura ortodoxia diagnóstica de la crisis económica, olvidando —o queriendo posponer— la terapia que necesitaba la crisis política que superpuesta y simultánea horadaba los fundamentos del sistema político. Unos con un cambio frívolo de los valores de identidad del régimen constitucional de 1978, los socialistas; y otros, los conservadores, confundiendo la política con la contabilidad, aplazando así las reformas políticas imprescindibles, han estancado la realidad española en un dilema hamletiano según el cual basculamos entre la reconstrucción o el derribo.

Cierto es, como recuerda José Luis Pardo citando a F. Scott Fitzgerald, que «toda vida es un proceso de demolición», pero también habría que decir, de rehabilitación. De tal manera que el poder ha de disponer de eso que al español le ha faltado: inteligencia emocional o empatía para percibir que más allá de un recorte, del rescate del sistema financiero, de la reforma laboral o del sistema de pensiones, era preciso mantener el pacto en el que se basan las naciones, que es un acuerdo de convivencia que reparte roles, papeles y funciones que admiten y dan por buenos los unos y los otros. Este consenso básico es el que ha saltado por los aires.

La gestión de la crisis ha arrasado, además, con las ideologías que se nutren de valores cívicos y éticos, que ofrecen contrastes y exigen debate. En agosto de 2011, y en apenas quince días, el Gobierno de Rodríguez Zapatero, de acuerdo con la oposición entonces liderada por Mariano Rajoy, afrontó una reforma constitucional —el artículo 135— para integrar al máximo nivel la llamada «regla de gasto» y la plena garantía de cobro a nuestros acreedores, lo que implicó para la izquierda política —el socialismo desde 1979 en España— un golpe casi mortal a la credibilidad de sus modelos de gestión de la economía y de salida de la crisis. La velocidad de los acontecimientos obligó a la mayoría parlamentaria, no, como se suele creer, a adoptar una medida económica, sino política. Y no se hizo por virtud, para mejorar el cuadro normativo, sino por perentoria necesidad, con una rapidez y en un tiempo vacacional que hurtó el debate al Congreso, pero, sobre todo, a la opinión pública. Al margen de si se debió o no alterar la Constitución, la realidad fue que el tiempo atropelló a los políticos, los descompuso y los obligó a actuar no por la fuerza de una energía reformista, sino por una urgencia financiera.

Pasó algo similar con el segundo gran hito político de la crisis en España: la abdicación del rey Juan Carlos I de la Corona de España el 2 de junio de 2014. Tampoco fue una medida reformadora y regeneracionista de la institución cúspide del Estado, sino una perentoriedad para que la monarquía no naufragase en el clima de exigencia que la propia crisis había generado en la ciudadanía española respecto a los comportamientos del jefe del Estado. Mientras los medios de comunicación participaban del debilitamiento de las infraestructuras de la democracia, perdiendo su función de contrapoder y vigilante, la cohesión de España —donde no hay harina todo es mohína— se agrietaba por Cataluña, añadiendo a la crisis de la institución monárquica y comunicacional otra de cohesión territorial con una derivada sorda y camuflada en el País Vasco, en donde se representa una pelea ideológica y ética olvidada por las carcajadas de una comedia que ha colaborado a hacer brumosa la tragedia del terrorismo etarra. Y luego, la España imputada. El corrupto y el corruptor son el elefante de George Lakoff y el dinosaurio de Augusto Monterroso: siempre están ahí y componen un marco de referencia que ha provocado un movimiento convulsivo de indignación. Los españoles son más solidarios y activos, les ha vuelto a importar la política, pero han cambiado: han dejado de ser indolentes, como lo eran en tiempo de bonanza, y reaccionan ahora como clientes, no sólo como ciudadanos. Requieren sus derechos, que sienten expoliados por una clase dirigente que, además de alejada de sus ritmos colectivos, se ha comportado con una falta de probidad hiriente.

Nada —o muy poco, en todo caso, mucho menos de lo necesario— se ha hecho políticamente para regenerar el régimen. Existe escrita una advertencia profética de la mano de Rafael Sánchez Ferlosio. Se trata de uno de sus mejores aforismos. Es éste: «Decir que el tiempo todo lo cura vale tanto como decir que todo lo traiciona».[6] Y se pregunta el escritor: «¿Sabré vivir sin traicionar?». En estas palabras hiladas con una maestría sobrecogedora está expresado lo que ha ocurrido en España: se ha producido una traición colectiva al eludir el encuentro con las graves taras políticas de nuestro sistema, porque al evitar afrontarlas se ha conculcado el espíritu de las leyes —aquel que ontológicamente las hace justas e idóneas según el maestro Charles-Louis de Secondat, barón de Montesquieu— y el signo de los tiempos. Y mañana será ya tarde para recuperar el terreno perdido, porque aquellos que piensan que ese futuro inmediato no llegará ya están sobrepasados, sobreseídos, superados y arrumbados. Viven en el ayer.

Este ensayo-relato trata de los síntomas más ulcerados de la gangrena política española. No son los únicos, pero son los principales. Todos ellos recorridos por la crisis económica, social, política e institucional que registran España y los españoles, y que desembocará en un estuario que ahora quizá no seamos capaces de describir con precisión, pero que sí podemos asegurar que será diferente al actual. Es muy posible que la velocidad con la que discurren los acontecimientos incida sobre cada uno de los capítulos de esta reflexión —que expone, a modo de tanteo y desde una ciudadanía comprometida, alguna posible solución o paliativo— y no se recojan incidencias nuevas que alteren la morfología de los problemas que se exponen.

En todo caso, los elementos fundamentales de la cuestión están formulados. Quizá sea especialmente importante advertir —esa

6. *Vendrán más años malos y nos harán más ciegos*, Barcelona, Destino, 1993.

precaución final que no quiere quedarse en el tintero— que los remedios no han de ser peores que las enfermedades. En otras palabras, que tironear al país y a su sociedad por las escorrentías del populismo tiene enormes riesgos y graves potenciales destructivos. La tentación de hacer *tabula rasa* es un rasgo idiosincrático muy español. En nuestra historia social y constitucional ha primado la resignación y, luego, el estallido. Hemos pasado del absolutismo al liberalismo con la misma facilidad que de la monarquía a la república o del anarquismo al autoritarismo. Los significantes vacíos —eso son según Ernesto Laclau los populismos— se suelen llenar con conceptualizaciones políticas muy poco elaboradas o, si se quiere, con elaboraciones socioinstitucionales muy primarias. Y los populismos, hoy por hoy, en España y fuera de ella, son rupturistas o disruptivos, es decir, traumáticos.

La clave de la historia española —una de ellas, al menos— es que no hemos interiorizado las enormes ventajas del reformismo constante. El régimen constitucional sí lo hizo hasta bien entrado el siglo XXI. Cuando su alma reformista —en lo jurídico, lo político y lo social— se ha detenido en una técnica de evitación arriesgadísima, o cuando su espíritu impaciente y revisor ha pretendido que no quede piedra sobre piedra, los conflictos, lejos de soslayarse y solucionarse, se han agudizado. Es verdad que la traición ferlosiana que implica dejar que el tiempo «todo lo cure» ha sido la peor de las políticas, pero cabe una pésima o superlativamente mala: caer en el síndrome de Sansón y hacer que, al querer cambiar, se destruyan hasta los cimientos y se desplome abatido un país que debe aprender, con Calderón de la Barca, que «el caer no ha de quitar la gloria de haber subido», y con Truman Capote, que «todo fracaso da condimento al éxito».

1
Los colores de la corrupción

Finalmente, la crisis ha hecho intolerable lo que durante mucho tiempo se toleró: la corrupción. Extendida, agobiante hasta el punto de convertirse en sistémica, aparece a derecha e izquierda, arriba y abajo, y alcanza todos los sectores, todas las instituciones. En lo que un periodista tarda en redactar un trabajo sobre la corrupción, sus datos se quedan viejos, porque entretanto han aparecido nuevos casos. Por la mañana una lista de cuentas suizas, por la tarde una asombrosa mordida sindical. La corrupción indigna ahora por lo que tiene de contraste desvergonzado con terribles realidades. Pero durante años, incluso ahora mismo, no fue cosa sólo de las élites, sino un mal social. Tanto se extendieron las malas costumbres que, a fuer de practicarla una inmensa cantidad de ciudadanos, la corrupción acabó banalizada y hoy parece imposible erradicarla. ¿Quién no facturó sin IVA, quién no enchufó a un sobrino, quién no intentó trampear en la declaración de la renta al tiempo que clamaba, y con razón, contra Gürtel o los ERE de Andalucía?

Pero la corrupción puede combatirse, y ha de atacarse desde abajo, acabando con la libérrima autonomía urbanística de los ayuntamientos, allí donde se produce el gran contagio corruptor. Cualquier edil de cualquier rincón de España puede recalificar cualquier terreno, y ahí empieza todo. Urge un rescate competencial, que no político, en municipios y autonomías, la vuelta al sentido más digno de la función pública, esa que ha de fiscalizar cada decisión, cada euro gastado, y por supuesto lo que todo el mundo pide y hasta ahora nadie ha hecho: modernización de la justicia, cambio del modelo de financiación y funcionamiento de los partidos, regulación legal y persecución judicial del grupo social que hace posible que haya corruptos: los corruptores.

I

Lo que le ocurrió al abogado Jorge Trías Sagnier en enero de 2013 ilustra sobre el carácter endógeno —también sistémico— de la corrupción política en España. Después de que el letrado y diputado en el Congreso por el Partido Popular (PP) en la legislatura 1996-2000 publicase en el diario *El País* un artículo[1] en el que emplazaba a su partido a esclarecer su presunta contabilidad B y el cobro de sobresueldos opacos, se cernió sobre él y su bufete la desolación del vacío. Trías no es explícito en el balance de daños causados a su actividad profesional tras su denuncia pública, pero el silencio de los teléfonos en su despacho de la calle Antonio Maura de Madrid, la volatilización de los otrora amigos y compañeros, y un reproche, a veces sordo, a veces público, hacia su conducta, demostrarían que en nuestro país no sólo se ha encarnado la corrupción, sino que, además, y como cortejo indeseable de ella, se ha instalado la *omertà*. Lo paradójico es que el propio Trías es un ejemplo de lo que él mismo denuncia con tanta insistencia: en febrero de 2015, un consorcio de periodistas y medios internacionales —*El Confidencial* y La Sexta, en España— publicaron la «lista Falciani». Pues bien, en ella constaba el nombre de Jorge Trías Sagnier como titular de una de las cuentas no declaradas en Ginebra. Quizá no importe —¿o sí?— que un presunto evasor de impuestos ejerza de denunciador de la corrupción en España.

1. «¿Sombras o certezas?», en *El País,* 21 de enero de 2013.

Hay corrupción en nuestro país, entre otras muchas razones, porque nadie la denuncia, y nadie la denuncia porque la corrupción señorea en la clase política, algunos de cuyos miembros no arrostran el riesgo de tirar de la manta porque son conscientes de que el propio engranaje de intereses que está engrasado por prácticas corruptas —con distinto nivel de gravedad— los terminaría por devorar en forma de un fulminante ostracismo. O porque los alguaciles —como Trías— terminan como los alguaciles quevedescos: *alguacilados.*

Los casos de corrupción en España emergen a pesar de la voluntad de opacidad de los partidos políticos y de sus dirigentes. Ninguna organización política ha sido capaz por el momento de presentarse ante la opinión pública para denunciar la corrupción en sus propias filas, practicada por sus propios militantes. Y ninguna ha judicializado esa denuncia. Y hasta que no lo hagan, Jorge Trías —y con él tantos y tantos analistas— tendrá razón cuando sostiene que la corrupción es sistémica y que los dirigentes políticos están atrapados en ella una vez penetran en el territorio público.

¿Por qué esta *omertà* que remeda la de las organizaciones mafiosas? Habría que, *mutatis mutandis,* echar mano de la teoría de la banalidad del mal de Hannah Arendt[2] para alcanzar a comprender la razón por la que el sistema se ha pervertido hasta ofrecer la sensación de que la corrupción es «agobiante», como ha reconocido el ex presidente del Gobierno Felipe González. Las prácticas corruptas no han suscitado hasta hace relativamente poco tiempo una reacción social y política de envergadura porque, a fuerza de continuadas y extendidas, perdían su perversidad ontológica. Si la mayoría utilizaba el tráfico de influencias para colocar a un hijo o a un sobrino en una empresa pública o en una fundación; si casi todos usaban los gastos de representación en atenciones que nada tenían que ver con ella; si más o menos la mayoría viajaba a costa del Congreso o del Senado sin que el desplazamiento fuese por razón del

2. Hannah Arendt, *Eichmann en Jerusalén: un estudio sobre la banalidad del mal,* Barcelona, Lumen, 1967.

cargo; si una mera recalificación urbanística podía resolver problemas del erario municipal y a la vez retribuir algunos bolsillos privados... Si todo esto sucedía y nada pasaba, ¿acaso no es una corrupción sistémica, pero banal? Cuando la corrupción se socializa —y es lo que ha ocurrido en España—, el reproche pierde intensidad tanto moral como jurídica y política, se asume como un coste del sistema, como un peaje que abona la sociedad a la clase política simplemente por serlo, por estar ahí, por cumplir una función dirigente profundamente desprestigiada pero, a la postre, necesaria.

Que el descrédito sea el corolario de esa resignada constatación no parece resultar definitivo para unas élites extractivas que capturan rentas en supuesta compensación por sus servicios a la sociedad. Una sociedad como la española, que es contemplada por los corruptos con el mismo desprecio que de ella reciben porque también es corrupta, no sólo porque sigue eligiendo —lo comprobaremos más adelante— a personajes manifiestamente amorales, sino también porque la ciudadanía —en un porcentaje igualmente alto— cree que el comportamiento cívico no le es exigible porque no hay referentes políticos de rectitud y transparencia. De ahí que no sea casual que las proporciones de la corrupción privada en España sean de unas dimensiones escalofriantes, como ha denunciado repetidamente Guillermo de la Dehesa, presidente del Center for Economic and Policy Research (CEPR), en distintos artículos y publicaciones.

Las cifras no pueden ser más expresivas de la magnitud de los comportamientos incívicos de miles y miles de ciudadanos. De 19,37 millones de asalariados y autónomos que declararon por el impuesto sobre la renta de las personas físicas (IRPF), sólo 4.168 (año 2013) declararon ingresos superiores a 600.000 euros de base imponible, sólo 60.313 declararon más de 150.000 euros y sólo 548.823 declararon ingresos de más de 60.000 euros. Para De la Dehesa, estos datos demostrarían una evidencia: sólo pagan íntegramente sus impuestos las personas cuyos salarios son públicos o están publicados por las empresas, así como asalariados y pensionistas sujetos a retenciones. La mayoría de las personas con rentas y patrimonios muy elevados —seguimos el hilo argumental de De la Dehesa— no declaran por IRPF y sí utilizan las sociedades de inversión de capital variable (Sicav), cuyos beneficios pagan el 1 por ciento. O sea, que la elusión de impuestos sería la primera y más genuina expresión de cómo los ciudadanos entienden su relación con el erario público. Una práctica defraudadora que aumenta y que podría representar una evasión impositiva por un importe en 2014 de 253.000 millones de euros, según cálculos de la Asociación de Técnicos del Ministerio de Hacienda (Gestha). Estaríamos en el puesto noveno de los países que más defraudan a su fisco.

La economía sumergida en España es otra manifestación de incivismo. Los estudios correspondientes a 2014 calculan que supone entre el 19 y el 25 por ciento del producto interior bruto (PIB), frente a una media en la Unión Europea que no supera el 19 por ciento —salvo Italia, donde se sitúa en el 24 por ciento—. La economía opaca repercute de forma lastimosamente negativa sobre la recaudación de impuestos (lo que explica que la recaudación por IVA en España alcance sólo el 5 por ciento de nuestro PIB frente al 17 por ciento de media en la Unión Europea). El Eurobarómetro de 2014 delataba, además, que hasta un 33 por ciento de los empleados estaría trabajando en negro en nada menos que un millón de empresas que funcionan en B según los técnicos de Hacienda citados. Porcentajes de escándalo que convendría situar en el prólogo de cualquier reflexión sobre la corrupción en nuestro país para entenderla como una pandemia política, pero también social, en la que hay que insertar la economía delictiva que opera fuera de la ley (terrorismo, narcotráfico, trata de seres humanos y de órganos para trasplantes, tráfico de especies protegidas) y que se financia con billetes de alta denominación que se lavan en paraísos fiscales. Cerca del 70 por ciento del efectivo que se mueve en España —según cifras de 2014— es en billetes de quinientos euros, instrumento estrella para cerrar operaciones en negro.

Estos apuntes permiten sostener que en España se produce un círculo vicioso, una espiral sin fin, en el que la moralidad cívica se va demoliendo lenta pero implacablemente por efecto de una acción

—la corrupción política— y de una reacción —la corrupción privada— que deslegitiman el sistema institucional que, sin embargo, no puede depurarse por la energía regeneracionista de la propia sociedad, que se encuentra atrapada en las mismas prácticas que denuncia. Quizá esta retroalimentación, esa pegajosa sensación de suciedad generalizada, es la que produce una percepción de corrupción que según Transparencia Internacional, en 2014, clasifica a nuestro país en el retrasadísimo puesto 37 de 175, con sesenta puntos sobre cien, detrás de Chipre y Botsuana y por delante de Portugal. Los países de la eurozona, salvo Italia de nuevo, que ocupa el puesto 72, están entre los veintidós primeros. El primer informe anticorrupción de la Unión Europea hecho público en 2014 indica que los españoles y los griegos son los europeos que se sienten más afectados por la corrupción en su vida cotidiana. La media de la Unión Europea se sitúa en el 26 por ciento, mientras que la española asciende al 63 por ciento. Pero como comenta Astrid Barrio en «Agenda Pública», «estos datos contrastan fuertemente con los índices de victimización. Sólo el 8 por ciento de los españoles, el mismo porcentaje que el del conjunto de los europeos, responde afirmativamente a la pregunta de si han vivido o han sido testigos de un caso de corrupción. De ello se deduce —sigue Astrid Barrio— que España es el país europeo donde hay más distancia entre la corrupción percibida y la corrupción realmente sufrida».[3] La explicación de esta contradicción la ofrece la autora del análisis deduciendo que la percepción de corrupción es un mecanismo de denuncia más general de lo «que consideran un peso excesivo de los intereses particulares, de las arbitrariedades y de los privilegios en la toma de decisiones». Esta valoración, seguramente atinada, nos remite a un ambiente genérico, inconcreto, pero casi tangible, de malestar que se encauza hacia la consideración común de que la corrupción, entendida ésta en un sentido amplio, forma parte de una sospecha que se cierne sobre el sistema como una losa sin recursos suficientes en la sociedad para

3. Astrid Barrio, «No es la corrupción que vivimos, sino la que sospechamos», en «Agenda Pública», *eldiario.es*, 7 de febrero de 2014.

recuperar un estado de ánimo diferente al actual, que es depresivo y paralizante. Los barómetros del CIS son también muy útiles para compulsar el estado de ánimo de los españoles sobre la corrupción: mientras entre 2007 y 2012 la preocupación por este asunto no superaba el 10 por ciento, en 2013 escaló a más del 40 por ciento, alcanzando en noviembre de 2014 una cota inédita: más del 60 por ciento apuntaba a la corrupción —además de al paro— como uno de los problemas que más preocupaban.

La reincidencia de las masas electorales españolas en seguir votando por personajes que pública y notoriamente están encharcados en asuntos de corrupción ha sido estudiada también por investigadores de «Agenda Pública» —Gonzalo Rivero, Pablo Barberá y Pablo Fernández-Vázquez—, que atribuyen a la falta de castigo en las urnas una de las causas de la persistencia de la corrupción. Por eso afirman que «evidencia de ello es que en los últimos comicios locales, un elevado porcentaje de los alcaldes imputados en casos de corrupción fueron reelegidos: 70 por ciento en 2007 y 39 por ciento en 2011».[4] ¿Por qué se produce esta paradoja, al menos aparente? Porque no hay corrupción; hay corrupciones. Escriben los autores citados que «aquellos casos de corrupción que produjeron, al menos en el corto plazo, un enriquecimiento del municipio no generaron ningún tipo de consecuencias electorales. Por el contrario, cuando el escándalo consistía en una merma del bienestar económico de los votantes, éstos reaccionaron con un castigo electoral de cinco puntos porcentuales de media». Jesús Gil, cuando fue alcalde de Marbella, ejemplificó la tesis que mantienen los investigadores: fue corrupto, pero socializó los beneficios de sus fechorías hasta el punto de que nunca estuvo la ciudad más limpia, ordenada y urbanizada que durante su mandato. Se produjo entonces una complicidad tácita entre corruptos y ciudadanos, una suerte de entente para continuar desaprensivamente el juego de beneficios recíprocos, un acuerdo de consentimiento que duró hasta que la Junta de

4. Gonzalo Rivero, Pablo Barberá y Pablo Fernández-Vázquez, «¿Por qué no castigamos la corrupción?», en «Agenda Pública», *eldiario.es*, 12 de febrero de 2013.

Andalucía intervino el Ayuntamiento marbellí e impuso una gestora en 2006.

Estos datos —que teorizan una sensación muy extendida— conducen a la convicción de que en España existe una tolerancia social a la corrupción en función de la socialización de sus beneficios, aunque sean indirectos y desiguales. Ésta es la razón —que los investigadores citados avalan— de por qué en España la corrupción no se castiga como parecería lógico en un sistema democrático. Y, como consecuencia, se debe contemplar el fenómeno de la corrupción escindido con demasiada frecuencia de un entendimiento cívico-moral del ejercicio de las facultades de la gestión de los intereses públicos. Lo que enlaza con la banalidad del mal con la que se asume la corrupción y la distinta vara de medir en función de qué tipo o clase de corrupción se practica: aquella que colectiviza sus beneficios y aquella otra que los privatiza. Para la primera existe una enorme holgura de tolerancia; no así para la segunda. Lo que obliga a sentar, en principio, que los corruptos en el ejercicio del poder disponen de referencias sociales que no siempre los disuaden y, a la vez, que muchos miles de ciudadanos se sienten falsamente legitimados para incumplir sus obligaciones en tanto en cuanto saben, perciben y sospechan —y en general, con acierto— que los que tienen la potestad de castigarlos no disponen de la autoridad moral para hacerlo.

II

Hubo un tiempo muy anterior al actual en que la corrupción admitía gradaciones, como recuerda Javier Pradera en su libro póstumo, *Corrupción y política: los costes de la democracia,*[5] que tomó de Arnold J. Heidenheimer los tonos que la coloreaban. La corrupción *blanca* «aparece cuando la mayoría de la opinión de masas y de

5. *Corrupción y política: los costes de la democracia,* Barcelona, Galaxia Gutenberg, 2014.

élite no cree necesario el castigo de unas prácticas que se mueven dentro de los límites de lo tolerable; en los casos de corrupción *gris*, la mayoría suele mostrarse ambigua respecto a la conveniencia de aplicar sanciones y la élite se divide al respecto; finalmente, la corrupción *negra* produce un amplio consenso punitivo por una cuestión de principios», escribe Pradera, que añade —y es cierto— que «situada entre las violaciones más escandalosas de las reglas establecidas y las corruptelas menores, la corrupción política gris, a medio camino del simple abuso y el derecho penal, plantea los problemas más serios de percepción y de consenso».

Esa gradación de percepción, pese a la contradicción que encierra la sociedad española con una alta corrupción privada, ya no se da en España. El concepto de *corrupción* se ha convertido en un genérico que incluye unas conductas que se consideran simplemente inaceptables con independencia del reproche penal que puedan merecer. La crisis económica que ha zarandeado los fundamentos del Estado de bienestar y proletarizado a las clases medias ha provocado, en ocasiones, una indeseada e indeseable pulsión inquisitorial en función de la cual tan corrupto es el que abusa como el que malversa, aunque aquél no llegue a delinquir y éste lo haga. Por *corrupción* se ha llegado a entender todas las excrecencias de un sistema con cada vez más escasa capacidad de respuesta a sus propias carencias e insuficiencias y que, de manera constante, recibe la descalificación social y lo que se denomina *desafección* hacia las instituciones y desdén —cuando no hostilidad— hacia la política y los políticos.

El ejemplo más acabado de corrupción *gris* —que merece un reproche moral, pero en muchos casos no alcanzaría a constituir un ilícito penal, al menos para una parte de los concernidos por el caso— se produjo en 2014 con los gastos de más de ochenta cargos de distinta importancia de la extinta Caja Madrid practicados con tarjetas opacas y para atenciones personales. El escándalo fue de unas dimensiones muy superiores al monto de las cantidades malgastadas, porque buena parte de las personas que las dilapidaron disponían bien de una identidad política muy acusada (miembros del PP, del Partido Socialista Obrero Español [PSOE], de Izquierda Unida [IU], de sindicatos...), bien de una gran relevancia social, y algunos de ellos con trayectorias en las que se distinguía una impostada severidad ética para con los demás y unas proclamaciones a favor de la austeridad que ellos demostraron no aplicarse. Por otra parte, el detalle de los gastos en los que incurrieron —de comidas en restaurantes a lencería, pasando por artículos de lujo, ninguno de ellos vinculado a la representación del cargo que ostentaban— inflamó más aún los ánimos sociales, que llegaron a un cierto paroxismo. Hubo un momento en que parecían más reprobables estas conductas abusivas que la propia quiebra de Caja Madrid.

La reacción social, medible a través de los espacios informativos en los medios, sus pronunciamientos editoriales y la abundancia de textos de opinión, conformó un ambiente en el que los titulares de esas tarjetas opacas perdieron de golpe su reputación social. Por supuesto, tanto el que fuera presidente de Caja Madrid, Miguel Blesa —encausado por este asunto—, como luego el de Bankia, Rodrigo Rato. Pero les acompañaron aquellos que disfrutaron, en cantidades muy variables, de esa canonjía: fueron cesados de los consejos de administración a los que pertenecían, dimitieron de puestos de representación en el ámbito social y profesional, fueron despedidos de asesorías y expulsados de sus organizaciones y partidos. La intolerabilidad de su comportamiento resultó radical en términos de opinión pública y de opinión publicada.

Pero el episodio de las tarjetas opacas de Caja Madrid revelaba un síntoma que permitía apostar por el peor diagnóstico de la corrupción: su carácter sistémico y, por lo tanto, endógeno. Porque fue la propia caja la que, sin petición de los interesados (uno de ellos declaró ante el juez: «Nos animaban a que gastásemos más»), les hizo caer en la tentación doblegando sus voluntades —con la excepción de los pocos que no utilizaron en ninguna circunstancia dichas tarjetas— con el empeño de que, al quebrar su determinación ética, se comportasen con docilidad en los órganos de la caja. El sistema financiero corrupto de las cajas —puede afirmarse que lo era con generalidad, salvándose unas pocas excepciones dignas de elogio— atrapaba a los que no lo eran, sino que, simplemente, admitían una mera corruptela que ni les hacía ricos ni les sacaba de pobres, pero que constituía un abuso. Uno de los consejeros afectados me envió la explicación que reproduzco para que se compruebe hasta qué punto la cúpula de la entidad tenía interés en tejer una tela de araña en la que cuajar silencios, complacencias y complicidades con sus gestores.

El 3 de octubre de 2014 recibí el siguiente correo electrónico, del que omito datos que permitan la identificación del remitente. Me decía:

> Fui elegido consejero por la asamblea general de Caja Madrid en representación de los impositores [...] para ocupar el lugar de un consejero dimitido y por el tiempo de mandato que le quedaba. Al día siguiente de mi elección, me reuní con el secretario y responsable jurídico del consejo de administración, Enrique de la Torre. Éste me informó de lo siguiente: «La retribución ordinaria de los consejeros —me dijo— se divide en dos partes; por una parte, los ingresos directos por asistencia a las reuniones de los consejos y de sus comisiones —yo no llegué a formar parte de ninguna comisión—, por otra, recibirás una tarjeta de crédito de libre disposición —palabras textuales—, con un límite mensual de gasto». Recuerdo que pregunté expresamente si el uso de esta tarjeta estaba ligado al ejercicio de las funciones de consejero y se me respondió: «No, forma parte de tu retribución ordinaria como consejero, es de libre disposición y lo único que tienes que hacer es no sobrepasar el límite mensual de gasto». Pregunté también si debía entregar facturas o justificantes de gastos que hiciera con la tarjeta y se me respondió: «No, ya llevamos nosotros el control desde aquí, puesto que recibimos los cargos. Si vemos alguna anomalía, te lo haremos saber. Por lo demás, úsala libremente y cuídate tan sólo de no superar el límite de gasto».

El relato continúa:

> Estuve en el cargo [...] y en ningún momento recibí indicación alguna sobre anomalías en el uso de la tarjeta, cuyos cargos se recibían regularmente en la secretaría del consejo. Di por hecho que si había algún

gasto no adecuado por mi parte, me lo harían saber, como me habían comunicado. Hice un uso moderado de la tarjeta, como habréis podido comprobar en las cifras que se han hecho públicas; de hecho, quedé siempre por debajo del límite autorizado. [...] Dejé de pertenecer al consejo. Hablé de nuevo con el secretario y le pregunté qué debía hacer para devolver la tarjeta. Me respondió: «Tienes derecho a usarla durante dos meses más [...] siempre respetando el límite de gasto. Después, simplemente rómpela y ya no atenderemos ningún gasto posterior». Fue exactamente lo que hice.

Mi interlocutor continúa insistiendo en que a) quien le dio todas las indicaciones era el secretario del consejo de administración y responsable del control jurídico de la actuación del consejo, por lo que dio por seguro que todo lo que le decía era completamente legal; b) se le dijo que el uso de la tarjeta, dentro del límite establecido, formaba parte de la retribución ordinaria de los consejeros; c) se le informó de que la tarjeta era de libre disposición. Ante su insistencia, se le repitió que ellos controlaban los cargos y que si veían alguno que no fuera adecuado se lo comunicarían (nunca ocurrió tal cosa); y d) se le aseguró que este sistema de pago estaba aprobado y avalado por la comisión de retribuciones del consejo. Por lo demás, todo lo que se refiere a la retribución de los miembros figuraba en las cuentas anuales —que son públicas— y era sometido anualmente a la aprobación de la asamblea general de la caja.

Todo ello me daba la seguridad moral de no estar cometiendo un acto irregular. En resumen: es cierto que dispuse de una tarjeta de crédito durante los [...] meses en los que pertenecí al consejo y también es cierto que la usé en los términos estrictos en los que se me había informado que podía hacerlo.

Y concluye el relato así:

En los [...] años que han transcurrido desde que dejé el consejo, tampoco he recibido posteriormente notificación o advertencia alguna por

> parte de los órganos de Caja Madrid (después Bankia) sobre el uso de la tarjeta durante aquellos [...] meses. Por lo tanto, no tuve ninguna conciencia —hasta el día de ayer— de haber hecho algo irregular o ilegal con respecto al uso de esa tarjeta (que como ya os he dicho y puedes comprobar, por mi parte fue bastante moderado). En cuanto al aspecto fiscal: es cierto que Caja Madrid me envió en su momento el correspondiente certificado de ingresos y retenciones para la declaración de IRPF. Y yo, dando por hecho que los datos que allí figuraban eran correctos, se los pasé a mis asesores fiscales para que, con el resto de mi actividad profesional, elaboraran mis declaraciones de la renta y demás impuestos (IVA, sociedades, etc.). Tampoco ellos me señalaron que hubieran visto alguna irregularidad en los datos enviados por Caja Madrid. Comprenderás, por tanto, la enorme sorpresa que me llevé ayer al ver [...] los periódicos. Cumplí hace dos días [...] años, y es la primera vez en mi vida que veo mi nombre asociado a este tipo de asuntos.

Lo interesante de este pliego de descargos que el ex consejero remitió a algunos de sus amigos —entre ellos, a mí— no es tanto la consideración extremadamente subjetiva y benévola sobre su conducta, sino el empeño corruptor —por decirlo así— de la entidad a la que perteneció, de tal manera que el foco del reproche debe ser suficientemente perspicaz: hay corruptos sólo si hay corruptores, de tal manera que entre ambos se forma una comunidad de intereses. Más allá de este episodio, hay que remitirse al pacto denunciado por Jaime Terceiro, anterior presidente de Caja Madrid, entre el PP y un sindicato, para hacer del Gobierno de la entidad su feudo. Así lo describió Terceiro en 2012 ante un selecto auditorio: «Tras mi dimisión, el consejo de Caja Madrid estuvo condicionado en toda su actuación futura por un pacto escrito entre un partido político y un sindicato, y firmado por sus respectivos secretarios generales territoriales, que nunca se dio a conocer al consejo como órgano colegiado, y sobre cuyo contenido nunca pudo pronunciarse».

El de las tarjetas opacas es un ejemplo acabado de corrupción gris, pero también del circuito cerrado que establece el sistema —poco importa que fuera público o parapúblico— para concitar complicidades mediante procedimientos de corrupción blanda que, no obstante, dejan sin escapatoria a los que aceptan ese canje de complacencias recíprocas, aunque, como se ha leído, se aduzcan argumentos exculpatorios cuyo fuste jurídico y ético bien podría considerarse escaso. Pero peor que esa escasez argumental para la autoexculpación es la perseverancia de la entidad en atrapar las voluntades comprándolas a bajo precio.

Otro episodio de corrupción *gris* —casi podría decirse que *blanca*— es el que protagonizó José Antonio Monago, presidente de la Junta de Extremadura, cuando se reveló que había viajado repetidamente a las islas Canarias a cargo del presupuesto del Senado, en el que ocupó un escaño. El interesado, pese a sus reiterados intentos, no pudo demostrar que los viajes a las islas tuvieran una razón vinculada a su condición de senador. Más aún: quedó suficientemente claro que los desplazamientos respondían en muy buena medida a razones de índole estrictamente personal. Estalló entonces otra sísmica social: ¿cómo era posible que los representantes del pueblo pudieran desplazarse a cargo del erario público sin justificar el viaje? Era posible. Venía siéndolo desde hacía muchos años y nadie cuestionó esa forma de proceder del Congreso y del Senado. Por supuesto, se trataba de un auténtico privilegio que quedaba incluido en el concepto genérico de la corrupción institucionalizada. También en este caso lo interesante y más perspicaz es enfocar el asunto desde el funcionamiento de las Cámaras legislativas y la financiación de sus miembros y grupos, que hacerlo desde la valoración de una conducta personal. ¿Cabe la seguridad de que la mayoría de los parlamentarios no hayan abusado como Monago de ese privilegio?, y lo más importante, ¿por qué no se publican los desplazamientos de todos los representantes populares para así poder aquilatar su escrupulosidad en el manejo de fondos públicos?

Monago, por supuesto, no cometió delito alguno. Sí una irregularidad no tipificada ni siquiera en el Reglamento del Senado y que lo es, por tanto, porque así se considera sin apoyatura normativa alguna. Todas las denuncias judiciales que existieran al respecto de nada valdrían. Se archivarían. Otra cosa son los efectos del abuso que podrían condicionar su futuro político. Lo esencial es que el Congreso y el Senado se están dotando sin responder ante nadie de un privilegio estamental e irresponsable que, salvando las distancias, se parece bastante a las tarjetas opacas de Caja Madrid. Porque habría que cuestionarse si los viajes no justificados por razón del cargo de los parlamentarios no constituyen técnicamente rentas en especie declarables en el correspondiente impuesto sobre la renta y si, por tanto, las Cámaras remiten las certificaciones de las cantidades gastadas en este concepto. Caso similar fue en 2014 el que protagonizó Mercè Pigem, vocal del Consejo General del Poder Judicial (CGPJ), que transportó de Andorra a España nueve mil quinientos euros en efectivo junto a su hermana, que portaba más de diez mil, límite permitido. La consejera del CGPJ hubo de renunciar a su cargo, a petición del presidente del organismo, no tanto por haber cometido infracción alguna, cuanto por el carácter antiestético —y abiertamente sospechoso— de su conducta. Por las mismas fechas —noviembre de 2012—, la ministra de Sanidad de Rajoy, Ana Mato, presentó su dimisión: el juez Ruz, sin imputarle delito alguno, la citó para la vista oral del *caso Correa* como responsable civil solidaria de los beneficios delictivos percibidos por su marido, pero —sin argüir que conociese el origen de ellos— disfrutados también por la que fuera ministra. ¿Era una corrupta? Técnicamente, no. Social y moralmente, fue considerada como tal y el propio presidente del Gobierno no pudo sostenerla en su cargo.

Regresamos así al carácter endógeno de las formas más blandas —la *blanca* y la *gris*— de corrupción política, que lo es, además materialmente, porque la subjetividad colectiva considera que determinados abusos, determinadas preeminencias y privilegios no son otra cosa que envolturas corruptas, telas de araña que atrapan a los dirigentes públicos y los corrompen porque ellos carecen de entereza para evitarlo. En esa línea hay que inscribir un curioso episodio: la dimisión de la sobrina de Luis de Guindos de la dirección de competencia de la Comisión Nacional de los Mercados y la Competencia. Nadie ponía en entredicho la capacidad y mérito de Beatriz de Guindos para ocupar el puesto, pero su cualificación no la libró —ni a ella ni al ministro— de la intolerabilidad de formas larvadas, o supuestamente larvadas, de nepotismo.

Un nepotismo que causó indignación cuando se conoció en 2014 el número de parientes de los consejeros del Tribunal de Cuentas que trabajan en el organismo. De los setecientos empleados de la entidad estatal que se encarga de fiscalizar las cuentas públicas —entre ellas, las de los partidos políticos—, un centenar eran familiares de cargos o ex altos cargos del Tribunal. Desde su presidente a otros cuadros, prácticamente todos tienen en el organismo como empleados a esposas, cuñados, concuñados, primos, hermanos, sobrinos, hijos, yernos y nueras. El hecho de que la mayoría accediese por oposición a la plaza que ocupaba, lejos de paliar la gravedad del caso, la aumentaba porque surgió la sospecha de que los procedimientos de selección a través de las oposiciones comportasen tribunales *ad hoc*. De ahí que el presidente del Tribunal de Cuentas, Ramón Álvarez de Miranda, cuyo sobrino y una concuñada trabajaban en él, anunciase de inmediato una revisión completa de los procedimientos de ingreso en la entidad.

De nuevo hay que enfocar correctamente este asunto: cómo puede ejercer correctamente su función el Tribunal de Cuentas si sus responsables del más alto nivel incurren en la práctica del nepotismo que, con el actual desempleo y con los sueldos devaluados que se perciben (los que se cobran en el Tribunal de Cuentas no son los estándar), no deja de constituir en el imaginario colectivo una práctica corrupta e intolerable. O en otras palabras, ¿disponen los consejeros del Tribunal de Cuentas de autoridad moral para ejercer sus funciones de fiscalización cuando en el propio organismo se incurre en comportamientos reprobables? El circuito público y parapúblico sigue, en consecuencia, cerrado, de tal modo que puede afirmarse sin temeridad que —en la gama de colores que se quiera— la corrupción, además de sistémica, es endógena, con lo cual no resultan verosímiles decisiones y actitudes de regeneración desde dentro del aparato público.

El caso más panorámico de la corrupción lo ha protagonizado, sin embargo, Jordi Pujol, porque después de décadas durante las que la sociedad catalana y el propio Estado miraron para otro lado, el que fuera presidente de la Generalitat de Cataluña durante casi un cuarto de siglo defraudó a Hacienda pertinazmente —treinta y cuatro años—, favoreció los negocios de jardinería de su mujer y, entre el nepotismo y el tráfico de influencias, situó a su amplia prole en la mejor posición para hacer negocios de distinta naturaleza, pero conectados con las terminales de sus influencias. La corrupción, probada y supuesta, de Pujol y su familia ha sido de la *blanca,* de la *gris* y, seguramente, de la *negra,* es decir, delictiva. ¿Una gran novedad? No. Bastaría seguir la línea argumental sobre el pujolismo de un periodista veterano como Gregorio Morán —en *La Vanguardia* y fuera de ella— para comprender en qué medida la impostura de Pujol (Cataluña era él) permeó en la sociedad catalana y la silenció. Cuando en 1995 el periodista asturiano denunciaba la «fascinante impunidad del líder», nadie hizo nada salvo, naturalmente, imprecar al escribidor que, con una simple observación, fue capaz de denunciar lo que otros no sólo veían, sino que sentían y padecían, aunque muchos también lo disfrutaban.[6] Cuando a Jordi Pujol le fueron retirados los honores como ex presidente de la Generalitat, se le privó de su despacho y del personal de apoyo con el que contaba y él renunció a la pensión que le correspondía, se constató el terrible mal que los años de bonanza habían inoculado en la sociedad española: la permisividad, la tolerancia y la indolencia moral ante comportamientos corruptos que, ora envueltos en una bandera, ora en esa lengua de madera eufemística y engañosa que la clase dirigente ha convertido en jerga defensiva, están en la raíz de su carácter ahora sistémico y atosigante, como solemnemente denunció un miembro de la nomenclatura hispana —Juan Luis Cebrián— en un artículo en *El País* del 8 de noviembre de 2014. El

6. «Pujol o la fascinante impunidad del líder», en *La Vanguardia,* 18 de noviembre de 1995.

presidente de Prisa afirmó entonces que «nos hallamos ante una auténtica *tangentópolis* a la española en donde la corrupción es sistémica, por lo que sólo podrá ser atajada con medidas que reformen en profundidad el sistema».[7]

III

Sobre las fórmulas para hacer remitir la corrupción existe en España un terrible malentendido. Los Gobiernos y los medios de comunicación apuntan, pero sin puntería. La masa madre de la corrupción, la trama germinal del abuso y el saqueo de lo público, la instancia desde donde se proyectan, hacia arriba y hacia abajo, los beneficios sucios de la corrupción son la Administración local y la autonómica. Y aún podría delimitarse más el foco de la excrecencia en dos paradigmas indiscutidos y que hay que comenzar a discutir, porque de que lo hagamos depende el desmantelamiento de las condiciones objetivas que favorecen la corrupción. Se trata del paradigma de la autonomía municipal y del paradigma de la función social de la propiedad.

La autonomía municipal en España se ha convertido —gracias a una interpretación nada estadista del propio Tribunal Constitucional— en una patente de corso para los alcaldes, los concejales de turno y los ayuntamientos en una materia altamente sensible: el acervo competencial en materia urbanística. Las posibilidades amplísimas de recalificación de los terrenos por los municipios ofrecen a los alcaldes y los grupos que los secunden poderes casi taumatúrgicos. Recalificar un terreno yermo en otro en donde puedan construirse chalés, adosados, pisos o centros comerciales ofrece demasiadas tentaciones. Basta que el alcalde, con un rotulador, sombree sobre un plano un terreno baldío y lo convierta en productivo. Hace rico a su propietario —que seguramente lo será por adquisición oportunista y torticera de otro desavisado—; favorece la devolución del crédito de adquisición

7. «La corrupción», en *El País*, 8 de noviembre de 2014.

concedido por la caja de ahorros de turno, con el correspondiente engrase a algún o a algunos consejeros de la entidad; parte del beneficio va al erario municipal, con lo cual se cumple el principio de eficiencia de la corrupción para cloroformizar el reproche social; implica cobro de comisión ilegal y negra y enriquece al favorecido por la recalificación. Del botín urbanístico participan muchos y, entre los afortunados, el partido del señor alcalde, que gracias a sus contribuciones aspirará a ocupar plazas de mayor tronío, quizá la presidencia de la Diputación provincial y, con el tiempo, un escaño en el Congreso si acaso tiene la formación mínima suficiente —no son excesivos los requerimientos— para acceder discretamente al hemiciclo madrileño. Casos como el *Malaya* —el más sangrante de todos— pueden considerarse la madre de todas las corrupciones municipales por el mal ejercicio de las facultades urbanísticas, pero hay otros de menor dimensión, aunque de iguales características, que hacen el día a día de esas operaciones espectaculares en las que los jueces de instrucción montan unos circos policiales que luego marchitan entre legajos sumariales durante una eternidad, ofreciendo la correspondiente sensación de impunidad.

Aunque sea políticamente incorrecto, hasta tanto no se desposea a los municipios —al menos a los de menor dimensión— de las más tentadoras y peligrosas de sus competencias urbanísticas, la raíz de la corrupción persistirá, porque el criterio de los políticos municipales está dominado por el principio de la función social de la propiedad, esto es, la de su capacidad de intervención ilimitada en la calificación del suelo. César Molinas lo explica a la perfección: «Los planes urbanísticos se fraguan en complejas y opacas negociaciones de las que, además de nuevas construcciones, surgen la financiación de los partidos y numerosas fortunas personales tanto entre los recalificados como entre los recalificadores».[8] Para este economista, como no podía ser de otra manera, esta burbuja inmo-

8. «Una teoría de la clase política española», en *El País,* 10 de septiembre de 2012.

biliaria, la mayor al menos respecto de otras concurrentes en el origen de la crisis española, está también relacionada con el control de las cajas de ahorros por las autonomías y los municipios, entidades que de forma directa o indirecta han financiado estas tropelías. Podemos, pues, fijarnos en el funcionamiento distorsionado del Tribunal de Cuentas, en la lentitud de la administración de la justicia, en el sistema de financiación de los partidos, pero hasta tanto no se yugule el origen del mal, será imposible la reiterada y nunca conseguida regeneración.

La desaparición de los llamados Cuerpos Nacionales de la Administración local, es decir, de los funcionarios secretarios municipales y provinciales y los interventores, ha permitido que las tramas corruptas municipales campen por sus respetos. La desnacionalización de los secretarios —que tenían la obligación de hacer las advertencias de ilegalidad respecto de los acuerdos municipales— y de los interventores —que examinaban la procedencia del gasto y la justeza del ingreso, y cuadraban las cuentas— fue un objetivo logrado por el Partido Nacionalista Vasco (PNV) en los primeros años ochenta. Los nacionalistas no podían permitir que en aspectos esenciales de su autonomía —entendida tantas veces como arbitrariedad— funcionarios con dependencia de la Administración General del Estado les fiscalizasen en instancias en las que ellos concebían el máximo autogobierno: ayuntamientos y diputaciones. A partir de ahí, el entramado funcionarial de control se vino abajo y ocurrió lo que también refiere César Molinas: «La descentralización del Estado fue mucho más allá de lo que era imaginable cuando se aprobó la Constitución [...], el Estado de las autonomías inicialmente previsto se vio rápidamente desbordado por un movimiento de abajo arriba liderado por élites locales que al grito de "¡no vamos a ser menos!", acabó imponiendo *el café para todos* del Estado autonómico». En ese desbordamiento, las aguas arrastraron la función pública y la sustitución de los mejores y más cualificados funcionarios por «deudos, familiares, nepotes y camaradas, lo que llevó a una estructura clientelar y politizada de las administraciones territoriales».

Molinas no es el único pensador que, con una buena observación, roza el tema esencial —aunque no termina de rematarlo— y que es la masa madre de la corrupción (las facultades urbanísticas descontroladas) y la fumigación del funcionariado. Antonio Muñoz Molina, un intelectual de envergadura, escribió en noviembre de 2014 un artículo prescriptivo en *El País* que daba de pleno en el corazón del problema. Decía que «el espectáculo ahora por fin visible de la corrupción no habría llegado tan lejos si no se correspondiera con otro proceso que ha permanecido y permanece invisible y al que nadie parece interesado en poner remedio: el descrédito y el deterioro de la función pública; el desguace de una Administración colonizada por los partidos políticos y privada de una de sus facultades fundamentales, que es el control de oficio de la solvencia técnica y la legalidad de las actuaciones». Añadía el autor jienense que «lo que hace falta es un vuelco al mismo tiempo administrativo y moral, un fortalecimiento de la función pública y un cambio de actitudes culturales muy arraigadas y muy dañinas, que empapan por igual casi todos los ámbitos de nuestra vida colectiva». Muñoz Molina tiene claro que «contra los manejos de un político corrupto o los desastres de uno incompetente, la mejor defensa no son los jueces: son los empleados públicos que están capacitados para hacer bien su trabajo y disponen de los medios para llevarlo a cabo».[9]

La combinación de competencias municipales exorbitantes con la ausencia de controles ejercidos por funcionarios técnicamente preparados e independientes de las alcaldías de turno (secretarios e interventores con dependencia de la Administración General del Estado) crea las condiciones objetivas para que se produzcan episodios de corrupción que tantas veces quedan impunes. De ahí que esas facultades municipales y esa ausencia de control funcionarial en su ejercicio se conviertan en factores criminógenos que posibilitan, casi por inercia, la corrupción urbanística. Una gravísima insinceridad en la formulación del diagnóstico sobre la corrupción —al no

9. «La corrupción y el mérito», en *El País,* 9 de noviembre de 2014.

señalar su localización en la instancia local— lleva a que se perpetúe y siga el contagio corruptor. Esta autonomía municipal urbanística y el sistema de contratación en el que florecen ferazmente las comisiones —en ambos casos sin fiscalización funcionarial— explican que los grandes casos de corrupción, cuantitativos pero también cualitativos, se produzcan en la Administración local y autonómica, y mucho menos en la Administración central o del Estado. Más aún: la Intervención General de la Administración del Estado —más ágil que el sedentario y pausado Tribunal de Cuentas— ha levantado casos de corrupción tan graves como el de los fondos para financiar expedientes de regulación de empleo (ERE) o el desvío de los fondos para la formación en Andalucía. Por eso, la recentralización que es precisa no versa sobre facultades típicamente políticas, sino competenciales, porque en el área del urbanismo la lejanía entre la Administración y los intereses que concurren en las calificaciones de los terrenos establece una suerte de espacio de seguridad, una especie de cinturón sanitario que disminuye radicalmente la tentación corruptora. Cuando se reclama la reforma de las Administraciones Públicas no se está pidiendo, sólo, la reducción de sus dimensiones, la supresión de empresas públicas receptáculos de nepotismo y tráfico de influencias, el recorte de empleos de libérrima designación, sino también una redistribución de competencias y facultades administrativas que quiebren con los paradigmas de la autonomía municipal y de la función social de la propiedad y rescaten la una y la otra del monopolio de una Administración ineficiente —por falta de preparación técnica y por excesiva proximidad a intereses exorbitantes— que está en el origen de la espiral de la corrupción que ha creado una dinámica destructiva. Junto a estas determinaciones son necesarias otras, como el restablecimiento de la función pública en las instancias municipales, provinciales y autonómicas, que actúen con una dualidad de dependencia, orgánica y funcional, lo que permitiría a la Administración General del Estado un puesto de observación y control que se ha revelado como imprescindible. El territorio competencial de los ayuntamientos —y, en otra medida, de las comunidades autónomas— no puede ser un «territorio comanche», una especie de jungla en la que se camuflan intereses turbios que se manejan con una impunidad chabacana.

Esta ausencia de controles afecta también a las autonomías. Los casos de las comunidades valenciana y madrileña, por una parte, y de la andaluza, por otra —sin olvidar episodios en Cataluña—, obligan a que haya un replanteamiento radical de la fiscalización técnica y preventiva. En esta instancia, la corrupción no procede del arbitrismo urbanístico, sino de las comisiones ilegales cobradas por el favorecimiento en el sistema de contratación de obras y servicios y adjudicaciones, mediante sistemas amañados que evitan los procedimientos de concurso y concurso-subasta o, sin evitarlos, los tunean para que los beneficiarios sean los previamente acordados y que han pasado por la caja del corrupto. Y la falta de controles afecta muy significativamente a los sindicatos. Más allá del caso de los ERE y de los fondos de formación en Andalucía, el de José Ángel Fernández Villa, un icono del sindicalismo minero asturiano, toda una personalidad pública de referencia en el Principado, conmovió a la opinión pública en el otoño de 2014. Resultó que Fernández Villa disponía de una fortuna personal de 1.400.000 euros que el sindicalista afloró para beneficiarse de la amnistía fiscal de Cristóbal Montoro. El patrimonio del sindicalista de la Unión General de Trabajadores (UGT) era el resultado del drenado de los fondos asignados a las ayudas a la minería. Fernández Villa engañó —como Jordi Pujol— durante décadas a sus compañeros y el amaño fue posible por la ausencia de los que debían ser férreos protocolos de fiscalización y control de unos fondos de estratégica importancia para el sector. El caso de Fernández Villa, como el de Jesús Gil, o el de Juan Antonio Roca o el de Francisco Granados y tantos otros, responde a modelos decimonónicos supuestamente superados y, en realidad, reactualizados.

Volvemos a formulaciones anteriores: la corrupción no es un problema de la incumbencia exclusiva de los tribunales de justicia cuando su acaecimiento es delictivo; tampoco se soluciona con el apartamiento del corrupto cuando no llega al ilícito penal y sólo alcanza al administrativo o al reproche moral. La corrupción es un problema endógeno y sistémico, esto es, nace y se desarrolla en el desenvolvimiento de la actividad de la Administración Pública y, además, ninguna se libra, aunque —como se ha dicho— sea la municipal la que genera una espiral más perniciosa. La clave de la solución consiste en acertar en el diagnóstico: qué mal, dónde y cómo atacarlo. La peor actitud ante esta situación es mantener los discursos políticamente correctos, insistir en los tópicos que mantienen paradigmas avejentados y, en el fondo, falsos y contaminantes y reiterar potenciales soluciones que no dejan de ser lugares comunes en los que se refugian los discursos al uso de una clase dirigente que no ha terminado de asumir que para que la corrupción cese y se erradique es necesario un acto sacrificial de parte de sí misma.

IV

Uno de los factores criminógenos, es decir, un elemento condicionante que contribuye a la perpetración de actos corruptos —continuadamente corruptos— consiste en la financiación de los partidos políticos y de las organizaciones sindicales. Aquéllos y éstas parecen atacados por el virus del gigantismo. En vez de optar por estructuras ligeras, austeras y eficaces, han apostado por la creación progresiva de enormes aparatos que generan grandes gastos corrientes. Auténticas maquinarias de consumir recursos por tres razones. En primer lugar, por razón de su establecimiento en sedes representativas, replicadas en capitales y pueblos, que imitan a las grandes empresas, aunque con un concepto miméticamente copiado de los ministerios; en segundo lugar, por razón de las plantillas que prestan servicios varios como una suerte de funcionariado partidario; y, en tercer lugar, por razón de las demandas complementarias de compensaciones salariales y gastos representativos a una clase política con sueldos públicos muy limitados y, en todo caso, insuficientes para el ritmo de vida que alcanza hoy la mayoría de los políticos situados en la primera fila de la vida pública. Por si esto fuera poco, los partidos políticos deben financiar costosas y muy frecuentes campañas electorales con unos gastos en publicidad y márketing elevadísimos y subvenir, con el transcurso del tiempo, compromisos económicos de diversa índole (pensiones, seguridad, sobresueldos).

Prácticamente ninguna de estas atenciones se costea a cargo de la masa de afiliados cuyas cuotas, según los partidos, alcanzan porcentajes ridículos en relación con el presupuesto total de funcionamiento de la organización. De no ser por la financiación pública que perciben los partidos, éstos no hubiesen adquirido las dimensiones que ahora tienen. Ni tampoco hubiesen llegado a la actual hipertrofia de no ser por la interesada generosidad de entidades financieras —especialmente, en su momento, las cajas de ahorros— que bien con líneas de crédito permanentemente abiertas, bien con créditos puros y duros —normalmente sin garantías razonables— han coadyuvado decisivamente a crear auténticos monstruos administrativos que una vez crecidos han venido a imponer, con mayor o menor sutileza, sucesivas condonaciones de los préstamos concedidos que han ido a parar al epígrafe de morosos, primero, y, luego, de fallidos.

Éste es el caldo de cultivo de la corrupción en la financiación de los partidos, que en España es opaca como demostraría la última evaluación (de 2014) de Transparencia Internacional. Salvo Unión, Progreso y Democracia (UPyD), con una nota de 9; IU, con un 6; y Esquerra Republicana de Catalunya (ERC), con un 5,5, todas las demás formaciones suspenden en la transparencia de sus cuentas. El PP obtiene un 4,5, pero el PSOE se queda en un 3, el PNV en un 2,5, Coalición Canaria (CC) en un 1,5, Ciudadanos en un 3, Convergència Democràtica de Catalunya (CDC) en un 3,5 y Unió Democràtica de Catalunya (UDC) en un 2,5. No son extrañas estas calificaciones, porque aunque la mayoría de las organizaciones disponen públicamente de sus cuentas anuales, la mayoría no señala la fecha de remisión de éstas al Tribunal de Cuentas, tampoco dispone del último informe de este organismo de fiscalización, no hay un desglose suficiente de los gastos ni descripción del procedimiento de control y/o auditoría interna del partido. Por supuesto, prácticamente ningún partido somete sus cuentas a una auditoría profesional y externa.

Los partidos políticos han venido infringiendo la Ley de Financiación de 1987 de forma sistemática pese a sus tres reformas para tratar de evitarlo. Pese a grandes casos de financiación ilegal de partidos —el *asunto Filesa* en los años noventa, que afectó gravemente al PSOE, el *caso Naseiro* que lo hizo con el PP, como el *Gürtel* y el *caso Bárcenas*—, las cuentas de las organizaciones pasaron el filtro del inocuo Tribunal de Cuentas de tal manera que su fiscalización ha devenido en un trámite que nada garantiza más allá del cumplimiento de lo que se ha constituido como una mera formalidad. Habrá que esperar el resultado que ofrece el acortamiento de plazos de fiscalización que la ley impone al Tribunal de Cuentas, la prohibición de condonaciones de créditos por las entidades financieras por encima de los cien mil euros y determinadas limitaciones a las donaciones de particulares y empresas, pero hay que adelantar que el problema no es tanto de acumulación de normas prohibitivas, ni siquiera de sanciones, cuanto de transparencia. Los partidos han sorteado las exigencias legales de las maneras más variopintas: desde la constitución de sociedades fantasma para facturar servicios que no se prestaban *(caso Filesa),* hasta la partición en cantidades permitidas de entregas en concepto de donación cuyo monto total resultaría ilegal *(caso Bárcenas),* pasando por el cobro de comisiones *(caso Gürtel)* en la contratación pública. El papel criminógeno de las fundaciones anexas a los partidos tampoco ha sido menor. A través de ellas, se han suministrado ilegalmente ingentes cantidades de dinero a los partidos que, en distinto grado, han mantenido dos versiones —la A y la B— de su contabilidad, con posibilidades escasísimas de adverar la autenticidad de sus ingresos y de sus gastos.

La corrupción en la financiación de estas organizaciones se produce en muchas ocasiones de abajo arriba. Procede de los niveles municipales y autonómicos y sirve para la escalada de carreras políticas en el seno de los partidos, que terminan por constituirse en verdaderos pozos sépticos contables. Cuando redacto estas líneas, tres tesoreros del PP están imputados por un juzgado de la Audiencia Nacional, sin que, paradójicamente, lo estén aquellos cargos —presidente, secretario general— que ni en el *caso Gürtel*, ni en el de *Bárcenas*, ni antes en el de *Filesa* ni otros, se han visto concernidos por la acción de la justicia. El suministro económico para el funcionamiento de las pesadas maquinarias partidarias se ha dejado en manos de terceros —personalidades oscuras, permanentes, opacas y retranqueadas respecto de la vista pública— a los que la organización ha concedido patente de corso.

La realidad, además, es que *robar* para que el partido funcione goza en la endogamia de la organización de una extrema —y a veces, también agradecida— benevolencia. Quizá esta actitud tan constante en los partidos políticos —en los nuestros y en los de otros países— traiga causa de la venialidad de la denominada *honest graft*, expresión inglesa de no directa traducción al español que vendría a significar algo así como «corrupción permisible», aunque la denominación *graft* remite más a chanchullo admisible. En todo caso, la *honest graft* tiene derechos de autor en la persona de George Plunkitt (1842-1924), jefe de la maquinaria demócrata en Nueva York. Este hombre hecho a sí mismo trataba de combinar el interés público con el suyo y el de su partido. Entendía, y lo hacía sin reproche, que era lícito utilizar información privilegiada para, por ejemplo, adquirir solares en los que luego se erigirían edificios, obteniendo pingües beneficios de los que hacía partícipe al partido. En su concepción, este tipo de *trapicheo* estaba justificado por el hecho de que la democracia se basa en el correcto funcionamiento de los partidos y que éstos requieren de dinero para funcionar eficazmente y servir a lo que él denominó «glorioso país», en referencia a Estados Unidos.

El articulista de *El Tiempo* de Bogotá Jorge Orlando Melo, también historiador y profesor universitario, glosó la figura de Plunkitt al comentar un texto del conocido Jonathan Rauch, editor de la revista *The Atlantic*. Su texto, aparecido en *El Tiempo* en diciembre de 2014, se titulaba «La corrupción útil». Escribía:

En la revista *The Atlantic,* Jonathan Rauch escribió el mes pasado «En defensa de la corrupción». En su opinión, lo que se ha logrado en Estados Unidos, al impedir que el presupuesto se distribuya con criterios políticos, es debilitar la democracia; en vez de políticos hábiles, capaces de negociar el presupuesto considerando las ventajas de todos, la obsesión ética llevó el sistema al caos y paralizó el Gobierno federal. Rauch recuerda a George Washington Plunkitt, el gran jefe clientelista de Nueva York hace cien años, que distinguía entre los chanchullos honestos y los deshonestos. En los deshonestos no se considera el interés público y la plata es para beneficio propio; los chanchulleros honestos «defienden sus intereses, los [...] del partido y los de la ciudad al mismo tiempo». La conclusión de Rauch es que, en la mayoría de los sistemas políticos, el nivel de corrupción debe ser superior a cero: los dirigentes necesitan favorecer a sus electores, llevar obras a sus regiones e imponer disciplina a sus partidos, lo que se hace con plata. Si esto no ocurre, los ideólogos y puritanos extremistas que tratan de imponer políticas rígidas de impuestos o seguridad toman los partidos. Y en vez del nivel adecuado de corrupción, en el que los dineros se asignan a los políticos como inversión pública para sus circunscripciones, la corrupción tiende a ser oculta y a llenar los bolsillos privados.

En el fondo de esta concepción del *honest graft* late la perversa convicción de que, con corrupción cero, los partidos políticos no podrían funcionar, ni las sociedades progresar. Sería procedente *(honest)* un cierto nivel de chanchullo que socializase sus réditos, porque de lo contrario el ejercicio de la política resultaría inane y, quizá, poco viable. Entre otras razones porque «la plata» a la que alude Jorge Orlando Melo sirve para lo que preconizaba Plunkitt y para lo que subrayaba Rauch: mantener la disciplina en los partidos. En su versión interna y más banal, los partidos son una fraternidad vinculada por intereses personales y normalmente alimenticios, crean un escalafón a través del que se alcanzan mejores posiciones, fomentan la interiorización de los beneficios y cooptan a sus dirigentes. Y toda esa maquinaria que actúa al unísono, que se cierra en defensa de los suyos y que ataca igualmente al unísono cuando su statu quo resulta amenazado, se cohesiona e integra con un elemento aglutinante: la garantía del *modus vivendi.*

Precisamente por este mecanismo inveterado de repliegue sobre sí mismo es preciso que el partido político adquiera una nueva dimensión interna, ya que de otra manera los hábitos derivados del *honest graft,* aunque ahora rechazados en una España que no está dispuesta a admitir ni el beneficio de la duda a sus políticos y dirigentes, seguirán vigentes. Se trata —pero en serio— de una democratización de los partidos que conduzca a un sistema de financiación transparente, más que por convicción de sus directivos, por temor a la dación de cuentas ante quienes los sucedan: fórmulas para la participación directa de los afiliados en la elección de los miembros de los órganos directivos, renovación obligada de éstos, procedimientos de reclamación de los afiliados, sistemas preventivos de supervisión *(compliance)*, reglamentos internos de contratación de servicios y obras... son medidas de ventilación, todas ellas muy indicadas, pero no atacan el problema básico: cómo financiarse con suficiencia.

Quizá, en vez de establecer limitaciones a los ingresos de estas organizaciones, lo procedente sería establecer un sistema total de publicidad de sus fuentes de sostenimiento. Podría optarse por un sistema más anglosajón que permitiese a los agentes sociales y a los ciudadanos decantarse mediante donaciones, ayudas y contribuciones a los distintos partidos con la contrapartida de que se conozca hasta el último euro que reciben de unos y de otros. En otras palabras, en vez de optar por una feracidad —a la postre sorteable— de normas y disposiciones, sean permisivas o prohibitivas, resultaría más eficaz que quien quiera financiar a los partidos pueda hacerlo con luz y taquígrafos. Se trata de una fórmula muy básica, pero que en otros lares resulta extraordinariamente efectiva. Porque no es cuestión sólo de que los partidos no incurran en prácticas corruptas —ni mucho menos es aceptable la *honest graft*—, sino también de que su dimensión material sea menor, también más modestas sus sedes y dependencias, menores igualmente sus ahora ingentes funcionariados, más ajustadas a presupuestos controlables sus campañas electorales y, en contrapartida, mayores las retribuciones de los cargos públicos y suficientes las subvenciones a los grupos de representantes en los distintos niveles para el desempeño de su función. El sistema debe ser lo suficientemente realista y perspicaz para que dando más holgura a la financiación de los partidos, a cambio de una transparencia total, éstos dejen de ser un factor que favorece el delito, dentro de la corrupción generalizada que ha protagonizado los últimos veinticinco años en España.

V

En la mayoría de los casos, la corrupción implica bilateralidad de conductas: no hay corrupto sin corruptor. Y el corruptor actúa habitualmente desde el sector privado. Es donde entran en juego las empresas —grandes y pequeñas— que contratan con las Administraciones Públicas o pretenden sus concesiones. También las constructoras que necesitan solares recalificados para la construcción de equipamientos. El gran instrumento corruptor es, en estos casos, el soborno —técnicamente, el cohecho—, que supone el pago, en efectivo, en especie, en definitiva, en beneficio ilícito, al funcionario o al político que torticeramente favorece los intereses de la empresa corrupta. En nuestro país no es habitual que aparezcan grandes empresas como responsables de casos de corrupción. Emergen tramas *ad hoc* para lograr contratos y adjudicaciones de cuantías que no son exorbitantes. Y en todo caso, las empresas se zafan de responsabilidad lanzándola sobre las personas que en su organización han perpetrado el soborno. Aunque las cosas están cambiando desde que en 2010 el Código Penal estableciese la responsabilidad penal de las personas jurídicas en determinados delitos, entre los que se encuentran los de corrupción. Y es lógico que así sea, porque las empresas corruptoras no sólo lesionan bienes jurídicos específicos, sino que distorsionan también la competencia leal, y por lo tanto el mercado, la formación de precios y los derechos de los consumidores.

De ahí que, como ha apuntado Transparencia Internacional, en España «prevenir la corrupción en la actividad empresarial resulta [...] clave no sólo para reducir los índices en el sector público, sino fundamentalmente también para contribuir a una competencia leal en condiciones de igualdad de los concurrentes. Los actos de corrupción lesionan la Administración Pública, por un lado, pero suponen a la vez una disminución de la capacidad competitiva de las empresas, por otro. En este sentido, el perjuicio que dicha distorsión de las reglas de competencia supone para la actividad empresarial es incalculable». Por esa razón —sigue Transparencia Internacional— se ha incorporado al derecho español «el delito de corrupción en el sector privado como conducta lesiva para la competencia. También el delito de cohecho de funcionarios de organismos públicos extranjeros y la estafa de inversores».

Los organismos internacionales —como la Organización para la Cooperación y el Desarrollo Económicos (OCDE) y el Consejo de Europa—, conscientes de la incidencia en el buen funcionamiento del mercado de la existencia y actividad de empresas corruptoras, han dictado desde hace ya años —los noventa del siglo pasado— prolijas recomendaciones, siendo las más conocidas la *Guía de recomendaciones para las empresas para combatir la corrupción*[10] y la anterior *Veintiún principios rectores de la lucha contra la corrupción,*[11] instrumentos de los que se han deducido normativas estatales internas. En España, especialmente, con la ya apuntada responsabilidad penal de las personas jurídicas que, en estos momentos, vuelve a replantearse. También ha inspirado proposiciones como las de Transparencia Internacional en España, que ha tabulado con mucha perspicacia los que denomina *Principios de transparencia y prevención de la corrupción para las empresas.*[12]

10. OCDE, 2010.

11. Estrasburgo, Consejo de Europa, 1997.

12. Puede consultarse en línea en <http://www.transparencia.org.es/PRINCIPIOS_TRANSPARENCIA_PARA_EMPRESAS/Principios_de_Transparencia_Empresas por ciento20_Versión_completa.pdf>.

Esta organización reclama el cumplimiento de los principios de buen gobierno corporativo, la implementación en la empresa de un código ético (tanto para la gran empresa como para la pequeña y la mediana); la implementación de programas de cumplimiento normativo que remite a la denominada *compliance,* que busca la detección, reacción y seguimiento de los eventuales incumplimientos de la normativa interna; la implementación de canales de denuncias para la comunicación de posibles incumplimientos de las normas internas de la empresa y/o normas legales (esto es, que cuenten «con un adecuado canal de denuncias que permita tomar conocimiento de eventuales infracciones de las normas internas de la empresa o bien de las normas legales, y adoptar las pertinentes medidas de investigación y, eventualmente, de sanción»); la existencia de información pública sobre las retribuciones de los directivos y administradores, sobre las contrataciones con el sector público, sobre las actividades subvencionadas con ayudas públicas y sobre las políticas de responsabilidad social corporativa; la evitación de prácticas de favorecimiento y corrupción del sector privado; la evitación de corrupción de funcionarios extranjeros en las transacciones internacionales (delito incorporado ya al Código Penal español) y el cumplimiento de las obligaciones fiscales (asunto este que no afecta sólo al fisco defraudado, sino también a la reiterada competencia leal en el mercado).

En definitiva: es necesario reivindicar el valor de la integridad no sólo en la política y las Administraciones Públicas, sino también en el sector privado, que en tantas ocasiones estimula la corrupción de una manera especialmente descarada a través de empresas cuyo negocio es la contratación con los poderes públicos —obras y servicios— y que «engrasan» las voluntades de funcionarios y políticos mediante sobornos sobre los que, curiosamente, prácticamente nunca se producen denuncias desde el propio sector empresarial. Las compañías saben con cierto grado de seguridad si los concursos están amañados, pero se niegan a introducir elementos de depuración porque rige en el entorno la *omertà* a la que me refería al inicio de este capítulo. De tal manera que la regeneración que se reclama de los ámbitos públicos —político y administrativo— debiera ser una exigencia para determinados sectores privados que forman la parte más oculta de la relación implícita en la mayoría de los casos de corrupción (el que cobra y el que paga).

La propia Transparencia Internacional, en su informe de 2014, analizó cuatrocientos casos de soborno o cohecho en cuarenta y un países. Y sus conclusiones son preocupantes. Todos los Estados en los que se realizaron las investigaciones son signatarios de la Convención contra el Soborno de la OCDE. Los casos de corrupción se produjeron en sectores muy sensibles: el extractivo (19 por ciento), la construcción (15 por ciento), el transporte y almacenamiento (15 por ciento) y la información y comunicación (10 por ciento). Los beneficiarios del cohecho fueron con más frecuencia los empleados de empresas estatales (27 por ciento), los funcionarios de aduanas (11 por ciento), los funcionarios relacionados con la gestión de la salud (7 por ciento) y los competentes en materia de defensa (6 por ciento). La organización detectó también que hubo jefes de Estado y ministros sobornados en el 5 por ciento de los casos, pero que recibieron el 5 por ciento del monto total de los fondos dedicados a este tipo de corrupción. La mayoría de los casos de corrupción investigados se relacionaba con la obtención de contratos (57 por ciento), procedimientos de control aduanero (12 por ciento) y la búsqueda de un trato fiscal favorable (6 por ciento). Por lo general, estos pagos corruptores se realizaron por personas con facultades de gerencia o gestión en las empresas (41 por ciento), pero hubo supuestos en los que en los sobornos participaron los mismísimos presidentes de las compañías (12 por ciento).

Según este informe, estas actividades delictivas fueron protagonizadas por grandes empresas, con conocimiento de la dirección. Se emplearon en los cohechos hasta el 10,9 por ciento del valor total de la transacción, lo que equivaldría, según el informe de 2014, a unos 14 millones de dólares, aunque Transparencia Internacional duda seriamente que la cifra no sea mayor, dada la enorme dificultad de la investigación en la que frecuentemente actúan intermediarios ajenos a las empresas corruptoras.

Este panorama internacional —muy genérico, pero también muy indicativo— no tiene réplica a nivel español. Sin embargo, resulta paradójico que el empresariado lamente de manera constante la lacra de la corrupción y no haya realizado aún una seria introspección sobre su responsabilidad en ella. En España, el caso de Gerardo Díaz Ferrán es paradigmático. Presidente de la Confederación Española de Organizaciones Empresariales (CEOE) entre 2007 y 2010, está ahora condenado por fraude a Hacienda en la compra de Aerolíneas Argentinas y penden sobre él otros procesos por delitos típicamente encuadrables en los de corrupción: delito fiscal, blanqueo de capitales, alzamiento de bienes y otros conexos. Pese a las dimensiones del caso, y aunque naturalmente fue sustituido, el caso de Díaz Ferrán no causó en el empresariado español la convulsión catártica que parecería lógica. Por el contrario, después se han producido otros de menor entidad que, en ocasiones, no han merecido ni siquiera la dimisión del interesado. Tampoco el empresariado ha reaccionado con vigor a los arraigados malos hábitos, corruptelas y delitos que se perpetraron en las cajas de ahorros españolas, algunos de cuyos responsables han desempeñado, hasta el borde mismo de lo insostenible, responsabilidades representativas y cargos en consejos de administración de compañías cotizadas y asesorías.

La omisión, pues, de la consideración de la bilateralidad de conductas delictivas que comporta la corrupción conduce este fenómeno destructivo a un reduccionismo que podría hacerlo ininteligible o, alternativamente, a una observación maniquea en la que el funcionario y el político serían de peor condición moral —y, desde luego, también penal— que el empresario corruptor. Resulta especialmente importante recobrar la lucidez sobre esta reciprocidad de conductas en un tiempo histórico en el que los grandes contratos de obras y servicios, y las concesiones o externalizaciones de servicios públicos (desde la limpieza hasta la gestión de la sanidad pública), los enormes contratos de suministros —por ejemplo, de hidrocarburos—, están a la orden del día y su adjudicación puede convertir una compañía o un sector en poderoso estamento con grandes influencias políticas y sociales. De nuevo, la transparencia de los procedimientos en la contratación con las Administraciones Públicas y la tensión de integridad profesional y ética del conjunto de las empresas se configuran como factores fundamentales para extirpar del *otro lado* de la mesa en que la negocian como tahúres a los corruptores y los corrompidos que, a la postre, son la cara y la cruz de la misma moneda. Enlaza este planteamiento con el inicial sobre el grado de corrupción privado o social que existe en España y que compite con el que se registra en la política y la Administración.

VI

Una de las circunstancias que incrementan la percepción de corrupción y de su impunidad reside en la larga tramitación de los procedimientos penales. La dilatación de los procesos de instrucción y enjuiciamiento favorece la presencia en los medios, de manera reiterada, de los episodios de corrupción y de sus protagonistas sobre los que los medios de comunicación, en ocasiones, llegan a montar investigaciones paralelas con los consiguientes juicios igualmente paralelos. En nuestro país no sería posible, aquí y ahora, un procedimiento como el del *caso Madoff,* que en muy poco tiempo fue resuelto por la justicia norteamericana pese a la complejidad de la trama piramidal del financiero estafador.

El magistrado Ventura Pérez Mariño escribió sobre «Las fortalezas y debilidades del caso Madoff» un certero comentario que merece la pena recordar:[13]

> El enjuiciamiento y la condena impuesta al estafador Bernard Madoff ha sido bien vista por la sociedad española. Creo que por tres razones: la primera, por la rapidez, apenas han transcurrido seis meses desde que se hizo público el escándalo y se conoció la estafa. La segunda, por la contundencia: el juez emitió un veredicto de culpabilidad señalando la gravedad

13. *La Voz de Galicia,* 17 de julio de 2009.

del comportamiento de Madoff, al que siguió la imposición de una pena descomunal, ciento cincuenta años, que ya ha adquirido firmeza. Y la tercera, porque es muy probable que a pesar de su edad no salga de prisión. Ninguna de estas tres circunstancias se habría dado en España de haber ocurrido aquí los hechos. Y desde luego hay que tomar buena nota de lo sucedido y en la medida de lo posible importar las fortalezas del sistema judicial de Estados Unidos.

¿Qué habría pasado en España? En primer término, no se le habría juzgado a él solo. Es improbable que en una estafa piramidal, tan simple como las que cometía Dona María, la Portuguesa, llevada a cabo durante treinta años, no haya responsables de que los mecanismos de control e inspección de las entidades financieras no se hayan percatado de lo ocurrido [...]. Pero además del no enjuiciamiento de las autoridades atinentes, parece imposible que una estafa de esa cuantía (más de 35.000 millones de euros) se haya cometido por una sola persona. Hay con seguridad coautores que en nuestro país serían juzgados imperativamente al tiempo que el autor principal. Así ha pasado en casos como el de *Gescartera* o *Fórum Filatélico* [...].

Por último, se le ha condenado por una declaración de culpabilidad del propio Madoff, lo que puede ser —y ha sido— suficiente para dar lugar a una condena, pero no lo es para conocer la forma de operar de la trama que hay a su alrededor. Como se ve, el sistema de enjuiciamiento de Estados Unidos tiene admirables ventajas: rapidez, pena contundente y cumplimiento real. Tres pilares de una buena justicia, de los que aquí, en parte, carecemos y por ello, como decía al principio, deberíamos tomar nota.

El político y jurista Pérez Mariño aboga por lo que es un clamor en España: rapidez en el enjuiciamiento, contundencia en el castigo y cumplimiento efectivo de la pena. ¿Por qué en España no es posible, si Estados Unidos y otros países logran ese satisfactorio funcionamiento de la administración de la justicia? La respuesta se remite a las reglas de conexión que propician las llamadas *macrocausas*. Voluminosos procesos que, por imperativo hasta ahora de la Ley de Enjuiciamiento Criminal, acumulan la instrucción y enjuiciamiento, por una parte, de varios delitos cometidos por una persona si están conectados entre sí, y por otra, la acumulación de varios delitos cometidos por varias personas, siempre conectados entre sí —tanto delitos como personas—. El legislador, entonces, no contaba con que la conexión podría dar lugar a macroprocesos cuya dimensión supera el espacio de los recintos judiciales habituales. La delincuencia organizada y la industrialización de la corrupción, así como su prolongación en el tiempo, desbordan la capacidad normal de los juzgados de instrucción para los que el legislador previó una conexividad «normal» de delitos, es decir, los propios de una banda de delincuentes o malhechores. La conexividad se ha sacralizado hasta revertir su finalidad, pues aun evitando sentencias contradictorias, genera sentencias insatisfactorias, arriesga la validez de las instrucciones por nulidades que pueden declararse en grabaciones telefónicas o entradas y registros mal motivados y favorece dilaciones indebidas que actúan como atenuantes del sospechoso. El problema no es la conexión entre hechos delictivos, sino su traducción procesal, que obliga a enlazar unos con otros en una cadena interminable que al final perjudica más que beneficia a la causa de la justicia. La posibilidad de juzgar en piezas separadas delitos aun conexos, cuando sean perfectamente delimitables en el tiempo y en sus consecuencias, sería una solución.

Aunque un tanto técnica, ésta parece ser una de las cuestiones esenciales que lastran la rapidez de la justicia, creando sensaciones malsanas en la sociedad —entre ellas la de impunidad—, así como otros aspectos materiales y procesales que estarían en trámite de irse solventado, tales como la tipificación del delito de financiación ilegal de los partidos —que ahora no existe, debiendo el juzgador remitirse a tipos penales diferentes—, la ampliación del plazo de prescripción de los delitos de corrupción —de diez a quince años— en los supuestos más graves, el incremento de la duración de las penas de inhabilitación, la creación de organismos cuya función esencial sea la recuperación de los beneficios obtenidos por los autores de los delitos de corrupción y una evaluación oficial más frecuente de las dimensiones del fenómeno y su control. Por supuesto, la restricción radical de los indultos en casos de condenas por delitos de corrupción es una demanda insoslayable que ahora se cumple, dada la presión social. Habría que añadir, como propugnan juristas de solvencia, la introducción en España del juicio en ausencia, esto es, la posibilidad de instruir, y luego juzgar y dictar sentencia, aun cuando el responsable no comparezca por estar huido de la justicia con el propósito, habitualmente bien calculado, de beneficiarse de los plazos de la prescripción o con el igualmente torticero de poner a buen recaudo los fondos obtenidos con sus conductas delictivas. Es muy significativa también la demanda de resarcimiento en este tipo de hechos delictivos. La opinión pública no puede conformarse —y no lo hace— con condenas de inhabilitación y algunas de prisión que no se cumplen por su exigüidad, que permiten a sus responsables seguir deambulando por la vida pública con mayor o menor discreción, pero en todo caso con una provocativa impunidad, porque en la conciencia colectiva —y en la realidad— estos delincuentes siguen disfrutando de los botines adquiridos con sus comportamientos delictivos; botines normalmente bien invertidos en paraísos fiscales hasta donde la larga mano del Estado no alcanza para recuperarlos.

Si en otros países son posibles instrucciones rápidas y condenas contundentes se debe también a que el fiscal tiene en el proceso penal una misión diferente a la que dispone en España. En nuestro país, el juez instructor dirige la investigación del delito, para lo que tiene atribuida la dependencia funcional de la policía judicial. El fiscal acusa, propone, pero no protagoniza la investigación. Este sistema de juez instructor-investigador es inédito prácticamente en Europa. Todos los países de nuestro entorno, con modalidades diferentes, mantienen el mismo patrón: el fiscal investiga y el juez se configura como una instancia de garantías del encausado, que cuida no sólo de que se mantengan incólumes los derechos del investigado, sino que controla los plazos de la instrucción del fiscal y, en determinados casos, examina la procedencia de sus actuaciones en el proceso.

A principios de la legislatura 2011-2015, el Ministerio de Justicia propició el estudio por una comisión de expertos del Código Procesal Penal, que debería haberse convertido en un anteproyecto de ley para reformar por completo la actual Ley de Enjuiciamiento Criminal. Todos los expertos de esa comisión, aunque con matices, apostaron en su estudio —ya presentado de manera articulada— porque el fiscal investigase e instruyese y, además, ostentara la dirección funcional de la policía judicial, reservando al juez el papel de garante del encausado y el de instancia para autorizar determinados actos intrusivos de investigación. Por razones cuyo relato desborda el propósito de estas páginas, el Código Procesal Penal no ha prosperado, perdiéndose la gran oportunidad de actualizar nuestro sistema procesal penal, cuya obsolescencia está en la raíz de la ralentización de las causas contra corruptos.

Causas que, a veces, recaen sobre jueces inexpertos o con afanes de protagonismo o notoriedad, que diseñan operaciones policiales que provocan un enorme ruido mediático. Con frecuencia, estas operaciones se quedan muy lejos de las expectativas que generan en la opinión pública, que se lanza a especulaciones que tantas veces son el germen de juicios paralelos o circulares que saltan a las pantallas de la televisión en programas poco idóneos para abordar con un mínimo de rigor y seriedad el asunto que ha desatado la decisión del juez.

Además, los aforamientos —aunque formal y materialmente no impliquen impunidad— se contemplan como un privilegio —y en cierto modo, lo son— porque sustraen a determinados políticos y magistrados del Estado de la jurisdicción del juez predeterminado por la ley. España es el país de Europa con más aforados: 17.621 según cálculos fiables, lo que representa una grave distorsión de la percepción social de la justicia. El que fuera ministro de Justicia, Alberto Ruiz-Gallardón, llegó a proponer que se limitasen a veintidós. Sin embargo, la iniciativa no pasó de la mera intención y sigue sin existir un consenso político para la reducción drástica de este privilegio que concurre, con los demás factores ya apuntados, a ofrecer una percepción de impunidad cuando, en rigor, se trata de un privilegio procesal que, por extraordinaria extensión, ha perdido el sentido racional y político de que disponía.

La provisión de plazas de jueces y fiscales, la reordenación de la oficina judicial, la disposición de medios materiales en juzgados y tribunales, la digitalización..., en definitiva, el rescate de la justicia de la insuficiencia crónica que padece en España, son medidas necesarias, entre otras razones, para estandarizarnos a los países de nuestro entorno. La Comisión Europea para la Eficacia de la Justicia (CEPEJ), en su quinto informe bianual de evaluación de los sistemas judiciales europeos (2012), destacó, en referencia a España, los siguientes datos:

—En 2010, España fue el sexto país europeo con mayor presupuesto público destinado a justicia.

—En España, la ayuda judicial es de 5,2 euros por habitante/año, por debajo de la media europea de 6,8 euros habitante/año.

—España cuenta con 10,2 jueces por cada cien mil habitantes, frente a la media europea de 21,3. Es uno de los países con mayor número de abogados por cada juez: 26,7.

—Los salarios de los jueces de primera instancia y fiscales en España al principio de sus carreras fueron en 2010 de 47.494 euros brutos anuales, superando levemente la media europea de 46.056 euros brutos anuales.

—En 2010, los fiscales españoles recibieron 4.474.042 casos, ocupando así el cuarto lugar entre los países europeos. El informe señala que casualmente los países con mayor número de casos recibidos por fiscal son aquellos que cuentan con el menor número de fiscales por cada cien mil habitantes. España es el segundo país, con 1.858 casos de primera instancia recibidos por cada fiscal, después de Francia. La media europea fue de 615,2 casos por fiscal.

Los datos parecen suficientemente expresivos.

VII

Los factores criminógenos de la corrupción no siempre son evidentes. En ocasiones se metamorfosean en realidades que se conforman como sólo aparentemente lejanas a la corrupción. Un factor criminógeno es, sin lugar a dudas, el ejercicio descontrolado y dolosamente ignorado por el legislador del llamado *lobbying.* O, para ser más exactos, una acción que quiere ser de *lobby,* pero que en realidad está constituida por comportamientos y actitudes reprobables porque, a través de múltiples vías de presión —sean de disuasión, sean de persuasión—, se pretende alcanzar un objetivo legislativo o de otra naturaleza que no se lograría de modo transparente y plenamente legal. De ahí que en las democracias que, como la española, no disponen de una regulación para los *lobbies,* se acarreen dos consecuencias indeseables: por una parte, se priva a los legítimos grupos de interés de sus derechos a expresarlos en la sede —gubernamental o parlamentaria— en la que se debaten y, por otra, se induce a prácticas reprochables y opacas como alternativa a la transparencia que sí existe en muchos países democráticos.

En España los intentos de regular los *lobbies* han sido muchos e inútiles. Se han producido en el Congreso hasta cuatro iniciativas serias de insertar en el ordenamiento jurídico la actividad del *lobby.* Ninguno ha prosperado y decenas de resoluciones y proposiciones duermen el sueño de los justos. Incluso en 2013 hubo un acuerdo en la Cámara para regular los grupos de interés, pero cuando llegó la tramitación de la vigente Ley de Transparencia, quedaron inexplicablemente fuera de su articulado. Y eso pese a que Transparencia Internacional ha declarado que «cuando el *lobby* es realizado con integridad y transparencia es una fuente legítima de influencia para los grupos de interés que están afectados por decisiones públicas». El problema es cuando el ejercicio del *lobby* es opaco y no está regulado. Lo que los lobistas piden no es demasiado y resultaría enriquecedor: un registro de grupos de interés, un código de conducta, así como un régimen de información pública de las agendas de los altos cargos y parlamentarios, elementos que —y según un experto en la materia como Joan Navarro— «trasladarían a España las mejores prácticas de las instituciones europeas y dotarían de mayor transparencia a una actividad que se desarrolla con total normalidad en nuestro país desde la aprobación de la Constitución». Y añadía: «Por ello, el motivo de esta regulación no es tanto la preocupación sobre el *lobbying* como la necesidad de mejorar los mecanismos de transparencia, de rendición de cuentas, la *accountability* de las instituciones; aportando luz, en este caso a los procesos de formación de las decisiones públicas, donde, junto a la defensa del interés general, interviene la consideración de los intereses privados. Se trata de mejorar el funcionamiento de la democracia, acostumbrando a nuestros representantes públicos a contar lo que hacen, a dejar huella de los procesos legislativos, facilitando de esta forma la participación del máximo número de personas y agentes interesados y mejorando la eficacia de nuestras leyes».[14]

Con este criterio coincidía el informe del Grupo de Expertos del Consejo de Europa (Greco) sobre la corrupción en España de 2014, que echaba en falta la mejora de la consulta pública y la regulación de los *lobbies*. Al hacerlo, este grupo estaba vinculando la ausencia de regulación con la posibilidad de que resulte más fácil la comisión de actos corruptos. Según el resumen de este informe que Transparencia Internacional facilitó en febrero de 2014, «la preocupación principal relacionada con el *lobby* no concierne a los lobistas de consultorías en asuntos públicos y similares, ya que hay pocas empresas de este tipo en España, sino al rol que desempeñan todos los grupos que defienden intereses, desde empresas, hasta organizaciones profesionales, tales como asociaciones, fundaciones, sindicatos. Además, en el planteamiento de una regulación del *lobby* hay que tener en cuenta que los diputados y senadores votan siguiendo la disciplina de partido, por lo que lo normal es que los lobistas/grupos de interés prefieran influir sobre los grupos parlamentarios y no a través de parlamentarios individuales».

Resulta, pues, evidente, que este espacio sin regular estaría permitiendo intervenciones de grupos de interés descontroladas y potencialmente corruptoras en el ámbito legislativo y ejecutivo, y no se alcanza a entender el porqué de la renuencia en España a mantener este territorio fuera de control cuando en los países de nuestro entorno está perfectamente acotado y reglamentado. Los políticos y partidos españoles disponen de experiencia y práctica

14. *El País,* 1 de octubre de 2014.

suficiente para conocer que, por ejemplo, en Bruselas el registro de lobistas supera los diez mil y que en España no se conoce un *lobby* profesional que haya dado lugar a un caso de corrupción. No sabemos, sin embargo, si podría decirse lo mismo de sistemas alternativos de *lobby* que en nuestro país podrían definirse como conflictos de intereses, y uso y abuso de esa práctica denominada tan plásticamente como «puertas giratorias».

Pasar de la política a la empresa privada casi sin solución de continuidad está siendo en nuestro país un motivo de vivo debate ribeteado por el escándalo. Ocurre con demasiada frecuencia que un cargo político se pase con armas y bagajes, y sin un razonable período de carencia, al sector privado, poniendo a su servicio no sólo su experiencia administrativa, sino también sus contactos —en definitiva, ambas son las motivaciones de su contratación—, sea competente o no en el giro de negocio de la compañía que lo contrata. Esta práctica es particularmente ofensiva cuando se da en dos supuestos. Primero, cuando el político ha intervenido desde la Administración Pública en decisiones que han favorecido a la empresa que lo contrata —por ejemplo, la adjudicación de la gestión externalizada de un servicio público— y, segundo, cuando el ex alto cargo salta a una empresa de un sector regulado, es decir, cuya actividad, en parte, está sometida a decisiones políticas y administrativas. En España ha ocurrido y ocurre que responsables de competencias sanitarias han migrado al mismo sector privado que obtuvo adjudicaciones o concesiones durante su mandato, y que responsables de áreas de gobierno estratégicas —en general económicas— han pasado a sectores que, como el energético o el financiero, dependen en mayor o menor medida de decisiones gubernamentales o de regulaciones normativas. Estos «fichajes» —sólo contenidos por una insuficiente Ley de Incompatibilidades— son contemplados por la opinión pública como comportamientos por lo menos desleales con la estética política y que desprestigian tanto a la empresa que se vincula al ex político como a este mismo, que queda prácticamente estigmatizado. Los políticos han de tener vida profesional más allá de la política, pero su reinserción en la vida privada no puede ejecutarse con golpes de oportunismo, con el ventajismo descarnado de la puerta giratoria, porque se produce así un desplome de la confianza social hacia su gestión y hacia la de la clase política en general.

Este asunto ha sido también tratado por Greco en su informe sobre la corrupción en España, que deplora la ausencia de prohibiciones o restricciones en el ámbito del empleo «posmandato público». Las prohibiciones y restricciones tendrían que articularse razonablemente, evitando que los políticos que han desempeñado su función en áreas concretas de gobierno o de la Administración pasen a desempeñar cargos de responsabilidad en las empresas que han estado sometidas al ejercicio de su competencia, y evitando también la posibilidad de que ex altos cargos —tengan o no relación con dichos sectores— se inserten en sectores regulados hasta que no hayan transcurrido al menos cinco años de su salida de la vida pública.

Quizá la frecuencia descarada con la que en España se produce el fenómeno de las puertas giratorias tenga que ver con la renuencia a regular los *lobbies,* porque parece preferirse la opacidad de la influencia, del amiguismo, de la transacción de favores, que la actividad transparente de los grupos de interés debidamente registrados en una política de agendas abiertas, para que la luz y los taquígrafos eviten malentendidos o, peor aún, prácticas corruptas, por sutiles que éstas sean. Por lo demás, el hecho de que las puertas giratorias funcionen para salir de la política y entrar en el sistema financiero y/o energético remite a una consideración muy severa: esos sectores son estratégicos y, por serlo, requieren de un régimen de transparencia total. En ese contexto es fácil que se planteen conflictos de intereses en los que se incurre sin ningún mecanismo legal o factual de evitación. Así pues, tanto las puertas giratorias como la falta de regulación del *lobbying* son factores criminógenos para la emergencia de supuestos de corrupción.

Adicionalmente, hay que reseñar también otra práctica insostenible: la de los jueces, magistrados y fiscales que migran de sus cargos a la política y regresan de ella para reintegrarse a sus puestos profesionales. En España ha habido casos especialmente llamativos como el del ex juez de la Audiencia Nacional Baltasar Garzón, ahora apartado de la judicatura por una condena por prevaricación, que pasó de la instrucción de gravísimos casos de corrupción a presentarse a las elecciones en los años noventa nada menos que con el PSOE, partido al que hostigó una vez regresó a su juzgado en la Audiencia Nacional. No ha sido el único ni será el último. Además, es frecuente que magistrados y fiscales dejen sus carreras profesionales y fichen por grandes despachos de abogados y asesorías sin mediar tiempos de carencia que permitirían digerir el tránsito de una manera no sólo más estética, sino también más ética.

Pero en este nivel de planeamiento sobre la corrupción queda por subrayar un fortísimo factor criminógeno de muy distinta naturaleza a los anteriores: la omisión de la responsabilidad política tanto por parte de los corruptos como de aquellos cargos que, por sus facultades de elegir y sus obligaciones de vigilar, favorecen objetivamente que la corrupción sea contemplada con banalidad por la clase política, con benevolencia por sus entornos y con resignación por la ciudadanía. La resistencia a abandonar el cargo público cuando se dan indicios suficientes de haberse perpetrado un comportamiento o conducta corruptos remite a la consideración de una falta de conciencia de servicio público en los políticos —la mayoría— que así actúan. En el ejercicio de facultades públicas, la sanción no sólo es penal; incluso principalmente no es penal; la sanción inicial, la más inmediata, debería ser la política y consistiría en el apartamiento fulminante y cautelar del ejercicio del cargo que se ocupa. Se trata, más que de un imperativo moral —que también—, de una cuestión de índole cultural. Si el presidente de la República Federal de Alemania Christian Wulff dimitió en 2012, cuando la Fiscalía de Hannover abrió diligencias para investigarlo por un caso de tráfico de influencias (fue invitado a unas vacaciones por un productor al que el Gobierno de la Baja Sajonia que él presidía avaló por un importe de un millón de euros que nunca se hizo efectivo), ¿por qué razón en España no se procede de manera similar? La razón, como he dicho, es político-cultural, pero también tiene que ver con los conceptos pervertidos que manejan los dirigentes políticos en su particular jerga, que en Francia se denomina *lengua de madera* (eufemismos, circunloquios, medias verdades, expresiones equívocas). En España se ha logrado un enorme hallazgo en la presunción de inocencia, como si ésta fuera una empalizada ante las responsabilidades políticas. Técnicamente, nadie puede ser condenado hasta que no medie una sentencia definitiva (los hay que reclaman, incluso, que sea firme), cuando la realidad política y la jurídico-judicial no necesariamente se cohonestan y acoplan como daría a entender este automatismo argumental. Puede producirse una inocencia penal y, sin embargo, un reproche político porque la sanción penal es la expresión radical del reproche social a un comportamiento, el ilícito más grave, la reprobación más rotunda. La política discurre por derroteros diferentes, con otros matices y con una gama de reproches y sanciones diferentes.

La resistencia a la dimisión, a resignar las responsabilidades políticas cuando se dan indicios suficientes de un comportamiento inadecuado, es simétrica a la de los cargos políticos que amparan a sus subordinados con la insana intención, por lo general, de establecer cortafuegos que terminen por reclamarle su doble culpa: la *in eligendo* y la *in vigilando*. El caso de Esperanza Aguirre en Madrid es paradigmático, entre otros: pese a que implicados en la trama de Francisco Correa eran personas designadas por ella y pese a que implicados en la *Operación Púnica* eran igualmente personas que llegaron a obtener de ella su máxima confianza, la ex presidenta de la Comunidad de Madrid —tras pedir perdón— se empeñó en una auténtica campaña de distracción de sus propias responsabilidades: desde afirmar que ella fue la que destapó la *trama Gürtel* hasta negar conocimiento personal de alcaldes detenidos por presuntas corrupciones urbanísticas. La supervivencia en la vida política —al trance que sea— se configura como un potentísimo factor de criminalidad que, de nuevo, nos reenvía al carácter sistémico y endógeno de la corrupción en España.

VIII

La corrupción, cuando presenta los perfiles que se dan en España, se convierte en un artefacto letal contra la legitimidad del sistema; artefacto con un potencial destructivo realmente extraordinario porque, aunque es cierto que la generalización no está nunca justificada (basta un político honrado para rechazarla), la habitualidad, frecuencia y banalización de los muchos casos que se suceden —anteriores en el tiempo y presentes— muestran en realidad una patología del sistema, en el que se observan debilidades poco menos que insuperables para regenerar la situación y sanearla. La energía negativa de la corrupción puede tumbar el régimen constitucional por la desconfianza que genera y provocar la implosión del modelo de partidos y desarbolar no pocas instituciones. La corrupción es, con enorme diferencia, el problema más grave, porque su naturaleza es ética o moral y afecta, por tanto, a uno de esos espacios intangibles de los sistemas políticos que son aquellos en los que la probidad y la honradez fundamentan la acción política y energizan sus decisiones, al tiempo que las legitiman y justifican en intereses colectivos, altruistas, socializadores de beneficios positivos. La corrupción niega la *lex artis* de la política, la prostituye y ahuyenta el sentido ético en el servicio público. La corrupción es la carcoma del sistema, como se pudo ver en Italia con *Tangentópolis*, un fenómeno del que el país vecino no se ha recuperado. Tampoco España se ha recuperado de profundas simas corruptas en estos años de democracia; unas simas que están en la raíz de planteamientos que —con alto poder de convicción— propugnan un proceso constituyente trasladando la opinión de que el sistema actual no es susceptible de reformarse y que, por lo tanto, sólo cabe su demolición. La transversalidad de los casos de corrupción aporta crédito a esta interpretación de las flaquezas del sistema. Está presente en todos los partidos, lo cual es prácticamente cierto. Está presente en todas las administraciones, lo cual es también cierto. Está presente —en modalidades diferentes— en todas las instituciones, desde las proximidades de la jefatura del Estado hasta las

Cámaras legislativas, pasando por los órganos de fiscalización. Consiste, pues, en una realidad extendida, frecuente, resignadamente asumida, a la que la propia sociedad da réplica con comportamientos colectivos también corruptos —elusión de impuestos, economía sumergida, economía delictiva—, de tal manera que el círculo creado es vicioso: el sistema no obtiene energía propia para autodepurarse y tampoco la obtiene de la sociedad, que se escandaliza, pero no reacciona —sea porque incurre también en conductas reprobables, sea porque consiente a la clase política otras que no lo son menos, incluso reiterando el voto a los corruptos—, al tiempo que ésta carece de referentes ejemplarizantes que le muestren una alternativa moralmente sólida.

Pero la cuestión que se plantea no es tanto de naturaleza moral —que lo es, pero no a efectos prácticos— cuanto de sostenibilidad del sistema en circunstancias como las actuales. Las sociedades son como las personas que soportan enfermedades crónicas que antes eran letales. Con la corrupción —y en estas páginas se ha aludido a formas soportables de corrupción— se puede convivir mirando a otro lado o participando de ella de manera directa, indirecta, o no haciéndolo y simplemente observándola. Pero aunque este ralo pragmatismo venga avalado por experiencias ajenas, no es el que está en la tradición de nuestro país, que muestra en su historia largos períodos de resignación y aguante, pero que terminan en estallidos sociales virulentos. La contemporaneidad dribla ya las expresiones violentas de rebelión hacia la clase política cuando, además, las pautas son las propias de una sociedad democrática, pero nuestro tiempo dispone de fórmulas electorales que vuelcan las situaciones y las pueden hacer, de la noche a la mañana, irreconocibles.

España frisa justamente esa situación a propósito de la corrupción. Porque no serán la incompetencia ni los errores los que propicien un giro copernicano en el funcionamiento del sistema. Será la corrupción la que lo haga, entendida ésta como la entienden hoy los ciudadanos españoles, es decir, como un concepto amplio —incluso injustamente amplio— en el que caben la mentira electoral, el despilfarro, el nepotismo, los abusos y todos los colores —blanco, gris y negro— de la corrupción en sentido estricto. Se ha pasado de la perplejidad a la indignación; de la lenidad, a la exigencia; de la banalidad que relativiza y exculpa, a la reclamación perentoria de responsabilidades; de la resignación, a lo que ahora se denomina empoderamiento ciudadano contra los corruptos.

Quien piense que la política y la corrupción son, sostenidamente en el tiempo, compañeras de viaje ha olvidado por completo que determinadas realidades indeseables se mantienen en tanto lo hace el cuadro histórico en el que se desenvuelven. La crisis económica ha hecho saltar nuevos resortes en las sociedades azotadas por sus consecuencias, la desigualdad que ha propiciado la recesión —los ricos más ricos y los pobres más pobres, mientras pagan el sostén del Estado las clases medias— introduce un factor de novedad histórica por completo definitivo. Es el factor del hastío por el sufrimiento colectivo frente a esa extraña gente que habla con *lengua de madera* de modo ininteligible mientras captura rentas de un Estado exhausto ya para cumplir con su función esencial en el bienestar y desarrollo de la sociedad. Ante la escasez, la corrupción alcanza un umbral tan mínimo de tolerancia que la convierte en la práctica más repugnante de todas las posibles.

2

El Rey y las líneas rojas

Para la monarquía no es que mañana será tarde, es que ya era tarde ayer, cuando Don Juan Carlos dejó paso a su hijo. En un contexto adverso, en el que las instituciones estaban deslegitimadas y la opinión pública enfurecida, el reinado de un hombre que daba muestras de caducidad y arbitrariedad desde hacía demasiado tiempo, y cuyas grandes fuentes de legitimación se figuraban remotas, se prolongaba innecesariamente. Bodas polémicas, amistades y relaciones poco transparentes, el *caso Nóos*, Corinna con palacete en el recinto de La Zarzuela, el episodio de Botsuana, las operaciones, la constatación de que la familia real es una familia desestructurada, los balbuceos, los enfados, de repente todo se hacía más visible, incluso escandaloso, en medio de la imparable marea del desempleo, el empobrecimiento, la corrupción. En cierto modo, la Corona, acostumbrada a vivir de las rentas de la legitimidad remota, nunca se había integrado en el sistema y cuando el sistema entró en crisis quedó especialmente desnuda.

Pero la institución más llamativa y tradicional ha sido la primera que se ha renovado, aunque sea tarde. La abdicación se produjo sin que las demás instituciones, también tocadas, se dignaran reclamarla. Ni siquiera lo hizo la prensa, atrapada también en una crítica encrucijada. De momento sólo es una cara nueva, y sólo con eso la Corona ya va por delante de algunos partidos e instituciones. Pero falta todo lo demás. Felipe VI tiene que ser el rey que acabe con la desregulación de la monarquía y la dote de un estatuto ético, digno y transparente, no sólo en lo económico. La monarquía sólo tiene sentido si es funcional, es decir, si sirve a los ciudadanos, y si es ejemplar en extremo. Y sólo será duradera renovando su legitimidad, es decir, sometiendo a debate su misma existencia al calor de una reforma constitucional que se antoja inevitable, por lo que a no muy largo plazo será inevitable la relegitimación de la Corona.

I

Don Juan Carlos, pese a las enormes dudas que le embargaban ya en 2013 sobre su permanencia en la jefatura del Estado, no había reparado en que su abdicación en junio de 2014 se había iniciado en realidad el 18 de abril de 2012. Aquel miércoles primaveral, un hombre con el rostro compungido, achiquillado y huidizo, desgranó una breve y letal declaración: «Lo siento mucho, me he equivocado, no volverá a ocurrir». El monarca pedía perdón. Desde que el sábado día 14 llegase de Botsuana con una complicada fractura de la cadera derecha que requirió la implantación de una prótesis en el hospital USP San José de Madrid, Don Juan Carlos fue sometido durante su hospitalización a lo que se denominó «un baño de realidad». El Rey leyó y vivió en la cama el mayor escándalo público y político de todo su ya largo reinado. El impacto de la irresponsabilidad del jefe del Estado, de su enorme banalidad y de la aparente irrealidad en la que vivía, se convirtió en un clamor sordo detectable en el ambiente de un Madrid que convivía con los peores augurios económicos y sociales. Entonces tomé la decisión de escribir la crónica más arriesgada de mi dilatada vida periodística.

Me decidí a hacerlo sólo cuando tuve la plena seguridad de que la Reina —en un lugar cercano a Atenas en donde celebraba la Pascua ortodoxa con su familia— se había negado en redondo a regresar a España la madrugada del 14 al 15 de abril para estar junto a su marido y mantener así ante los españoles la ficción de que su matrimonio seguía siéndolo en realidad. Doña Sofía comunicó al interlocutor que le comunicaba el envío inmediato de un avión para recogerla en el aeropuerto de la capital griega que su decisión era clara: permanecería donde estaba hasta el lunes día 16 y regresaría a Madrid en el vuelo regular que tenía previsto. La Reina detonaba la crisis e hizo que —con una sensación de fin de ciclo y una tremenda decepción personal— escribiera la siguiente crónica en *El Confidencial*, cuya repercusión fue considerable y que titulé «Historia de cómo la Corona ha entrado en barrena».[1]

El Rey ha hecho que el vaso de muchas paciencias haya rebosado. La opinión pública —y publicada—recibió ayer con perplejidad la noticia de que Don Juan Carlos había sido operado en la clínica San José de Madrid durante la madrugada del sábado de una fractura múltiple de cadera a consecuencia de una caída en Botsuana (sur de África) mientras participaba en una cacería de elefantes. Se desvelaba así la razón por la que el jefe del Estado no había aparecido en público desde el pasado domingo de Resurrección, ni siquiera para visitar a su nieto mayor, Felipe Juan Froilán, primer hijo de la infanta Elena, ingresado en la clínica Quirón de la capital tras propinarse accidentalmente un disparo en el pie cuando pasaba en Soria sus vacaciones de Semana Santa con su padre, Jaime de Marichalar. El entorno del Rey había lanzado la especie de que estaba «muy afectado» por el accidente, que le evocaba el que protagonizó él mismo y que acabó accidentalmente con la vida de su hermano, el infante Don Alfonso en Estoril en 1956. La realidad era muy otra: el jefe del Estado —al parecer, invitado— se había trasladado a Botsuana, país al que se desplazó también en 2005, para practicar la caza mayor —de elefantes— ocultando el viaje bajo el eufemismo de su «carácter privado».

El desplazamiento del Rey al país africano —en el que España no tiene representación diplomática y con un sistema de comunicaciones precario— se producía después de que el 3 de abril viajase a Kuwait para «impulsar las relaciones políticas y económicas con aquel país», sin que tampoco este desplazamiento constase en su agenda oficial ni se diese noticia previa del mismo. Lo más llamativo es que Don Juan Carlos viajó al

1. En *El Confidencial*, 15 de abril de 2012, en <http://blogs.elconfidencial.com/espana/notebook/2012/04/15/historia-de-como-la-corona-ha-entrado-en-barrena-9048/>.

pequeño Estado árabe sin la compañía de un ministro de jornada, como manda no sólo la tradición, sino como también exige el refrendo —a efectos de cualquier tipo de responsabilidad— de los actos y palabras del jefe del Estado según el artículo 64 de la Constitución.

La agenda del Rey tampoco fue desvelada por su Casa para saber con exactitud cuántos días de la Semana Santa pasó Don Juan Carlos en Palma de Mallorca. Según entornos próximos al monarca, el Rey parece sumamente renuente a dar conocimiento de sus actividades. Así sucedió cuando, a petición suya, se reunió en la sede de Telefónica, el pasado 20 de marzo, con dieciséis de los diecisiete miembros del Consejo Empresarial de la Competitividad, que agrupa a los principales dirigentes de las grandes compañías españolas. El almuerzo se conoció por una filtración a *El País* y *El Mundo*, que publicaron el domingo 25 de marzo en primera página una fotografía del acto a cinco columnas. A lo largo de la mañana de ese día, y ante el revuelo causado por la inédita exclusiva, la Casa del Rey —que asumió el error de considerar privado el encuentro, pero que negó la autoría de la filtración— distribuyó a través de la Agencia EFE las imágenes del monarca y los empresarios, pero ya pasadas las once horas de la mañana.

Estos comportamientos del monarca se producen, además, después de la exclusión de la Casa del Rey —y por lo tanto, de las actividades del jefe del Estado— del anteproyecto de Ley de Transparencia que aprobó el Consejo de Ministros el pasado mes de marzo. La vicepresidenta del Gobierno salvó esta omisión refiriéndose a la ambigua naturaleza jurídica de la estructura de apoyo a la jefatura del Estado, cuyas cuentas, aunque sometidas al control de un interventor del Estado en excedencia, sólo son conocidas en sus partidas generales, sin detalle, y sobre las que el derecho de petición de conocimiento de los ciudadanos no será efectivo. Tanto en círculos gubernamentales como parlamentarios, se reconocía que el monarca había perdido «una oportunidad de oro» para seguir impulsando el acercamiento de su Casa a los ciudadanos, más aún después de la incorporación [...] del nuevo director de comunicación —Javier Ayuso— y la determinación con la que el jefe de la misma —Rafael Spottorno— manejó la descalificación de la conducta («poco ejemplar») del yerno del Rey, Iñaki Urdangarin, imputado por varios delitos —prevaricación y falsedad, entre otros— en el llamado *caso Palma Arena*. Para librar a la institución de la Corona del desgaste de la presencia del duque de Palma y de su mujer, la infanta Cristina, ambos han sido apartados del protocolo real, suspendiéndose así las asignaciones que la hija del Rey percibía por la representación que ostentaba en actos y eventos.

De hecho, según fuentes de toda solvencia, «Don Juan Carlos se encuentra abrumado por los problemas familiares», en alusión no sólo a la delicada tesitura en la que le han dejado los duques de Palma, sino también por el público y notorio fracaso de su matrimonio con Doña Sofía, de la que vive prácticamente separado. Su estrecha e íntima amistad con Corinna zu Sayn-Wittgenstein ha dejado de constituir un rumor para convertirse en una certeza, hasta el punto de que existe ya documentación acreditativa de que acompaña a Don Juan Carlos en viajes al extranjero y asume funciones de representación oficiosas. El apartamiento de la infanta Cristina de los actos oficiales y protocolarios y la ruptura del matrimonio de los reyes han convertido a la familia Borbón-Grecia en «desestructurada y mal avenida, con frecuentes enfrentamientos más o menos explícitos», según fuentes de su entorno.

La Reina, sin embargo, entiende que «su condición personal de madre del heredero de la Corona y esposa del Rey» la compromete a seguir manteniendo las formas y asumir sus obligaciones oficiales, pese a los gestos crispados del monarca hacia ella. Especialmente evidentes cuando el papa visitó España el pasado mes de agosto o cuando el pasado 15 de marzo su marido la instó abruptamente con un «¡déjame terminar!» en un acto celebrado en la Fundación La Caixa durante el que Don Juan Carlos dijo que «el paro juvenil me quita el sueño». Doña Sofía se ausenta habitualmente de España para trasladarse a Londres donde «se encuentra a gusto con su hermano Constantino y sus sobrinos». Ayer, la Reina estaba en Grecia, adonde había viajado para celebrar la Pascua ortodoxa, y no está previsto su regreso hasta mañana.

Por otra parte, Don Juan Carlos atribuye a su esposa buena parte de la responsabilidad en los «matrimonios poco idóneos» de sus hijos. Doña Elena, divorciada de Jaime de Marichalar, sometido ahora a una investigación policial por posible imprudencia al permitir a su hijo Felipe Juan Froilán manejar una escopeta de caza; doña Cristina, casada con Iñaki Urdangarin, en un trance penal gravísimo, y el propio Príncipe de Asturias desposado con Doña Letizia Ortiz, divorciada, matrimonio que se le planteó por su hijo como un ultimátum en octubre de 2003: o aceptaba su enlace o renunciaba a la sucesión. Para acreditar ante su padre la firmeza de su decisión, Don Felipe no asistió el 12 de octubre de ese año al desfile militar que celebra, como todos los años, la fiesta nacional de España. El primero de noviembre se anunciaba oficialmente el enlace del heredero.

Fuentes tanto del PP como socialistas creen que el Rey «no ha entendido los gestos de adhesión que ha recibido», primero el 27 de diciembre pasado con motivo de la apertura en el Congreso de la décima legislatura de la democracia y, después, el pasado 19 de marzo en el oratorio de San Felipe Neri de Cádiz con motivo de la conmemoración del bicentenario de la Constitución allí aprobada en 1812. «No le estábamos ofreciendo patente de corso, sino reconociéndole sus méritos en estos años de reinado y transmitiéndole apoyo para el necesario cambio de rumbo que debe emprender la institución», manifiestan estas fuentes, ayer «desoladas» ante lo que consideran «una pésima imagen del Rey y de la Corona».

Porque lo que se estima gravísimo es que Don Juan Carlos haya estado cazando en Botsuana cuando se ha desatado una grave crisis internacional con Argentina a propósito de Repsol YPF y se ha incrementado la ofensiva de los mercados contra la deuda soberana española (ha escalado por encima de los cuatrocientos treinta puntos básicos). El Ibex 35 registraba la pasada su peor semana del año y se situaba en niveles de hace tres. A mayor abundamiento, «el Rey debía estar pendiente de la Cumbre de las Américas que se celebra en Bogotá», ya que la representación de España con los países hispanos le es encomendada de manera especial por la Constitución. Y en los países americanos se juega nuestro país una enormidad de intereses económicos, financieros y empresariales.

El apoyo que ha recibido Don Juan Carlos no ha sido sólo el institucional de las Cámaras. También de otras instancias. Las fuentes citadas aluden a «cómo se mojaron algunos medios de comunicación» en la defensa de la Corona y, «especialmente, el diario *El País,* con bastante coste editorial». Efectivamente, el diario de Prisa publicó el pasado 4 de marzo un editorial que arrancaba de la primera página titulado «El *caso Urdangarin* y el futuro de la monarquía». El texto se apoyaba en las palabras del mensaje del Rey del pasado 24 de diciembre («necesitamos rigor, seriedad y ejemplaridad en todos los sentidos») y sostenía que «sólo la frivolidad, el populismo y el amarillismo periodístico, o la mezcla de los tres, permiten confundir la crítica que merece el comportamiento no ejemplar de Iñaki Urdangarin con un debate sobre el futuro de la monarquía», añadiendo que España «no necesita de un debate artificial sobre la jefatura del Estado [...]» porque «el

Rey y la Corona han rendido y seguirán prestando servicios impagables a la libertad de nuestros ciudadanos, a la democracia española, a su construcción y desarrollo, y a su prestigio e influencia en la escena internacional». El periódico de referencia de la izquierda española señalaba, no obstante, la necesidad de superar «corsés y rigideces» en la institución, «cuando no el oscurantismo» que atribuía a «quienes adulan» al Rey. El diario, además, se inclinaba por mejorar la transparencia de la institución y la protección del heredero, competencias que corresponden a las Cortes.

Todo este amparo institucional y mediático ha quedado en entredicho con los últimos comportamientos del Rey, que, según fuentes del entorno de La Zarzuela y de los dos principales partidos, ha de elegir entre las obligaciones y servidumbres de la jefatura del Estado y una abdicación que le permita disfrutar de una vida diferente. No se maneja la hipótesis inmediata de la abdicación de Don Juan Carlos, pero sí la necesidad de aprobar lo antes posible la ley orgánica que prevé el apartado 5 del artículo 57 de la Constitución: «Las abdicaciones y renuncias y cualquier duda de hecho o de derecho que ocurra en el orden de sucesión a la Corona se resolverán mediante una ley orgánica» y de materializar la reforma de ese mismo artículo para suprimir la prevalencia del varón sobre la mujer en la sucesión.

Además, según insisten estas fuentes, «la irresponsabilidad del Rey con este viaje a Botsuana no es solamente institucional y política, sino también personal, porque es evidente que su estado físico desaconseja esas aventuras cinegéticas». Efectivamente, el Rey ha sido sometido en pocos años a ocho intervenciones quirúrgicas, siendo las más serias las de extirpación de parte de un pulmón, una artroscopia de rodilla y la reparación del talón de Aquiles. Ahora, la fractura de cadera —que a su edad, setenta y cuatro años, podría presentar complicaciones— requerirá de una muy larga convalecencia que pondrá a prueba las capacidades bien contrastadas del Príncipe de Asturias, que ya ha cubierto precedentes ausencias.

A mayor abundamiento, existe cierto «bochorno» por la falta de sensibilidad del jefe del Estado al desvelarse que caza elefantes, especie en recesión cuyos colmillos son mercancía de valor en las transacciones negras de marfil en detrimento de países paupérrimos como Botsuana que están siendo esquilmados. Sin olvidar el «alto coste material de estas cacerías, que superan los veinticinco mil euros por escopeta, más desplazamientos, alojamiento y manutención, todo ello incompatible con un mínimo criterio de austeridad».

En medios gubernamentales se teme que la tendencia de baja valoración de la monarquía que se empezó a comprobar, primero entre los jóvenes, desde el inicio de este siglo, y luego generalizada, se agudice con acontecimientos como el de Botsuana. En 2006 los consultados por el CIS sobre la Corona (entre 18 y 24 años) la suspendían con un 4,77 y en 2008 con un 4,93. En el último [estudio] demoscópico del CIS sobre la jefatura del Estado, que data del pasado mes de octubre, se registró, en el conjunto, un inédito suspenso: 4,89. «El asunto concierne al Gobierno también», indican fuentes del entorno de La Zarzuela. Efectivamente: el Rey asumió criterios más disciplinados con González y, especialmente, con Aznar, pero no así con Rodríguez Zapatero. «Rajoy, a este respecto, está inédito.» Pero parece claro que si España ya tenía un grave problema con su modelo de Estado —el autonómico—, a partir de ayer —ochenta aniversario de la proclamación de la Segunda República española el 14 de abril de 1931—, el país tiene un muy serio problema con la forma de Estado, es decir, con la monarquía parlamentaria, porque la Corona ha entrado en barrena con un más que preocupante diagnóstico político y social.

II

El escritor —lo mismo el periodista— es un hombre permanentemente sorprendido. Recordé la frase de Alfredo Bryce Echenique cuando a media mañana del 22 de febrero de 2013, la Casa de Su Majestad el Rey distribuyó un insólito desmentido a través de dos agencias de noticias: el Rey no tenía intención alguna de abdicar; ni siquiera se lo había planteado según los despachos que, de inmediato, inundaron las redacciones de todos los medios. Volví a recordar: la sorpresa es el móvil de cada descubrimiento y yo creía haber descubierto un secreto de Estado aún en fase larvada, subterránea. Aunque experimenté una extraña sensación: ¿por qué yo había llegado a conocer que el jefe del Estado en febrero de 2013 barajaba la renuncia?, ¿por qué yo y no otros periodistas incluso más próximos a la Casa del Rey y al propio monarca? Percibí, sin embargo, que estaba en juego mi credibilidad, la fiabilidad de mis informaciones y, de inmediato, ideé la manera de no perder la batalla que me planteaba el desmentido a una crónica trabajada hasta el último detalle y contrastada hasta la saciedad. Entonces, en aquel momento de cierta confusión, no llegué a suponer que pese a mi larga experiencia había sido víctima de un engaño, o más exactamente, de una utilización cuya dimensión no era capaz en ese momento de valorar y que sólo con el tiempo logré entender. Sin pensarlo dos veces, mantuve con Javier Ayuso —responsable de la relación con los medios de la Casa del Rey— una ácida interlocución a través de mensajes telefónicos:

—El desmentido me obliga a hacer lo que no quería, es decir, hacer revelación de fuentes. Lo siento —afirmé.

—No creo que Rafael te dijera que se lo estaba planteando —me respondió Javier Ayuso.

—Tú no estuviste allí y puedes creer lo que quieras. La crónica recoge las condiciones que son necesarias para una abdicación que no me desmintió. No podéis destruir la reputación de treinta y cinco años de periodismo. No lo voy a consentir bajo ningún concepto.

—No es desmentir tus opiniones. Es rectificar que el Rey se lo esté planteando. Y me dice Rafael que eso nunca te lo dijo.

El desmentido de la Casa del Rey no era a Pere Navarro, que había pedido la sucesión en Don Felipe días antes, ni a «distintas informaciones», sino a la crónica que bajo el título «El Rey baraja la abdicación» se había publicado esa misma mañana en *El Confidencial,* periódico digital en el que venía colaborando desde 2009. El texto de la crónica requiere ser reproducido para comprender el propósito de la operación de simulación que el jueves día 21 de febrero de 2013 puso en marcha Rafael Spottorno, jefe, entonces, de la Casa de Su Majestad. El texto literal era el siguiente:[2]

2. «El Rey baraja la abdicación», en *El Confidencial,* 22 de febrero de 2013, en <http://blogs.elconfidencial.com/espana/notebook/2013/02/22/el-rey-baraja-ya-la-abdicacion-10773>.

El 4 de enero de este año, Don Juan Carlos fue sincero, pero demasiado optimista con su entrevistador Jesús Hermida. Al borde de los setenta y cinco años, el Rey confesó al periodista que se encontraba «en buena forma, con energía y, sobre todo, con ilusión para seguir adelante». No era del todo cierto, porque el jefe del Estado, ilusiones al margen, no se había recuperado aún de la segunda operación de cadera y presentaba un aspecto poco saludable. De ahí que, con previsión dinástica, se refiriese a su hijo, el Príncipe de Asturias, de manera muy intencional y enfática: «Como hijo es una bendición del cielo y una persona encantadora y como hombre es de una gran honestidad intelectual, muy preparado, muy trabajador y luego es muy leal, muy leal sobre todo a mí». Y añadió: «Yo diría que de los príncipes de Asturias de la historia de España [...] es el mejor preparado de los que ha habido hasta ahora. O sea, que podemos tener confianza, seguridad y, sobre todo, sabemos que tenemos ahí a alguien bien preparado».

El día anterior a la emisión de la entrevista, el diario *El Mundo* publicó la cuarta toma de una encuesta sobre la «radiografía de la Corona». Según el estudio demoscópico, la monarquía seguía recabando un apoyo mayoritario (53,8 por ciento), pero el respaldo al Rey había caído un 26 por ciento desde sondeos anteriores en tanto la consideración del heredero aumentaba notablemente. No obstante, una ligera mayoría de los consultados (el 44,7 por ciento frente al 40 por ciento) no era partidaria de la abdicación de Don Juan Carlos, aunque sí, arrolladoramente, de reformar la Constitución para evitar la prevalencia del varón en la sucesión y un contundente porcentaje deseaba que la modificación de la Carta Magna se hiciese de inmediato.

Este cuadro de situación se completó el día 6. El diario *El País* apostaba claramente por la continuidad de Don Juan Carlos. En un análisis demoscópico de Juan José Toharia, sociólogo y presidente de Metroscopia, se cifraba el apoyo a la gestión del Rey en el 58 por ciento, si bien tras una caída muy abrupta (del 78 por ciento al 52 por ciento) después del accidente en el viaje cinegético a Botsuana. No obstante, el diario subrayaba en un titular a cinco columnas que «El Rey afronta su mayor reto desde el 23-F», en relación con el llamado *caso Urdangarin* y «el error» de la cacería de elefantes de abril del pasado año.

Aunque tanto el mensaje navideño del monarca como su entrevista —necesariamente envarada— emitida por Televisión Española (TVE) el día 4 de enero, víspera del cumpleaños del Rey, fueron hitos criticados por insuficientes en explicaciones sobre los acontecimientos que afectaban a la institución y pese, también, a que la Casa del Rey eludía el radio de acción de la Ley de Transparencia, y a pesar de los contactos familiares durante la Navidad pasada con su yerno y su hija la infanta Cristina, la idea de la abdicación de Don Juan Carlos parecía descartarse. Toda la estrategia de sus colaboradores se enfocaba en controlar el desarrollo de la instrucción penal sobre los comportamientos por los que Iñaki Urdangarin está imputado en Palma de Mallorca. Se trataba de resistir el envite de Diego Torres, que tanto por esparcir responsabilidades como por intentar una cierta disuasión judicial, parecía dispuesto a utilizar toda la artillería (en forma de *e-mails*) no sólo contra Urdangarin, sino también contra la infanta Cristina y, acaso, contra la propia Casa del Rey y el mismo jefe del Estado.

Las peores expectativas se cumplieron el 11 de enero pasado. El diario *El Mundo* publicó en primera página a cinco columnas una fotografía sin otra firma que dos mayúsculas (D. R.), en la que aparecía el Rey flanqueado por los duques de Palma y la coloquialmente denominada princesa Corinna zu Sayn-Wittgenstein, instantánea tomada en 2006 en Barcelona durante la entrega de los premios Laureus World Sports. Aunque el titular del periódico parecía tratar de defender al monarca («Torres chantajea al Rey ligando a Corinna con el *caso Urdangarin*»), en realidad con esa imagen emergía el que ya se conoce como *caso Laureus,* que explicitó Diego Torres el pasado sábado en el juzgado de instrucción de Palma. Según el socio de Urdangarin, éste, de acuerdo con Corinna (y ésta a su vez con el conocimiento del Rey según ella afirma —«he mandado copia a tu suegro y con esta propuesta se disipará cualquier duda»—), trataba de instalarse en la presidencia de esa fundación con un sueldo «aproximado» de doscientos cincuenta mil euros.

Esta relación de Urdangarin-Corinna y, eventualmente, del Rey, nada tiene que ver con el *caso Nóos,* que sigue siendo una pieza separada del *caso Palma Arena.* Sin embargo, tanto el juez instructor como el fiscal admitieron los *e-mails* de Torres sobre el *caso Laureus,* preguntaron a Torres sobre ellos y, en última instancia, los difundieron. El Rey, así, salía tocado porque, además de darse carta de naturaleza a su relación con Corinna, se habría demostrado que trataba de favorecer a su yerno. En Zarzuela cuesta comprender cómo tanto el juez como el fiscal no discriminaron este asunto del que están instruyendo, ajeno a la Fundación Laureus.

De por medio han acontecido sucesos que comprometen al monarca de manera indirecta. De una parte, la imputación de oficio en la causa de Urdangarin del asesor personal y secretario de las infantas que formaba parte del patronato de Nóos, Carlos García Revenga, que declarará hoy, la retirada del nombre de los duques de Palma de una de las ramblas de la capital isleña, luego de que Urdangarin firmase un *e-mail* como el duque EmPALMAdo, y un empeoramiento de la salud de Don Juan Carlos a propósito de una muy seria lesión de columna que podría abocarle de inmediato a una nueva intervención quirúrgica con riesgo de que quedase postrado, temporal o definitivamente, en una silla de ruedas.

Mientras tanto, el Príncipe de Asturias se ha mantenido a una muy perceptible distancia de todos estos acontecimientos, llegando a protagonizar un robado que publicó la revista *¡Hola!* el 13 de febrero pasado. Don Felipe y Doña Letizia caminaban entrelazados en una fría noche de febrero por el Madrid antiguo, cenaban en un restaurante frente al Palacio Real y regresaban a su domicilio en su propio vehículo depositado previamente en un párking público de la zona. Para que las circunstancias terminasen de aliarse a favor de dar paso al Príncipe al frente de la jefatura del Estado, el pasado 30 de enero Don Felipe cumplió cuarenta y cinco años, los mismos que el ya próximo rey de Holanda, Guillermo de Orange, quien sucederá en abril a su abdicada madre Beatriz, que al cumplir los setenta y cinco abandona el trono con el tratamiento de princesa de los Países Bajos, tal y como lo hicieran su madre y su abuela. En esa onda, el diario *El País* dedicó el pasado 27 de enero la portada de su dominical y un amplio reportaje a Don Felipe bajo el título «El tiempo del Príncipe».

Todo el relato preparado según el cual era mejor que el Rey continuase al frente del timón del Estado para que su hijo asumiera la Corona en mejor situación a la actual se está viniendo abajo. Don Juan Carlos está directamente concernido por el *caso Laureus,* vinculado psicológicamente al *caso Nóos,* su salud está seriamente resentida, su movilidad extraordinariamente limitada y su popularidad, de nuevo, en caída libre. La tremenda pitada con la que recibió al monarca el Buesa Arena de Vitoria con motivo de la final de copa de baloncesto sería un ejemplo; otro, las hirientes invectivas de Eva Hache en la gala de los Goya el pasado domingo en el auditorio Príncipe Felipe.

Sin movilidad y sin popularidad, tocado en su percepción pública por su relación con Corinna zu Sayn-Wittgenstein y ahora también por su invocada —aunque no probada— intervención para proporcionar la presidencia a su yerno de la Fundación Laureus, Don Juan Carlos está abocado a una abdicación relativamente próxima. Su permanencia al frente de la institución de la Corona ha traspasado ya el umbral de la optimización de la monarquía, de tal forma que la proclamación de Don Felipe produciría una regeneración institucional completa y con un efecto dominó en todo el sistema renqueante. Esta opción se baraja como hipótesis muy verosímil en la Casa del Rey, que hasta hace poco tiempo la descartaba. Sobre el monarca pesa, además, la amargura de comprobar que su yerno no ha hecho una declaración pública que lo deje al margen de sus manejos y la decepción de que la infanta Cristina no haya dado un paso que sirviese de cortafuegos a la institución. El distanciamiento evidentísimo de la Reina y del Rey termina por componer una situación insostenible.

Miembros de diversos grupos parlamentarios consultados restan ahora importancia al hecho de que el Rey carezca de un marco normativo en el que amparar su abdicación (tal y como prevé el no desarrollado artículo 57 de la Constitución) y determinar su estatuto personal e institucional después de su renuncia. Según estas fuentes, una breve ley orgánica —remitida a las Cortes como proyecto de ley o, de modo consensuado, como proposición de ley— se aprobaría por el procedimiento de urgencia y sin mayores problemas, siempre que el monarca comunique inequívocamente al presidente del Gobierno, del Congreso y del Senado su intención de abdicar. La renuncia se produciría por motivos de salud —que resultarían, además, visibles— y daría paso a una nueva etapa en la que la Corona adquiriría la continuidad que ahora no tiene garantizada.

Los acontecimientos, lejos de paliar la difícil situación familiar e institucional del Rey, y salvo imprevistos favorables que nadie espera, tienden a que la abdicación se haya convertido en una salida que, injusta quizá para un Rey de las hechuras de Don Juan Carlos, serviría para que no se repita la historia de Isabel II y Alfonso XIII. Por lo demás, tampoco se espera que la actitud de Urdangarin tenga ya virtualidad —tampoco la de la infanta— para alterar el signo de estos graves acontecimientos.

Este, según dijo en la entrevista de TVE el 4 de enero, desea ser recordado por la historia como el Monarca que «ha unido a todos los españoles y que con ellos ha conseguido recuperar la democracia y la monarquía». Quizás para que ese legado sea posible y, prestando un servicio más al Estado y a la nación, será necesario que don Juan Carlos dé un paso atrás y entregue el testigo de su magistratura «al Príncipe de Asturias más preparado de la historia de España». Comenzaría así una etapa de profundas reformas políticas de las que la Corona podría volver a comportarse como una fuerza tractora.

III

La crónica precedente era el resultado, además de la consulta de fuentes colaterales, de la conversación que mantuve en el edificio de la Casa del Rey en La Zarzuela el día 21 de febrero de 2013, la víspera de su publicación. Aquel jueves recibí la llamada de Rafael Spottorno después de una breve conversación telefónica con Fernando Almansa, su predecesor, al que planteé la posibilidad de una próxima abdicación del monarca, tal y como una persona con relación habitual con Don Juan Carlos me había asegurado. Almansa, siempre prudentísimo, me remitió a Spottorno, del que yo esperaba contestación a un aviso que previamente le había enviado a través de Javier Ayuso. A los pocos minutos de concluir la conversación con el vizconde del Castillo de Almansa, sonó mi teléfono móvil. Era Rafael Spottorno. Le referí la razón de mi interés en hablar con él. Sin mediar circunloquio alguno me invitó a desayunar con él en La Zarzuela el día siguiente a las 9.30 horas, lo que acepté de inmediato.

Mi relación con Spottorno siempre había sido buena. Excelente, incluso. Tanto que permitía, a él y a mí, intercambiar puntos de vista con cierta confianza. Por ejemplo, acerca de la necesidad de que la Casa del Rey dispusiera de un gran profesional de la comunicación en atención a la situación de la Corona. Por esa razón, y muy sinceramente, escribí un elogio del nombramiento de Javier Ayuso para esa función el 8 de febrero de 2012 («El Rey y Spottorno pegan un volantazo estratégico», en *El Confidencial*). A fin de cuentas, Ayuso gozaba de una posición personal óptima después de haber dirigido la comunicación del BBVA y mantenía su presencia en los medios con análisis económicos en *El País,* diario al que ha regresado como adjunto al director. Dio el paso que le pedía

Spottorno —sin conocerle de antemano— porque se sintió retado por una misión que no se prefiguraba fácil. Ayuso era, sin duda, el responsable de comunicación de la Casa del Rey con más alto perfil desde 1975. Cuando hablé con él en el mes de julio de 2014, tras todos los actos de la abdicación y la proclamación de Felipe VI, me trasladó tanto su cansancio como su satisfacción por haber vivido una etapa histórica e irrepetible de la comunicación. En la que hubo grandes aciertos y graves errores, no siendo el menor de ellos la pésima realización televisiva del mensaje abdicatorio del Rey el 2 de junio de 2014, una insólita e innecesaria —al menos en su formato— rueda de prensa con el doctor Miguel Cabanela en septiembre de 2013 para explicar las operaciones de cadera del rey Juan Carlos y, antes, en abril de 2012, una errada y lamentable comparecencia del Rey para pedir perdón públicamente después de su accidentado viaje a Botsuana. Quizá lo mejor de Ayuso se acreditó en los últimos meses de reinado de Don Juan Carlos y en la impecable puesta en escena de algunos de los hitos de ese acontecimiento. Cierto es, también, que Ayuso se incorporó a la Casa del Rey en 2012, cuando el *caso Urdangarin* estaba ya desbocado.

El diplomático madrileño Rafael Spottorno me parecía un profesional de los pies a la cabeza, con amplia experiencia en la política nacional —fue jefe del Gabinete de los ministros de Asuntos Exteriores Francisco Fernández Ordóñez y Javier Solana— y en la internacional, por sus importantes destinos en Río de Janeiro, La Habana y Bruselas, entre otros. Desde 2002 hasta septiembre de 2011, fecha en la que sustituyó al frente de la Casa del Rey a Fernando Almansa, Spottorno había desempeñado la presidencia de la Fundación de Caja Madrid. Un cargo que en octubre de 2014 arruinó su reputación al descubrirse que fue uno de los beneficiarios de las denominadas tarjetas fantasma de la entidad presidida por Miguel Blesa. ¿Qué habría ocurrido si Don Juan Carlos no hubiese abdicado en junio y en octubre de 2014 siguiese en La Zarzuela con Spottorno como jefe de su Casa? Posiblemente la dimensión del escándalo de las tarjetas opacas habría sido tal que la situación de la institución, con su primer funcionario —con condición asimilada a la de ministro del Gobierno— privado de reputación y concitando las iras mediáticas y populares, habría arrastrado a una postración irreversible a la Corona y al propio Rey. Don Felipe actuó, pese a los servicios prestados por Spottorno a su padre, con la debida rapidez al sustituirlo al frente de su Casa por su secretario desde mediados de los años noventa, el abogado del Estado Jaime Alfonsín. Spottorno estuvo a la altura de las circunstancias y una vez conocido el caso de las tarjetas *black* de Caja Madrid, renunció a su condición —más honorífica que efectiva— de consejero privado del nuevo Rey.

El jefe de la Casa del Rey hasta septiembre de 2014 fue, sin embargo, un hombre situado siempre en el ojo del huracán, hasta el punto de acabar su gestión con una relación tensa y distante con Don Juan Carlos y muy poco cercana al heredero. Fue muy visible la progresiva aspereza con la que Spottorno desempeñó su función. Pasó de representar a un hombre imperturbable a otro que llegó a tener episodios iracundos. Mi despedida, ya en septiembre de 2014, fue cordial y me remitió una carta, respuesta a otra mía, en la que, curiosamente y pese a haber sido desmentido expresamente por la Casa cuya jefatura desempeñó, me pedía «benevolencia para esos errores, incluyendo desavenencias y encontronazos que, a fin de cuentas, no son sino pequeñas cicatrices que quedan después de una operación a corazón abierto. Pero el enfermo vive, y no con marcapasos, sino con un nuevo corazón».

IV

Cuando llegué a La Zarzuela a las 9.25 del 21 de febrero de 2013, albergaba la seguridad de que la información de la que disponía acerca de la posibilidad de que el Rey y su entorno se estuviesen planteando la abdicación de la Corona no era ni una hipótesis ni, mucho menos, una especulación. De lo contrario, Spottorno no me habría invitado a desayunar en palacio y le hubiera bastado desmentirme privadamente la supuesta noticia, lo que habría sido suficiente para que no la publicara. No sólo no hizo eso, sino que aceptó una interlocución en las dependencias anexas a la residencia del monarca sin someter nuestra conversación a ningún tipo de *off the record* o compromiso de confidencialidad que yo, igualmente, habría aceptado por razones deontológicas.

El desayuno fue, en realidad, un café mano a mano en su despacho que se prolongó poco más de una hora. Me pidió que le expusiese cuál era la información de la que disponía. Lo hice. Y añadí elementos de análisis y valoración que él escuchó con atención. Desde mi punto de vista, resultado de un amplio trabajo de campo con distintas fuentes, el Rey no estaba en condiciones de garantizar la continuidad de la Corona, y por razones de salud y por decaimiento personal, incapacitado también para recuperar el terreno perdido. Aduje en mi exposición que la familia real estaba por completo destruida y, por ello, los fundamentales de la institución monárquica resquebrajados. La abdicación, le dije, parecía la única solución para la Corona. Nuestro encuentro, además, se producía con el *caso Nóos* en plena efervescencia y después de que el propio Spottorno calificase en diciembre de 2012 como «no ejemplar» la conducta del duque de Palma, lo que propició su «apartamiento» de la familia real. Además, al Rey se le había implantado el 23 de noviembre de 2012 —apenas tres meses antes de nuestra conversación— una prótesis en la cadera izquierda y en pocos días iba a ser intervenido de una dolorosa hernia discal en la clínica La Milagrosa de Madrid. Su salud —su mala salud— era en aquel momento una variable política importantísima.

Es verdad que se habían producido algunas circunstancias que fragilizaban la tesis que esgrimía ante Spottorno. Fundamentalmente, las propias palabras del Rey, el 4 de enero anterior, en una entrevista en TVE con Jesús Hermida, según las cuales se encontraba «en buena forma, con energía y con ilusión para seguir adelante». Sin embargo, el aspecto de Don Juan Carlos en aquella aparición pública para celebrar su setenta y cinco cumpleaños era deplorable. Hinchado e inmóvil, el jefe del Estado era la viva y desoladora representación de un hombre sin salud ni arrestos para desempeñar con mínima eficiencia las funciones de la jefatura del Estado.

Su aparente energía de 2012 naufragó espectacular y muy tristemente en la Pascua Militar de enero de 2014. A duras penas pudo concluir su discurso en medio de un bochorno conmiserativo. Varios de sus consejeros le habían sugerido, precisamente, que en ese mes abdicase la Corona sin más dilación. El monarca, que se resistía, quiso hacer un último esfuerzo y fracasó ante sus compañeros castrenses, y luego el fallecimiento de Adolfo Suárez —con el que mantuvo una relación ciclotímica y en buena medida fuera de los márgenes institucionales porque llegaron a comportarse como «amigotes»—, en marzo de ese año, terminó por erosionar la ya frágil determinación de Don Juan Carlos. Las versiones más solventes sitúan en el episodio de la Pascua Militar de enero de 2014 el punto de no retorno en la voluntad del Rey de ceder la Corona. Don Juan Carlos no pudo superar una proyección tan lamentable de su imagen ante el colectivo del que se sentía miembro por vocación y afecto: el militar. El jefe del Estado no pudo tampoco superar las chanzas, bromas, chistes y comentarios hirientes que se expandieron por las redes sociales a propósito de su balbuceo, de su lapsus angustioso. El propio monarca, en el mensaje con el que comunicaba su abdicación por TVE el 2 de junio, se refirió al momento en el que tomó la decisión: «Cuando el pasado enero —dijo— cumplí setenta y seis años consideré llegado el momento de preparar en unos meses el relevo para dejar paso a quien se encuentra en inmejorables condiciones de asegurar la estabilidad». Curiosamente, la última biógrafa de Don Juan Carlos, la francesa Laurence Debray,[3] confiesa en el epílogo de su empalagoso relato: «Conversé con él y con el príncipe Felipe sólo cinco días antes de su sorprendente abdicación. No hubo nada que me hiciera sospecharlo y, sin embargo, aunque no llegase yo a captar lo que nos tenían preparado en secreto, me asombró y conmovió la íntima complicidad de tú a tú que unía ese día a esos dos personajes de estilos tan diferentes».

3. Laurence Debray, *Juan Carlos de España*, Madrid, Alianza, 2014.

Causa casi escándalo intelectual que una biógrafa del Rey pretenda serlo con solvencia con ese clamoroso nivel de desinformación que, en cuestiones relativas a la familia real, ha sido lamentablemente generalizado.

El jefe de la Casa del Rey guardó un brevísimo silencio tras escucharme y me espetó —para mi sorpresa— que estaba de acuerdo con el «97 por ciento» del planteamiento. Tal afirmación me resultaba desconcertante, e incluso inquietante que el jefe de la Casa del Rey manifestase tal grado de identificación con la versión que le había relatado. «Tengo un margen de desacuerdo contigo del 3 por ciento —me dijo—, porque yo conozco muy bien esta Casa», pero, este matiz aparte, observé en Spottorno una tranquila preocupación pese a la gravedad de los temas sobre los que estábamos conversando y de los que tomé nota nada más llegar a mi casa.

El diplomático —y quizá estuve despistado en la valoración de la cautela que me hizo— me advirtió de que al Rey había que «hacerle un trabajo psicológico», lo que daba a entender que Don Juan Carlos no tenía asumida la decisión —¿por qué entonces me lo relataba su colaborador más próximo?— y que necesitaba tiempo para madurarla. Rafael Spottorno, además, no eludió otros aspectos del contexto en el que el Rey se movía. Con una rotundidad que parecía bien informada, me aseguró que Iñaki Urdangarin sería condenado al menos a ocho años de cárcel —no estaba descaminado— y me auguró un largo proceso. Con la misma contundencia sostuvo que la infanta «no será imputada», en lo que erró, porque lo ha sido y, además, llevada a juicio oral por el juez Castro, asunto que enlazó con una crítica abierta a la Reina, a la que tildó de «un punto populista» (tengo apuntado también el calificativo de «demagoga»), aunque no vinculó ese juicio de valor a un acontecimiento o episodio concreto. A mis preguntas —que logré formular pese a sentirme atónito—, el jefe de la Casa del Rey no atribuyó mayor dificultad a la implementación jurídica de la abdicación («en tres días, la ley estará hecha y en muy poco tiempo, aprobada», como así ocurrió en junio de 2014) y se explayó después en consideraciones sobre los apoyos que el Rey había recibido de los sucesivos Gobiernos, quejándose de todos ellos, populares y socialistas, ofreciendo así una imagen personal de cierta desolación en el manejo de la crisis por la que atravesaba la Corona. Me confirmó —era importante para mí, porque así lo había escrito— que entre «el Rey y la Reina no hay nada que hacer; todo está roto».

En el mismo papel de notas, tengo reseñados datos adicionales: «El miércoles [no aparece la fecha] me encuentro con Joaquín Estefanía e Iñaki Gabilondo en Velázquez 87. Iñaki me dice: "Ya le he dicho que la Corona tiene recorrido, pero el Rey no". También reseño un SMS de Ignacio Camacho, columnista de *Abc* y mi sucesor en la dirección de este diario entre septiembre de 2004 y diciembre de 2005, y al que sucedí de nuevo hasta el 6 de febrero de 2008, en el que me dice: «Para abundar en tu artículo, el jueves 21 [es decir, el mismo día que desayuné en la Casa del Rey] Spottorno y Ayuso expusieron argumentos similares en el Foro Arekuna. Demostraron tener estudiado el tema. Yo no estuve, pero estuvo Charo» [se refería a mi hermana]. Y, por fin, en la misma hoja de notas apunté la llamada de Mariano Guindal el sábado día 23 que dice: «Estaba en la comida del colectivo periodístico Arekuna. Ratifica el criterio de que la Casa prepara la abdicación, pero no el Rey, que habría exigido la rectificación». En las notas hay un apunte que dice: «El día 24 me encuentro en el gimnasio con Fernando Almansa y le sorprende lo que me dijo Spottorno. Está presente en la conversación mi hijo Pedro Pablo».

V

Pero hay más datos de contexto que explicarían lo que he denominado antes como una gran operación de simulación. Entre los más significativos, aunque no los únicos, el día 23 de febrero, sábado, es decir, un día después de publicada mi crónica sobre cómo el Rey barajaba ya la abdicación, comparecía en el juzgado de Palma Iñaki Urdangarin por segunda vez y lo hacía cumplidamente al decirle al juez enfáticamente que «la Casa de Su Majestad el Rey no opinó, asesoró, autorizó o avaló» sus actividades en el Instituto Nóos. Exactamente lo mismo declaró ese día en su comparecencia judicial el secretario de las infantas, Carlos García Revenga.

Pero lo más sorprendente resultó ser dos exclusivas periodísticas y un editorial que coincidieron en el tiempo con mi entrevista con Rafael Spottorno y la crónica posterior sobre la posible abdicación del Rey. El diario *El Mundo* publicó el domingo 24 y el lunes 25 de febrero dos amplísimos reportajes con posados de la que el propio diario intituló «princesa» Corinna. En la primera entrega, la amiga de Don Juan Carlos declaró: «Sólo traté de encontrar un trabajo digno a Iñaki», lamentándose de que fue «la primera sorprendida cuando Iñaki no aceptó el empleo» (en la Fundación Laureus), aunque lo esencial aparece en un sumario de la primera página: «La princesa admite que mantiene una relación entrañable con el Rey», advirtiendo de que era una persona «discreta y leal». En la segunda toma del lunes 25 de febrero, y a cinco columnas, el culebrón continúa. Esta vez con un titular equívoco: «Si alguien quiere utilizarme contra la familia real que no cuente conmigo». El resto de sus declaraciones aluden a aspectos colaterales de la historia troncal, que no es otra que la de su relación sentimental con Don Juan Carlos amplia y detalladamente conocida desde abril de 2012, cuando ya la «princesa» acompañaba al Rey en su desgraciada escapada cinegético-amorosa a Botsuana.

Pero el diario *El Mundo* perpetra un acto de hipocresía mediática y política al publicar el 4 de marzo de 2013 —catorce días después de la crónica sobre su posible y desmentida abdicación— un editorial enfático bajo el título «Por qué no debe abdicar el Rey». El texto, después de constatar una serie de hechos a los que resta importancia —las operaciones del Rey, la abdicación de Beatriz de Holanda—, afirma que «el asunto [la abdicación] ha acabado entrando de lleno en el debate político con manifestaciones como las del socialista Peré Navarro y extraños movimientos de quienes en el entorno del propio monarca se comportan como si fueran los tutores de nuestra democracia».

Para este periódico, el Rey sólo debía abdicar por razones de salud «o si se viera implicado en algún escándalo de corrupción». Y añadía: «Ninguna de esas contingencias se da ni por asomo». Afirmación esta última tan contundente como incierta, porque Don Juan Carlos ya tenía quebrantada su salud hasta impedirle la movilidad, y las especulaciones sobre su fortuna y el posible encubrimiento a su yerno llenaban los lineales de las librerías con relatos verosímiles sobre un patrimonio que un periódico como *The New York Times* calculó en octubre de 2012 en la exorbitante cifra de 1.800 millones de euros. Por otra parte, Don Juan Carlos transfirió a su hija Cristina una importante cantidad de dinero —¿préstamo?, ¿donación?— para ayudarla a sufragar los gastos de adquisición de su vivienda en Barcelona y todavía hoy sigue sin aclararse si el monarca abonó los impuestos por la herencia de su padre, Don Juan de Borbón. Por lo demás, el rumoreo sobre los denominados negocios del Rey ha venido siendo una suerte de mantra en los últimos años. Todo eso *El Mundo* parecía obviarlo, aunque se ha comportado como el periódico más republicano de nuestro país. En términos informativos, Don Juan Carlos era una pieza que batir a la que podía someterse con éxito populista a un calendario implacable de informaciones, algunas de ellas ominosas (comisiones ilegales, paternidades supuestas, infidelidades conyugales...). El Rey era un filón —un prolífico filón— para un periodismo gritón y bronquista. De lo que, por cierto, no se dieron cuenta los diarios que se definían enfáticamente como inveterados monárquicos opuestos radicalmente a la abdicación.

VI

La convergencia de todos estos acontecimientos —que podrían parecer desconectados— terminó por convencerme de que la Casa del Rey, y su jefe, Rafael Spottorno, estaban montando una sibilina e inteligente operación mediática. La verosimilitud de la abdicación del Rey era absolutamente mínima, prácticamente marginal. La inmensa mayoría de las valoraciones acerca de la Corona convergía en la necesidad de dilatar la presencia de Don Juan Carlos al frente de la jefatura del Estado para entregar a su hijo una herencia sin complicaciones. Los manuales de la comunicación establecen que las sociedades son más imprevisibles si las informaciones de envergadura les resultan sorpresivas y se producen de forma súbita, sin una digestión previa, sin una absorción subconsciente de la posibilidad de que ocurran hechos extraordinarios. Por eso, el trabajo psicológico al que se refirió Spottorno en nuestra conversación del 21 de febrero de 2014 era de doble dirección: había que convencer al Rey de que su situación institucional no tenía otra salida que la abdicación, pero había que preparar también el terreno de la opinión pública para que la renuncia del monarca cayera en suelo abonado y para ello convenía introducir en el mercado mediático con suficiente dosis de credibilidad la posibilidad de que el Rey dejase en manos de su hijo la jefatura del Estado. Don Juan Carlos había traspasado todas las líneas rojas y existía el temor en su Casa —y en el propio monarca— de que una sistemática aparición de informaciones que cuestionasen su probidad precipitase una decisión que requería todo un proceso de convicción para que cuando se produjese la decisión última pudiera asumirse con naturalidad.

Spottorno —supongo que también Javier Ayuso— calculó que era el momento de lanzar la especie de la abdicación del Rey, quien, en aquel momento, la rechazaba sin plena convicción, y que la persona adecuada para hacerlo era yo, dada mi trayectoria periodística, en la que figuran de modo especial mis más de siete años en la dirección del diario *Abc*. Se suponía —y se suponía bien— que había tenido algún trato con el monarca y alguna cercanía con su entorno, dato igualmente cierto. A posteriori, comprendí perfectamente la estrategia de la Casa del Rey, aunque me costó atribuir a Spottorno y a Ayuso la perspicacia del análisis que les había conducido a diseñar una estrategia que, a fin de cuentas, resultó política y mediáticamente muy conveniente.

La rectificación del 22 de febrero de 2013 a la crónica de *El Confidencial* no respondió por tanto al deseo de la Casa del Rey, sino a una orden terminante del monarca, que reclamó explicaciones —y lo hizo airadamente— sobre el origen de las informaciones, quedando perplejo cuando supo que había estado el día anterior en La Zarzuela desayunando con el jefe de su Casa. Pero con o sin rectificación —que combatí dando cuenta a los lectores de mi presencia en la Casa del Rey, aunque sin desvelar mi conversación con Spottorno—, el objetivo estaba logrado: la abdicación del Rey comenzó a ser verosímil en febrero de 2013, aunque entonces, ni Spottorno, ni otras personas a las que se consultó sobre la abdicación —entre ellas, los ex presidentes del Gobierno y varios empresarios— habían hecho el necesario «trabajo psicológico» sobre el jefe del Estado para que advirtiera la precariedad de la situación personal, familiar, política e institucional en la que se encontraba. El Gobierno siempre fue renuente con la abdicación, porque Mariano Rajoy no dejaba de considerarla «un lío». Aunque luego la implementó muy correctamente tanto desde el punto de vista jurídico como político. Lamenté entonces —mucho menos ahora— no haber titulado la crónica del 22 de febrero de 2013 de manera más exacta: «El entorno del Rey baraja su abdicación». Hubiese sido más ajustado a lo que estaba ocurriendo en La Zarzuela, como luego me advirtieron personas muy próximas a la operación de la renuncia.

Operación en la que Alfredo Pérez Rubalcaba jugó un papel decisivo. No sólo el que le correspondía como líder de la oposición, sino de mayor peso y autoridad moral por su trayectoria personal, que enlazaba con los primeros años ochenta y su larga relación con Don Juan Carlos. Tanto el Rey como Spottorno sondearon al entonces secretario general del PSOE —estamos en los primeros meses de 2014— sobre la abdicación de la Corona. El punto de vista de Pérez Rubalcaba sería más renuente que el de otros. Al parecer, podría haber manifestado su preferencia por que la abdicación se produjese a finales de año, prácticamente coincidiendo con el mensaje de Navidad del monarca. En todo caso, ni las elecciones europeas de mayo de 2014, con un fuerte desplome de los dos grandes partidos nacionales, ni siquiera la marcha de Pérez Rubalcaba de la secretaría general del PSOE, fueron detonantes de la operación que estaba decidida, primero, para enero de ese año, cuando el Rey se derrumbó psicológicamente, y luego para el mes de junio, aunque no para el día 2, sino quince días después. Se adelantó con cierta precipitación el anuncio, mediante una declaración institucional del presidente del Gobierno, por temor a una filtración. Medida sensata porque, efectivamente, el sábado anterior al lunes 2 de junio, como relataré más adelante, una fuente de absoluta solvencia me comunicó la abdicación real, lo que permitió que *El Confidencial* diese la noticia media hora antes de que fuese comunicada públicamente por Mariano Rajoy. En la Casa del Rey —y, además, Pérez Rubalcaba— parecían conscientes de que, o se precipitaba el anuncio o un acontecimiento de tal dimensión podría llegar a la opinión pública por vías no oficiales, entre otras razones por la habitual indiscreción del Rey, que comunicó su decisión a personas de distintos ámbitos. El adelantamiento de la fecha justificaría, quizá, que la realización televisiva del mensaje del Rey no sólo se fuese posponiendo a lo largo de la mañana, sino también que resultase de una factura verdaderamente penosa. Hasta el propio jefe del Estado pareció inadecuadamente vestido para la ocasión.

VII

El comportamiento del grupo parlamentario del PSOE requiere, sin embargo, una digresión en este relato. Aunque el socialismo español, dicho reiteradamente por Felipe González, es accidentalista en la forma de Estado, lo cierto es que las nuevas generaciones —alejadas de la Transición— albergan una fuerte pulsión republicana, un tanto evanescente, pero real. Pérez Rubalcaba logró, no obstante, que la Ley Orgánica de Abdicación del 11 de junio de 2014 fuese respaldada por el grupo parlamentario socialista y, especialmente, por los dos contendientes en las primarias para sucederlo: Eduardo Madina y Pedro Sánchez. El resultado de la votación sobre la norma fue contundente: 299 votos a favor, diecinueve en contra y veintitrés abstenciones. Se confirmaba así que el Congreso de esta legislatura era el más idóneo para plantear esta sucesión en vida del Rey, que suponía someter al sistema a un fortísimo estrés.

Pérez Rubalcaba, sin embargo, no obtuvo el mismo éxito cuando el Gobierno aforó ante el Tribunal Supremo —causas penales y civiles— al Rey abdicado, a la reina Sofía, a la reina Letizia, a la Princesa de Asturias y a su hermana. El ejecutivo planteó el aforamiento con urgencia —temía con nitidez alguna acción penal o civil contra el monarca—, modificando la Ley Orgánica del Poder Judicial mediante una ley orgánica de artículo único añadida a la que adoptaba medidas complementarias a las ya establecidas por la Ley de Racionalización del Sector Público, operación normativa que se calificó, con toda razón, como una «chapuza». Contó con la abstención de los diputados socialistas, entre otras muchas razones porque tanto Madina como Sánchez consideraron que no podían desgastarse más ante las bases del partido después de haber respaldado la Ley de Abdicación y porque, curiosamente, en el grupo parlamentario del PSOE fueron muchas las diputadas que deseaban que se dilucidasen en instancias judiciales no específicas las demandas de paternidad interpuestas contra Don Juan Carlos, debate que logró mucho peso y captó muchas voluntades para que el PSOE se distanciase de un aforamiento que se juzgó, en general, como precipitado, y al que el Gobierno se sintió obligado más con un criterio preventivo que perentorio. En el mes de enero, como los hechos quisieran dar la razón a las diputadas socialistas, la Sala Primera del Tribunal Supremo admitió a trámite una demanda de paternidad contra Don Juan Carlos, antes paralizada por la inviolabilidad que lo protegía.

Es importante subrayar que el debate republicano, aunque muy sonoro, se expresó en forma poco idónea —quizá era la única en ese momento— porque lo hizo a propósito de la Ley de Abdicación. En el Congreso fueron diecinueve los diputados que votaron en contra (Izquierda Plural, ERC, Bloque Nacionalista Galego [BNG], Compromís, Nueva Canarias y Geroa Bai) y sólo cinco senadores (IU, Iniciativa per Catalunya Verds [ICV] y ERC). Los cuatro senadores de Bildu y Amaiur no participaron en la votación. Este último partido tampoco votó en el Congreso. De modo que el republicanismo no ofreció imagen o sensación de fortaleza en las instituciones representativas, lo cual estaba previsto en la estrategia del Gobierno, de la Casa de Su Majestad y del propio PSOE. Lo que pudo sorprender en determinados ámbitos de la izquierda es que en la calle la movilización republicana fue fugaz y exigua. No obstante, hay que ponderar cómo la inmensa mayoría de los medios apoyaron la operación de sucesión —especialmente las televisiones—. No cabe argüir, pese a todo, que el republicanismo pueda ser reducido a los episodios que se observaron con la renuncia del Rey y la proclamación de Felipe VI. Late —y de ese latido participa una parte de la intelectualidad mediática y universitaria— la necesidad de que la monarquía pase por una nueva prueba de legitimación, aunque el resultado sea tan previsible —un sí a la Corona— como auguraba Javier Cercas en un artículo en *El País Semanal* del 26 de mayo de 2013 —casi un año antes de la abdicación— en el que el escritor, bajo el título «La Tercera República», planteaba que «lo fundamental en España es si vivimos en una democracia mejor o peor», confesando que él, sin ser monárquico, profesaba una «adhesión laica e instrumental a la monarquía», lo que significaba que «si la institución deja de ser útil o se convierte en un problema porque no se acometen las reformas que necesita, dejaré de practicarla. Sólo entonces me plantearé la Tercera República, aunque no sin recordar que si se cambia la monarquía, hay que cambiarlo todo, de arriba abajo».

VIII

El jefe del Estado pedía perdón por los hechos que se relataban en la crónica transcrita sobre su viaje a Botsuana, pero no sólo por eso. Mal aconsejado en esta ocasión, el Rey se prestó a una petición de disculpa pública instrumentada de manera indigna y hasta sórdida. Don Juan Carlos, en un pasillo hospitalario, con pésima iluminación y primeros planos irresistibles, componiendo todo ello una estética de liquidación por derribo, se dirigía a los españoles de una manera tan prosaica como el comportamiento de la monarquía española que él encarnó en 1975. Desde los años ochenta, el jefe del Estado cayó en la ebriedad de su propio carisma y por la legitimación de ejercicio que le reportó su actuación decisiva frente a los golpistas el 23-F de 1981. Ese capital estaba ya dilapidado. El hecho de que su conducta exigiese una contrición pública no era incompatible —al contrario— con haberla planteado, tanto en su contenido material como en su expresión formal, con una dignidad de la que careció ese episodio lamentable —entre patético y ridículo— en el hospital San José de Madrid.

Sus asesores se contagiaron de los desvalores que el monarca quiso que connotasen su reinado —y con el aburguesamiento de los comportamientos que la Reina favoreció en la educación de sus hijos—, tales como la cercanía y la campechanía en las que desfallecieron muchas veces el sentido de la realeza y la distancia de seguridad que conforma la liturgia protocolaria que el Rey era aficionado a sortear, creyendo así que el mandato que se recibe por herencia puede legitimarse con la mera simpatía o con una proximidad casi promiscua. Aquella comparecencia del 18 de abril de 2012 era tributaria de las peores prácticas de la Corona, entre las que ha de contarse la frivolidad y unas ingentes dosis de improvisación.

Juan Carlos Rex: la monarquía prosaica, de los profesores Miguel Ángel Aguilar Rancel y Óscar Hernández Guadalupe,[4] es un lúcido ensayo publicado en 2011 que indaga, con una meticulosidad más propia de la alquimia que del relato, sobre el proceso de vulgarización de la monarquía española, que, según los autores de ese voluminoso texto —casi ochocientas páginas—, presenta «el perfil público de menos relieve cuantitativo y cualitativo de toda Europa, con la posible excepción de la monarquía belga, que se mueve en similares parámetros».

Este duro juicio crítico es ecuánime si se refiere, especialmente, a los años noventa del siglo pasado y los primeros catorce años

4. Madrid, Artemisa, 2011.

de este siglo, hasta la abdicación en junio de 2014, porque en los años ochenta del siglo XX, Don Juan Carlos supo sobreponer con gran maestría su natural tendencia —propia de los Borbones— a situarse en los márgenes del sistema con una acción política guiada por una intuición privilegiada, un acusado don de gentes, una rara habilidad para disponer de la mejor información y una sabía explotación de sus mejores cualidades personales.

Bastaría acudir al histórico de los barómetros del CIS para comprobar la caída en barrena de la Corona. En marzo de 1994, la institución recibe una valoración del 7,46; del 6,54, en noviembre de ese mismo año; en 1995, repunta y llega al 7,48; baja en 1996 hasta el 6,68 y 6,67; en 1998 y 1999 sigue por encima del 6,5; y el primer registro de los años 2000 (en este caso, en 2003) se mantiene en el 6,22, que en 2006 desciende al 5,19. Hay una ligera recuperación en 2008: 5,54, y se mantiene en el aprobado en 2010 con un 5,36; pero el primer suspenso se produce en el barómetro de 2011, con un 4,89, y hay un desplome en los dos últimos registros: en 2013 la Corona obtiene un menguado 3,68 y repunta imperceptiblemente en 2014 con 3,72. El primer suspenso de la institución se produce en octubre de 2011, coincidiendo con el registro por Anticorrupción de la sede de Nóos, y el 3,68 de abril de 2013 con la imputación de la infanta Cristina. Parece evidente que la Corona ha resistido el deterioro de su imagen más tiempo del que sus comportamientos merecían, pero una vez desatada la dinámica reprobadora de las conductas del Rey, de su yerno y de su hija, y desinhibida la contención mediática en el nuevo populismo comunicacional de los primeros años de la segunda década del siglo, la monarquía «prosaica» ha aparecido como tal: el Rey, efectivamente, estaba desnudo, como en el cuento de Andersen.

Una institución familiar como la Corona —porque en el *ius sanguinis* se residencian los derechos dinásticos—, que adquiere la magistratura más elevada del Estado por razón hereditaria, que en el caso de España se reinstaura en la Ley de Sucesión franquista y es absorbida por la Constitución de 1978 como parte del pacto de convivencia general que la izquierda y la derecha urden en una transacción que parece haberse quedado obsoleta en aspectos esenciales, llegó a constituir, hasta la abdicación de Don Juan Carlos en junio de 2014, la pieza más precaria del sistema, porque convergían sobre ella, en un efecto espejo, los males que afectaban al país en su conjunto. Y el peor de todos: el de la corrupción encarnada en las desvergonzadas derivas de Iñaki Urdangarin, duque consorte de Palma que matrimonió con la más joven de las infantas el 4 de octubre de 1997 en Barcelona, y las derivas del propio monarca.

Una boda realmente insólita y sorprendente: el yerno del Rey era un deportista de élite, hijo de un nacionalista vasco alavés muy próximo a las tesis de Xabier Arzalluz, presidente que fue del PNV, y que, en consecuencia, recibió en su ámbito familiar el marchamo ideológico de Juan María Urdangarin —una persona cabal, pero radical, al que el partido había situado al frente de la Caja Vital Kutxa—, que explica la ausencia de consciencia que comportaba para el duque consorte de Palma incorporarse a la familia real española que ya para entonces —sobrepasados mediados de los noventa— no era lo que cabía entender por una familia feliz y cohesionada. El suegro de la infanta se mostraba, no obstante, radiante con la boda. En noviembre de 1997, siendo yo a la sazón director de *El Correo* de Bilbao, acudió a un almuerzo en el periódico durante el que entró en algunos detalles sobre la versatilidad de su nuera y, concretamente, sobre su gran capacidad de transformación. Era Cristina la mayor parte del tiempo, pero se tornaba, incluso para su familia política, en un personaje distante y mayestático cuando se investía, para un acto o una comparecencia, de su condición de infanta. Esa versatilidad de la mujer de uno de sus hijos seducía al presidente de la caja alavesa, que desde que emparentó con la familia real se mostró políticamente más discreto.

Los matrimonios de las infantas —el de Elena con Jaime de Marichalar concluyó en divorcio el 25 de noviembre de 2009— y el del propio actual Rey, desposado el 22 de mayo de 2004 con la periodista divorciada Letizia Ortiz Rocasolano, implicaron una acomodación de los Borbones a una nueva dinámica familiar y protocolaria. Las infantas no renunciaron a sus derechos dinásticos, como hicieron sus tías Pilar y Margarita —la Reina no lo consintió—, y la boda del príncipe Felipe fue un órdago en toda regla a su padre, que se aquietó a sus deseos —con la ayuda de Doña Sofía— ante la amenaza de renunciar a la sucesión si se impedía el enlace. La Reina se empeñó, pese a todo, en ensanchar colateralmente la familia real sin que la leve oposición del Rey fuera suficiente para evitar el ridículo espectáculo de unos besamanos interminables en el Palacio Real en los que los yernos de los Reyes precedían protocolariamente a las más altas autoridades del Estado: el presidente del Gobierno, el de las Cortes, el del Tribunal Supremo y el del Tribunal Constitucional. Actos protocolarios que comportaban para las infantas una retribución libremente asignada por su padre el Rey.

Padre y Rey han sido en Don Juan Carlos dos categorías distintas. Sus hijos lo han reconocido siempre como lo segundo —jefe de la Casa Real, Rey de España, el «patrón», como lo llamaban—, pero desde muy jóvenes no lo han considerado un padre ejemplar que pudiese ofrecer lecciones y pautas de comportamiento. Justamente en esa ausencia referencial como padre se encuentra el germen y posterior desarrollo de la destrucción de la familia real, con la que Felipe VI, en su aún corto reinado, ha tomado medidas determinantes hasta reducirla a sus padres —con el título de Reyes y tratamiento de Majestades— y a sus hijas, la Princesa de Asturias, Leonor de Borbón Ortiz, y la infanta Sofía.

Don Felipe sabe bien que carece de los factores de legitimación de que dispuso su padre. Quien, además de unos poderes fácticos originarios que cedió en la Constitución de 1978, acumulaba la legitimación dinástica y la indirecta constitucional tras el referéndum del 6 de diciembre de 1978. Luego, Don Juan Carlos reconstituyó el déficit de legitimación mediante un ejercicio de la jefatura del Estado sumamente hábil y generoso para la izquierda, que es la que cedió en el régimen monárquico para ganar en el modelo territorial, sin olvidar su decisiva e histórica actitud los días 23 y 24 de febrero de 1981. La expresión de que Don Juan Carlos ha sido un Rey para los republicanos es muy común en la bibliografía biográfica del monarca, que obtuvo su mejor defensa con un blindaje constitucional muy difícil de levantar: el título II, a diferencia de otros también estratégicos, requiere de una reforma siempre agravada, es decir, con disolución de Cortes y referéndum. Aspecto este esencial de la cuestión monárquica en España, porque se dotó a la Corona de unas defensas que ahora cierta izquierda lamenta y de las que reniega.

Don Juan Carlos ha entregado a su hijo una monarquía que debe encontrar la oportunidad de renovar su legitimación democrática. Remedando al profesor Ignacio Sotelo, la monarquía era «una cuestión que creíamos resuelta», pero realmente no lo está, como se ha encargado de recordar el filósofo Manuel Cruz, catedrático en la Universitat de Barcelona y, seguramente, uno de los intelectuales más lúcidos de este tiempo histórico. Escribió Cruz un artículo en el diario *El País* —que es el medio que más se ha preocupado entre los convencionales en manejar la crisis de la monarquía con cíclicas dosis de prudencia y audacia—, titulado «El final de la monarquía prepolítica».[5] Sostenía el filósofo con buen criterio la necesidad de someter la Corona a un efectivo control democrático —transparencia incluida—, tesis cada día más extendida, porque el carisma de Don Juan Carlos caducó y no puede ser reseteado por Felipe VI, especialmente porque su padre se encargó de malbaratarlo rechazando sistemáticamente la institucionalización de la Corona.

Una vez fallaron las contenciones voluntariosas de determinadas personalidades en el entorno del Rey —como Sabino Fernández Campo, secretario general, primero, y luego jefe de la Casa del Rey—, el monarca se empeñó en desregular la Corona para ganar un permanente margen de discrecionalidad que, en ocasiones, fue de arbitrariedad. Su relación con los presidentes del Gobierno daría la medida de su profunda voluntad personal de no atenerse a modelos pautados e institucionales que mediatizaran una autono-

5. En *El País*, 2 de abril de 2013.

mía que no estaba ni en la letra ni en el espíritu de la monarquía parlamentaria. Enlazaba así Don Juan Carlos con una línea de comportamiento reconocible en sus antepasados, sea Alfonso XIII —que, como recuerda Javier Tusell[6] en la biografía del abuelo del Rey abdicado, era de una indiscreción patológica y que al prescindir de hombres de la gran política, como Maura, se entregó a los menores y terminó en el exilio—, sea Isabel II, cuya ausencia de probidad y ejemplaridad (o sea, de responsabilidad) tuvo mucho que ver con el desgraciado final de su reinado. Advierte Isabel Burdiel, biógrafa de esta reina, que los «ecos del pasado, también aquí, pueden ayudar a comprender mejor el presente».[7]

IX

La monarquía entró a partir de los años ochenta en una vía de hecho. Por más que se rastree no se encontrarán normas sustantivas que la regulen, que la pauten, en definitiva, que la sometan a la disciplina de su naturaleza parlamentaria. Tan era así, que es conocida la manera decimonónica del Rey de mostrar su disgusto a los presidentes del Gobierno: evitaba departir con ellos en los actos públicos, ofreciendo muestra ostensible de su malestar, conducta que revertía en poco tiempo, pero que dejaba la muesca suficiente en el entorno del político y advertencia en el suyo propio.

Pero el encadenamiento de democracia-monarquía funcionaba. El sistema español fue con Don Juan Carlos siempre binario, porque la nuestra no era simplemente una democracia: eran una democracia y un Rey, que en un momento determinado no lograron encontrar el punto de equilibrio y de sobriedad necesario. Ocurrió cuando la Casa del Rey, en su recién inaugurada web, insertó un texto suscrito por el monarca sobre la situación en Catalu-

6. Javier Tusell y Genoveva G. Queipo de Llano, *Alfonso XIII: el rey polémico*, Madrid, Taurus, 2001.

7. Isabel Burdiel, *Isabel II: una biografía*, Madrid, Taurus, 2010.

ña, en la que Don Juan Carlos calificaba con displicencia de «quimeras» las reivindicaciones del secesionismo catalán. Desde aquel momento, Don Juan Carlos dejó de tener en el Principado el predicamento que atesoró en tiempos anteriores. Me lo confesó el propio Artur Mas en un almuerzo con su consejero Francesc Homs en la Generalitat en diciembre de 2013.

El grupo catalán en el Congreso, Convergència i Unió (CiU), se abstuvo en la votación de la Ley Orgánica de Abdicación y en la de su aforamiento, mostrando así su distanciamiento de la Corona, que Felipe VI trata de acortar con gestos de afecto y empatía como el de dirigirse en catalán cuando acude a Cataluña, prestando enorme atención a la Fundación Príncipe de Girona, uno de los títulos del heredero de la Corona que Don Felipe cultiva en tanto la Princesa de Asturias no alcance la edad para protagonizar su alto patronazgo. Por otra parte, Don Juan Carlos ya carecía en la cuestión catalana de la capacidad de mediación que tuvo en otros episodios críticos de la vida española. La enorme bronca que propinó a Javier Godó, conde de Godó, presidente y editor de *La Vanguardia,* en 2013, por la línea del periódico no sólo resultó inolvidable para el aristócrata catalán —que físicamente cayó enfermo a resultas de la agitación que le produjeron las palabras del Rey—, sino para los muchos que oyeron del jefe del Estado, incluso en recepciones oficiales, su frívolo e improcedente arrepentimiento por haber otorgado la grandeza de España al título del condado de Godó. El Rey estaba perdiendo a borbotones su capacidad de persuasión y ese rol de fiel de la balanza que durante muchos años conservó.

No existió —porque no hubo voluntad de que existiera— una integración irreductible de la Corona en el sistema que siempre asemejaba a una realidad segregada del común institucional. Como en un artículo —igualmente en el diario *El País*— apuntaba el historiador Santos Juliá,[8] la Corona, el Rey, condicionaban la democracia, de tal manera que una pérdida de confianza en su persona deslegitimaba tanto al monarca como a la propia democracia. «Es

8. «La erosión de la monarquía», en *El País,* 2 de febrero de 2014.

precisamente lo que venimos presenciando —escribe Juliá— de 2008 a esta parte en un proceso irreversiblemente paralelo al ocurrido en los años setenta: si entonces las decisiones del Rey dotaron de legitimidad a la monarquía, ahora ha sido la conducta de las personas, no sólo del Rey, también de su hija y su yerno, las que han restado hasta límites que pueden llegar a ser insoportables la confianza en la institución. Y si entonces la legitimación otorgada a la institución gracias al ejercicio de su función por el Rey volvió irrelevante la cuestión de monarquía o república, no es sorprendente que ahora la pérdida de esa confianza acabe por infligir una grave herida a la monarquía y eleve hasta cotas impensables hace cinco años la opción por la república.»

X

En este ambiente de ruptura familiar, ausencia de ejemplaridad y responsabilidad, desregulación y opacidad, se fue fraguando el proceso de abdicación del rey Juan Carlos I que, inicialmente prevista para enero de 2014, según algunas versiones solventes, se fue posponiendo por dudas, incertidumbres e indefiniciones. Nada tuvieron que ver en la elección de fecha de la abdicación —ya lo he dicho— ni en el propio proceso que desembocó en la renuncia, los comicios al Parlamento Europeo de mayo de 2014, que auguraron un desplome del bipartidismo y la emergencia de fuerzas políticas que, como Podemos, plantean un proceso constituyente en el que la monarquía quedaría, de salida, descartada. Es cierto que el primer factor de oportunidad para la abdicación —que exigía una ley orgánica— consistía en disponer de una composición parlamentaria «dinástica» (desde entonces se han generalizado dos expresiones: la de *partidos dinásticos,* que serían el PP y el PSOE, y la de *casta,* referida a la clase dirigente tanto política como empresarial, incluso cultural), pero, al cabo, fue la impotencia del monarca para recuperarse de sus errores —y de los de miembros de su familia— ante una opinión pública crítica, el factor de convicción fundamental.

Sencillamente, no había marcha atrás y la legislatura resultaba propicia.

El Rey estaba condicionado, además, por un serio problema de salud, porque pese a ser un hombre deportista, activo y con fortaleza física, las lesiones y los problemas óseos de origen genético no le han perdonado. Desde la primera operación quirúrgica a la que se sometió en 1948 en Friburgo (otitis) hasta la última, el 21 de noviembre de 2013, para la implantación de una prótesis definitiva de cadera, ha sido hospitalizado en trece ocasiones, la mayoría para intervenciones no menores que han afectado desde el pulmón (2010) a reducciones de luxaciones de cadera (2012). Pese a esos achaques de salud, y a diferencia de otros reyes europeos, Don Juan Carlos no puso en marcha el mecanismo de la regencia, ni el Gobierno de Mariano Rajoy, aun en los peores momentos de salud del Rey, se lo planteó para dotar al Príncipe de Asturias de un estatuto que le permitiera comparecer en el ámbito nacional e internacional con las facultades —indelegables en la normalidad— de su padre en tanto que jefe del Estado. Otras monarquías constitucionales como la noruega han utilizado, más de una vez, el recurso de la regencia, preservando así al titular de la Corona y al heredero con la activación de todos los mecanismos de inserción de la monarquía en el sistema institucional.

No sólo le faltó la salud. Le faltó la familia y, desde muy lejos —con la excepción de José María Aznar—, careció de Gobiernos que le ofreciesen la resistencia que una personalidad de su energía política y de su voracidad vital precisaba. El Rey llegó exhausto a su abdicación, entre otras razones porque los monárquicos más tradicionales —Don Juan Carlos no ha tenido corte, pero sí, y muchos, cortesanos— no le trasladaron el desprestigio en el que había caído la institución —sólo amigos personales fueron capaces de plantarle cara y elevarle, incluso, la voz— y lo animaron a dar batallas ya imposibles.

Los Gobiernos sucesivos se limitaron a mantener el statu quo de la Corona y aceptaron el modelo de comportamiento del Rey y las reglas de relación que él, hábilmente, imponía. Aunque el monarca aceptaba una negativa —y tuvo que aceptar muchas de los ejecutivos—, en casi ninguna ocasión dejó de criticarla en sus audiencias privadas, de tal manera que su malestar llegase indirectamente al responsable de no acatar su deseo o indicación, especialmente si se trataba de cuestiones de no excesiva relevancia, fuera un ascenso militar o se tratase de un viaje de Estado. En algunas ocasiones se crearon situaciones de tensión: como cuando el Rey, llevado a veces por una indudable buena voluntad y espíritu de colaboración con el empresariado, y otras, movido por intereses que algunas fuentes califican de «poco claros», se empeñaba en mantener relaciones «fraternales» con sus pares de Estados autocráticos o totalitarios, especialmente árabes. Sus viajes a esos países siempre suscitaron dudas, porque en más de una ocasión se desplazó a ellos sin una misión clara para el Estado español y sin el acompañamiento de un ministro de jornada que refrendase sus actos.

El calendario de sus viajes oficiales es muy explícito en su significación. En 2011, Don Juan Carlos visitó Rusia, país al que ha acudido para excursiones cinegéticas, lo mismo que a Ucrania; en 2012 se desplazó a Brasil y Chile; en 2013, a Marruecos; en 2014, a los Emiratos Árabes, Kuwait, el Sultanato de Omán, Baréin y Arabia Saudita. Es verdad que en casi todos estos viajes el Rey se ha hecho acompañar de un amplio séquito empresarial, algunos de cuyos miembros más relevantes han asegurado no haber visto al monarca en ninguna sesión de trabajo, aunque con el mismo énfasis afirman que su mediación ha sido usualmente útil y favorable a las inversiones de las empresas españolas en esos países. De ahí que en varios de esos desplazamientos fueran más las empresas que solicitaban que sus ejecutivos acompañasen al Rey de las que finalmente podían hacerlo por un puro problema de logística. Al último viaje oficial de Don Juan Carlos solicitaron acompañarle representantes de ciento dos empresas, pero sólo pudieron veintiocho por falta de acreditaciones.

XI

Al Rey, además, le falló la Reina. Comprendo que esta afirmación pueda parecer dura y, quizá, hasta sorprendente. Pero responde a la verdad. Doña Sofía —el aplauso que las Cortes le dedicaron el día de la proclamación de Don Felipe VI, 19 de junio de 2014, fue inducido por su hijo, como el que recibió el 24 de octubre en el Teatro Campoamor de Oviedo con ocasión de la ceremonia de entrega de los últimos premios de la Fundación Príncipe de Asturias— ha sido una aristócrata escéptica. Las penalidades de su vida —exilios, estrecheces económicas y el destronamiento de su hermano Constantino— y una impostada majestuosidad no han permitido indagar en la ausencia de la Reina en la sociedad española, en la que carece de un círculo de amistades sinceras, limitando su relación personal especialmente a su hermana Irene y a su prima segunda, la princesa Tatiana Radziwill, hija de la princesa Eugenia de Grecia; en su desinterés real por aspectos culturales nacionales; en la indolencia en el aprendizaje de un castellano fluido (en palacio ella utiliza el inglés como idioma doméstico, después de medio siglo en España); y, sobre todo, en la increencia en su propio papel en la dinastía española de los Borbones, lo que la ha llevado a manifiestas inoportunidades editoriales que han creado polémicas innecesarias, y a apagones de su presencia en actos y acontecimientos significativos, sin olvidar la quiebra de normas internas de la monarquía española, especialmente referidas al matrimonio de las infantas y del propio heredero. Siempre ha sido dignísima, pero ha transmitido lejanía y una cierta excentricidad. Su mayor habilidad —Spottorno consideró que tenía un «punto populista»— ha sido saber ganarse el favor de la opinión pública española, a pesar de que determinados comportamientos han resultado profundamente insolidarios con la estrategia de la Casa del Rey.

Al amparo argumental de que era no sólo Reina, sino también madre y abuela, ha asistido en demasía a su yerno Urdangarin, protagonizando visitas provocativas y convocando selectivamente a determinados medios para que reflejasen su apoyo al encausado.

Así ocurrió cuando acudió a la capital de Estados Unidos, donde residían su hija, su yerno y sus nietos, en diciembre de 2011, cuando ya había estallado el escándalo Nóos. No podría decirse que la reina Sofía, a su manera, no se ha tomado la revancha sobre su marido y goza hoy de un predicamento del que Don Juan Carlos está muy alejado. Una bibliografía melosa y ciertamente abundante dada la escasa transparencia de la Reina ha acaramelado su percepción en la sociedad española, porque Doña Sofía, sin grandes capacidades, sí tiene enormes habilidades y una gestualidad extraordinariamente oportuna. Quizá su mérito haya consistido en aguantar las infidelidades y desamores de su marido y en apoyar a su hijo, el hoy Felipe VI, para que no desistiera de su destino personal, que era el trono de España. Y quizá haya sido también la suegra que necesitaba una Reina como Doña Letizia, cuya plebeyez puede ofrecer resultados ahora imprevisibles. La actual es una Reina inédita en España y quizá su suegra resulte de alguna utilidad en las bambalinas de su reinado.

En lo intelectual —la asturiana saca millas a Doña Sofía— y en sus virtudes populares —si las reformula en términos de patrimonio institucional para la Corona— puede estar su gran chance. En todo lo demás —dígase lo que se diga— no es preciso en absoluto que se parezca o se deje guiar por su real suegra. Una mujer, sin embargo, con una fuerte vis mediática que se ha arropado de forma constante con un blindaje altruista de frecuente impacto en la opinión pública. Doña Sofía ha hecho currículum. Es presidenta ejecutiva de la fundación que lleva su nombre (se creó en mayo de 1977 con un capital personal que ella misma aportó); lo es también de honor de la Fundación de Ayuda contra la Drogadicción creada en 1986 —en el patronato están los grandes empresarios españoles— y de la Escuela Superior de Música Reina Sofía. Además, el centro de arte contemporáneo de Madrid (1990) lleva su nombre; preside honoríficamente el Consejo del Real Patronato sobre Discapacidad; es académica de honor de la Real Academia de la Historia y de la de Bellas Artes de San Fernando y ha recibido el doctorado *honoris causa* de las Universidades de Cambridge, Oxford,

Valladolid, Rosario (Bogotá), Georgetown, Évora, Nueva York y Seisen (Tokio), y ha asistido varias veces a las exclusivas reuniones del Club Bilderberg, sin que, en España, los analistas económicos sepan a qué ha respondido la presencia de Doña Sofía en un grupo con connotaciones muy alejadas de la benevolencia pública. Sí se sabe, sin embargo, la razón de la buena acogida de Doña Sofía en amplios ámbitos de opinión: la Reina es una convencida animalista, amante de los perros y los asnos, silente denunciadora de la fiesta taurina e indiferente a algunas manifestaciones de las clases medias castizas, como el teatro en Madrid, que apenas recuerdan a la madre del Rey en alguna función. Por el contrario, su afición a la música —menos a la ópera— la hace habitual del Auditorio Nacional, aunque haya sido incapaz de desplazarse en verano a los muchos festivales culturales que ella hubiera realzado (Mérida, Almagro, Peralada). Su pasión por Marivent, por las salidas marineras y el *shopping*, la familia, su hermana y su prima, parecen haber colmado sus necesidades de relación y esparcimiento.

XII

En este contexto de áspero debate, en abril de 2014, la revista *Tinta Libre* me pidió que escribiera un alegato monárquico en contraste con otro republicano que firmaría Manuel Rivas. Recuerdo que la elaboración de aquel texto me resultó trabajosa, pero me retribuyó, además de por su publicación, de una parte, por la tranquilidad de haber esbozado con suficiente exactitud qué significaba la monarquía, y de otra, por la adhesión al texto de la historiadora Isabel Burdiel, biógrafa, como se ha dicho, de Isabel II y premio nacional de Historia 2011, que me hizo llegar su opinión favorable a mi escrito. Aquel ensayo, publicado en abril del pasado año, breve, periodístico, me resulta imprescindible en este capítulo que trata la falla de la Corona en el sistema. Por eso lo reproduzco:[9]

9. «Una monarquía funcional y transformada», en *Tinta Libre*, abril de 2014.

El monarquismo resulta una militancia arriesgada y en permanente alerta; diré más: los monárquicos sólo podemos serlo con un altísimo grado de relativismo, de ahí que nuestra convicción esté sometida a una precariedad que nos resulta verdaderamente molesta. Salvo los monárquicos viscerales, que son aquellos que siguen creyendo que los reyes están ungidos por el derecho divino, la mayoría de los que apreciamos determinadas superioridades en la forma monárquica del Estado —siempre parlamentaria y democrática— somos tributarios de que el Rey y su familia respondan con plena funcionalidad —esto es, utilidad y practicidad— a los intereses de la sociedad, en este caso, la española. Porque si no es así, entramos en una espiral contradictoria de convicciones y de afectos.

El corolario de este exordio consiste en lo siguiente: el monarquismo ha de ser extraordinariamente exigente con el funcionamiento de la Corona, con el comportamiento institucional del Rey, con su ejemplaridad —en términos civiles y políticos— y con su autenticidad, esto es, con la coherencia de lo que el monarca hace y dice. Un monárquico laxo en sus requerimientos a la Corona es una especie destructora para esta forma de Estado que se encuentra ahora más cuestionada que en los últimos cincuenta años, tanto en España como fuera de ella, en países con mayor o menor tradición monárquica. Incluso allí donde se proclama que la Corona es solidísima —y lo es—, en el Reino Unido de la Gran Bretaña e Irlanda del Norte, tal apreciación se vierte después de una sostenida, discreta y eficaz reformulación del trono británico, de sus modos de relación con la sociedad y de la manera en la que su titular cumple con sus obligaciones constitucionales, aunque éstas no se hayan escrito nunca. No hay monarquía occidental más subordinada a los poderes del Estado y con menos margen de maniobra institucional autónoma que la que encarna la reina de Inglaterra.

Por otra parte, el monarquismo es de acuñación conservadora y poco frecuente en la izquierda. Los que nos reconocemos en las tesis liberales y conservadoras somos también mucho más vulnerables a las virtualidades del simbolismo y de la tradición. Ambos conceptos (simbolismo y tradición) forman parte del acervo conservador. Me atrevería a sostener que resultan elementos de identidad ideológica muy propios de la derecha democrática. Incluso en Estados republicanos como Francia, el conservatismo exuda una nostalgia formal, gestual, aparente, de los usos y maneras monárquicos. Y en Estados más jóvenes, el presidencialismo republicano remite a guiones históricos que enlazan con formas monárquicas de entender el poder.

La simbología y la tradición evocan la ritualidad identificadora y la continuidad de la entidad sociopolítica de la nación y del propio Estado, respectivamente. Los monárquicos creemos que una Corona funcional, es decir, útil y transparente, se comporta como un contrafuerte del edificio estatal porque no se somete a los vaivenes de la renovación democrática o al desgaste del ejercicio efectivo y constante del poder. De manera tal que ancla el Estado, le ofrece certeza, estabilidad y, en consecuencia, una cierta percepción de seguridad. Tenemos la historia de España de nuestro lado: dos Repúblicas y dos fracasos. Cierto que hemos tenido fiascos monárquicos colosales, pero incluso cuando abominamos de los Borbones fuimos a buscar a un rey —Amadeo de Saboya— porque nos gusta que en el Palacio Real de Madrid siempre habite un inquilino. Por lo demás, los «demonios familiares» de nuestro país —y el territorial es uno de ellos— no los han resuelto mejor, sino peor, las formas republicanas de Estado que tuvimos en el XIX y en el XX.

Sin embargo, y pese a estas razones —sucintamente expresadas—, la monarquía sólo es defendible [...] hoy de una forma contextual, no endógena. Y trataré de explicarme: al no ser la jefatura del Estado electiva —y además, estar contemplada constitucionalmente de manera vitalicia—, se introduce en su exégesis un factor de irracionalidad democrática muy potente que sólo podría contrarrestarse con los beneficios que aporta en un determinado contexto. Por sí misma, la forma monárquica del Estado se batiría en retirada desordenada en un debate de ideas. Conectada con la funcionalidad a la que he aludido, a su carga simbólica y tradicional, sus posiciones mejoran en el debate y se igualan a las racionalidades republicanas cuando la Corona se desenvuelve en un determinado contexto político-constitucional y cotidiano que enaltece sus atributos y contrae sus anacronismos.

No voy a recurrir —aunque aludir a ello es hacerlo— al correctísimo y a veces envidiable funcionamiento democrático de monarquías europeas como las nórdicas o la británica, porque hacerlo merece siempre una respuesta: tan buenas como ellas, o mejores, son las democracias republicanas. Es verdad. Y aquí entra un factor adicional que apuntala la monarquía, que es el factor idiosincrático (la sociología política ha tratado mucho este aspecto) de sociedades que se encuentran cómodas y satisfechas con instituciones antañonas que cumplen determinadas funciones integradoras. Pero también esta ventaja —la idiosincrasia de cada sociedad hace que su institucionalización difiera— depende del contexto. Y a él voy por derecho y sin tantos miramientos como en España se producen en este asunto.

Una monarquía corre un serio peligro extintivo si no se entiende a sí misma como una institución naturalmente subordinada al orden constitucional y basa su continuidad en determinados intangibles que remiten a la ejemplaridad, la superación de cualquier tipo de partidismo, la transparencia (y no sólo en lo financiero), la laboriosidad del titular y de su familia troncal y al cumplimiento estricto —estrictísimo— de sus funciones constitucionales. Si la Corona no se desenvuelve en ese contexto de irreprochabilidad social y política —y yo diría, sin lugar a dudas, también ética—, la forma monárquica del Estado decae en su razonabilidad democrática. Porque ¿qué razones justificarían si no son las de la excelencia de los reyes y de su familia su posición de preeminencia total en la cúpula del Estado?, ¿cómo explicar que hay un *ius sanguinis* que apoderaría a una persona y a una familia a reinar sobre una sociedad que no los ha elegido, si no es con el argumento de la virtud cívica y la utilidad institucional para los intereses generales? No hay forma de hacerlo.

Las crisis de las monarquías —antes y ahora— han estado siempre relacionadas con la omisión por el titular de la Corona y de su entorno familiar de la cautela en sobrepasar según qué líneas rojas, qué prevenciones y qué interdicciones. No he de recordar —aunque lo hago para los que no sean memoriosos— que Fernando VII fue un «felón»; que su hija nació en España pero murió, exiliada, en París, en donde nació Alfonso XII, a quien lo repatrió el espadón militar; que a su hijo Alfonso XIII le ocurrió a la inversa: nació aquí y murió en Roma. En el interregno, la Segunda República y la dictadura franquista, para llegar al día de hoy, con un monarca nacido en el exilio romano y al que la mayoría deseamos termine sus días en España, aunque no necesariamente desempeñando la jefatura del Estado.

Llegamos a un punto capital: la sostenibilidad de la monarquía no depende sólo de un cumplimiento estricto de los atributos que la connotan (funcionalidad, simbolismo, tradición, ejemplaridad, subordinación constitucional), manteniendo así el contexto que la explica democráticamente. Es preciso dar un paso más, al menos en España. Y ese paso consiste en abandonar trasnochadas apelaciones al carisma del titular —lo tenga, lo haya tenido, o lo haya ya perdido— y articular una sólida regulación de la institución.

Podríamos preguntarnos con lógica por qué no ha hecho crisis definitiva esta situación en la que se desenvuelve la Corona. Y podríamos respondernos, con igual lógica, que la institución no se ha venido abajo porque los deméritos de la jefatura del Estado forman parte de una crisis sistémica que ofrece síntomas inequívocos: la cuestión catalana sería uno, otro la Corona, pero hay muchos más, como la quiebra de confianza en el sistema actual de partidos —que está mutando del bipartidismo hacia un previsible multipartidismo— o fenómenos terminales —llamados también de «fin de época»—, como la ruptura de la confianza entre la clase dirigente y la sociedad (la crisis de la representatividad), el desplome de los sindicatos o el naufragio financiero y deontológico de buena parte del sistema de medios de comunicación.

Sólo en ese cuadro crítico se entiende, por una parte, el descuido temerario del jefe del Estado y de su entorno familiar por mantener el contexto legitimador de su función constitucional, y por otra, la omisión, igualmente temeraria, de los sucesivos Gobiernos de abordar la regulación de la jefatura del Estado desarrollando el título II de la Constitución. Y se entiende también que el problema de la monarquía no es sólo de la institución, sino del conjunto del sistema que se resiente de un modo generalizado, de tal suerte que las debilidades mutualizadas de los pilares del régimen constitucional se sostienen entre sí, incluso en su negativa a reformularse.

Pero la monarquía tiene capacidad de regeneración en el conjunto de la que es necesaria en el sistema. Diría que una propia y particularísima capacidad regeneradora que se localiza en su trayectoria histórica. Por ejemplo, la abdicación de su titular —no como una decisión de abandono sino de continuidad reavivada—; por ejemplo, las reformulaciones de su estatuto para sintonizarlo con las coyunturas cambiantes; por ejemplo, la reinvención de nuevas funciones con capacidad de integración susceptibles de encajar en las literales establecidas en la Constitución. Está por ver que el aburguesamiento de las familias reinantes a través de matrimonios denominados «desiguales» haya proporcionado una nueva calidad a la Corona, que es una institución familiar en la medida en que los derechos dinásticos se derivan de las relaciones de sangre.

En cualquier caso —y para terminar esta digresión—, la monarquía ha de recomponerse para rehabilitar el contexto que la explique en términos accesibles y racionales a las generaciones que no han vivido experiencias excepcionales que han establecido con las anteriores una especial relación con la institución. Unas nuevas generaciones que ya no incorporan pulsiones idiosincráticas que singularizarían la institucionalización española, porque la globalización las ha diluido; unas generaciones que no pueden ni quieren vivir de carismas, sino de pautas normativas democráticas y que tienden a la iconoclastia, por lo cual el simbolismo y la tradición se relativizan.

No obstante, las monarquías en general, y en particular la española, habrían de encontrar algunos referentes para su transformación. Uno, en su propio ámbito, que se localiza en la Corona británica; otro, en un ámbito planetario que es la Iglesia católica en la que conviven —¡es la gran monarquía por cooptación de la historia!— dos pontífices. Si esa transformación producto de dos mil años de acúmulo de conocimientos de los hombres y las sociedades ha sido posible, ¿por qué una suerte de alicorta dogmática mantiene enrejada una institución que requiere de un urgente baño de realidad? Si el binomio monarquía y realidad social no maridan pronto, ésta se impondrá a aquélla sin apelación. Y volveremos a ese ejercicio tan penoso en nuestra historia que consiste en repetirnos *ad nauseam*.

XIII

Si la crisis rebajó el umbral de tolerancia a comportamientos inadecuados, frivolidades y venialidades de las personalidades públicas, la crisis de representación, concurrente con la económica, terminó por plantear un cuadro de aguda gravedad para la Corona. Si el grito de «no nos representan» hizo furor desde el inicio de la segunda década del siglo lanzado a la clase política electa, ¿alguien podía suponer que esta marea no alcanzase los acantilados de la monarquía? El desenvolvimiento de los acontecimientos que afectaban a la familia real se sobreimpresionaba en un contexto de recesión y crisis, y se producía simultáneamente en otro de deslegitimación institucional. Conceptos como *empoderamiento ciudadano* y *poderes populares revocatorios* expresaban ya con determinación el inconformismo radical de buena parte de la ciudadanía con el nuevo despotismo reduccionista del déficit público a costa de prestaciones del Estado de bienestar. Los políticos electos no sólo no cumplían sus promesas electorales, sino que las infringían con un descaro prepotente revestido de argumentos siempre coyunturales y en todo caso exculpatorios.

En estas circunstancias, ¿por qué la monarquía como forma de Estado?, ¿cuál era su aportación real al país?, ¿cómo y en qué modo sustituye su legitimación democrática por la testamentaria que ostenta? Estas preguntas surgieron —y surgen— porque el entero sistema está en revisión, porque no hay dogmatismos que sean admitidos como indiscutibles. La Corona en España, en 2014, había llegado ya a agotar sus reservas de crédito y reputación, y su crisis tocaba ya hueso. No disponía de empatía, ni de simpatía. Y la Transición y los servicios que prestó a la democracia quedaban muy lejos en el tiempo. Resultaba, por eso, incomprensible que la funcionalidad simbólica, ni siquiera ya la representativa por la vía de la ejemplaridad responsable, fuese la fuente de legitimación de un monarca que llegó a tiempo en la historia de España, pero que comenzaba a retrasarse en retirarse de su relato y reescribirlo.

La legitimación de la monarquía es contextual, no endógena, y cuando se alcanzó la cota de deterioro de 2014, los elementos del contexto eran ya negativos y el depósito del combustible legitimador de la Transición se había consumido. Por eso, el Rey abdicó pese a que no hubo un solo editorial de periódico importante que solicitase directa, lisa y llanamente, la renuncia del Rey a la Corona. Más aún, aquellos que la reclamaban para salvar la institución fueron tachados, en el mejor de los casos, de «irresponsables» y, en el peor, de «traidores».

La misión de Felipe VI consistirá en rehabilitar los elementos del contexto legitimador de la monarquía —transparencia, funcionalidad, responsabilidad, austeridad, ejemplaridad—, pero deberá enfrentarse, antes o después, más pronto o más tarde, a una apertura de la Constitución a su reforma. A través de esa ventana de oportunidad, y como el consenso en suprimir la prelación del varón sobre la mujer en la sucesión es transversal, será preciso un referéndum vinculante de ratificación de la reforma, ése será el momento para un debate sobre la forma de Estado en el que el nuevo Rey disponga de un cierto trayecto en la jefatura del Estado que lo avale, y avale a la institución como idónea para recuperarla de su depresión en un sistema institucional decaído. Aunque su autoridad no alcance a condicionar en sentido alguno este proceso, sí intervendrá en que no se le evite a la monarquía un tránsito de discusión abierta que, ya sin tutelas de ningún género, sin poderes originarios heredados de regímenes anteriores, sin temores condicionantes a poderes fácticos, le permita una relegitimación popular y se incruste de manera pacífica en el marco constitucional español. Tratar de eludir este trance será inútil y contraproducente. Tanto como lo fue la tardía abdicación de Don Juan Carlos.

XIV

El sábado 31 de mayo, en la quietud de un cálido fin de semana, supimos el presidente editor de *El Confidencial,* su director y yo mismo que el Rey abdicaría el lunes 2 de junio. Nuestra fuente nos advirtió de que sería tarde para la «exclusiva» si nos demorábamos veinticuatro horas en ofrecerla. Se impuso la cautela. La tarde noche de ese día hice al menos diez llamadas telefónicas. Ningún interlocutor respondió. Lo hizo el domingo día 1 de junio el entonces ministro de Justicia, Alberto Ruiz-Gallardón. Nada sabía del asunto. Preparé dos crónicas. Una titulada: «Rumores de una inminente abdicación del Rey» y otra, definitiva: «El Rey abdica para salvar la monarquía de la crisis institucional». Ambas quedaron preparadas por si observábamos que en la prensa del domingo se deslizaba algún tipo de filtración. No la hubo.

Amaneció el lunes con las dos crónicas en la recámara del publicador de *El Confidencial.* A las ocho de la mañana entraba en el estudio del programa *Hoy por hoy* de la Cadena SER, que dirigía y dirige Pepa Bueno. Ella estaba en Bilbao y yo, solo como tertuliano, en Madrid. Poco después de las nueve de la mañana salta la información: el presidente del Gobierno se dispone a pronunciar desde La Moncloa a las 10.30 de la mañana una declaración institucional. Bueno pregunta en antena de qué puede tratarse. ¿Cataluña?, ¿crisis de Gobierno? Tras llamar al director de *El Confidencial* para que subiese de inmediato la crónica definitiva, aventuré que se trataba de una noticia que «afecta al sistema constitucional». Rafael de Miguel, jefe de informativos de la cadena, llegó al estudio con una expresión de extrañeza. Le aseguré que, efectivamente, se trataba de la abdicación del Rey, aunque lo hice a micrófono cerrado. «Lo estamos dando en *El Confidencial*», le apuré; «*El País* se hace eco del rumor», apostilló. Y se decide: se abrió el micrófono y comunicó a la audiencia que el Rey abdicaba la Corona de España. *El Confidencial* tenía colgada la crónica casi veinte minutos antes de que compareciese el presidente del Gobierno. En Wikipedia se añade una línea a mi currículum: «Fue el periodista que adelantó la abdicación del Rey de España». Era cierto, pero el mérito sólo consistió en seguir la pista a la Casa del Rey, al propio Rey y a la situación social que hablaba mediante signos inequívocos. O sea, consistió en hacer periodismo.

Se acaba una era, un tiempo o una época. No un régimen, pero a punto estuvo de que también concluyese. Y no es seguro en absoluto que el riesgo de que suceda se haya diluido. Ni mucho menos. Felipe VI, en una coyuntura inusitadamente grave para España, en la que vuelve furiosamente la cuestión territorial y el sistema y su clase dirigente parecen anegados en episodios generalizados y transversales de corrupción, con una crisis económica inacabada y casi estructural, y otra de representación en fase álgida, puede ser un rey estigmatizado por un halo de provisionalidad si el Estado en su conjunto, todas las instituciones que lo representan y hacen efectivo, no se regeneran de manera creíble. La Corona es la clave de bóveda del sistema. El cambio del titular en vida ha sido una operación urgida, más que por la convicción renovadora, por el rescate de la forma de Estado. Ahora es la instancia que mejor está preparada para protegerse del *tsunami* político, siempre y cuando deje de ser un blanco fijo de los argumentos que, algunos sin fundamento, pero otros con mucho, han impugnado su modo de estar y comportarse en los últimos cuatro lustros. Hay que revertir las connotaciones negativas que estos años han dejado en la monarquía; ésta debe demostrar su funcionalidad, y el Rey, «moderar y arbitrar» para que España —mediante una incisión quirúrgica— salga de un hondón ético y cívico como no se recuerda en las últimas décadas.

3

Cataluña, la grieta española

A pesar de las ilegalidades evidentes del proceso soberanista, de las presiones ejercidas por la Generalitat con la máxima potencia, de las manipulaciones informativas, educativas e históricas, el llamado «problema catalán» existe y es preciso solucionarlo. Sean cuales sean las razones por las que se ha llegado al punto en el que el nacionalismo antes moderado es ahora abiertamente secesionista, lo cierto es que millones de catalanes quieren separarse de España. Y siguen queriéndolo pese a la caída del patriarca y su familia, el clan que modeló sus sueños, o quizá delirios, de independencia.

Apoyado en organizaciones ciudadanas generosamente subvencionadas y en un entramado institucional que se parece mucho a un régimen; crecido por el giro suicida de la izquierda hacia el filonacionalismo; subido a la ola de la crisis económica para aprovecharla antes de que el maremoto también lo ahogue a él, el independentismo no hizo más que crecer hasta que la corrupción y las desavenencias, junto a la desconcertante irrupción de Podemos, frenaron algo su impulso. Frente a su potencia propagandística y su habilidad simbólica, la otra Cataluña, la que no quiere dejar de ser española, ha permanecido callada, casi escondida, en cualquier caso, quieta como el Gobierno de España. Y en esa desigual pugna la brecha política y sentimental ha crecido hasta convertirse en una peligrosa herida.

Cuando España sufre una crisis institucional, económica y social como no se recuerda, la amenaza de secesión de una de sus grandes regiones es un problema mortífero ante el que no cabe quedarse quieto. Quizá no sea tarde para escuchar la voz imprescindible de

Antonio Muñoz Molina y saber que negar al otro es negarse a uno mismo, y para oír también a Emilio Lamo, que nos dice que en el mundo de hoy una nación de naciones no tiene nada de raro. Tal vez no es tarde si se reforma la Constitución para que reconozca la singularidad catalana y así se apuntale la continuidad de España.

I

«Leí su artículo del 27 de octubre sobre los Fernández catalanes. Un buen artículo que me gustaría comentar con usted. Tengo entendido que viene a menudo a Barcelona. En alguna ocasión le agradecería que me llame usted. Podríamos comentarlo.» La fecha de la carta de Jordi Pujol era del 25 de noviembre de 2013. Antes había recibido varias —a todas contesté— del ex presidente de la Generalitat de Cataluña en las que mostraba sin veladuras lo que tuve —y sigo teniendo— por una agitación interior próxima, quizá, a cierto remordimiento de conciencia política. En casi todas las misivas que Pujol me enviaba, siempre para comentar alguno de mis artículos en *La Vanguardia,* el líder nacionalista hacía justificaciones exculpatorias a la abrupta rectificación de su autonomismo por un aparentemente súbito independentismo.

Cuando glosé las declaraciones de Josep Maria Castellet sobre la ruptura de puentes entre las literaturas y las culturas castellana y catalana, Pujol, en noviembre de 2010, me hizo una consideración de mucho calado: «No sólo es en la literatura que hay ese distanciamiento [...]; por mi parte, le envío algunos escritos míos de hace unos meses que inciden en lo mismo. Un tema que he tratado con cierta frecuencia recientemente con motivo del centenario del nacimiento de Vicens Vives y del cincuentenario de su muerte. Desde mi punto de vista, Vicens Vives y Espriu contribuyeron, cada cual a su manera, a formular una propuesta política que en el día de hoy hay que considerar fracasada».

Que Pujol declarase a dos figuras del catalanismo de tal envergadura como erradas en su visión de la relación de Cataluña con el conjunto de España —advierto de nuevo que estamos en noviembre de 2010— significaba un giro copernicano en la concepción que el ex presidente de la Generalitat había mantenido durante décadas. Vicens Vives es un historiador canónico de Cataluña y de España entera, y sin su *Noticia de Cataluña* sería difícil comprender nuestra historiografía del siglo XX. Vives fue el autor de esa frase paradigmática según la cual los catalanes y Cataluña tienen «voluntad de ser», aserto este que está en las pilastras de la identidad catalana.

La relación epistolar que mantuve con Pujol siempre me resultó muy aleccionadora, porque el ex presidente no daba en sus cartas puntadas sin hilo. En enero de 2011 me decía que la «ruptura y el desencuentro», por lo visto, «preocupaban poco en España. Y por consiguiente deberían preocupar poco en Catalunya. Que no por ello debe ensimismarse, pero sí tener conciencia de que su objetivo es seguir adelante por su propio esfuerzo y priorizando su propio desarrollo en todos los órdenes. Con lo que tenga. En realidad ya hace tiempo —algunos años— que la evolución española vira en ese sentido. Es lógico que en Catalunya haya una creciente tendencia a dar respuesta a esta situación y a esta evolución».

Cuando Pujol me remite un ejemplar de *El caminante frente al desfiladero,*[1] una especie de memorias en las que relata sus afanes de empatía e integración con España, lacónicamente apunta: «He sentido la necesidad de escribir este libro pensando en el país y en personas como usted. Y en mí mismo. Para que se entienda lo que ha sucedido» (octubre de 2012). En una carta posterior insiste en que lea su libro porque «sólo así puede entenderse lo que está sucediendo. Es lo que explico y, sobre todo, documento en el libro. Un libro sobre un camino iniciado en los años cincuenta. Y que ahora se ha vuelto infranqueable si algo no cambia a fondo».

1. Barcelona, Destino, 2012.

Yo leía siempre los materiales que Pujol me remitía. Quizá la omisión de hacerlo por quienes estaban obligados a auscultar lo que ocurría en Cataluña condujo a considerar el estallido independentista a partir de 2010 como una reacción imprevista. No lo era. Porque antes de que el Tribunal Constitucional dictase sentencia sobre el Estatuto catalán de 2006 declarando algunos artículos inconstitucionales y estableciendo las denominadas «interpretaciones conformes» de otros preceptos y de algún extremo sensibilísimo de su preámbulo, Jordi Pujol ya había escrito —lo hizo en marzo de 2009— un breve ensayo editado por su centro de estudios, titulado *Un modelo malogrado,*[2] cuyo párrafo a mi juicio más esclarecedor es el siguiente: «El juego de mendigar no debe ser el nuestro. Tal vez será el de ellos. Pero no deberíamos entrar en él y hacer que crean que todo se resuelve con palmaditas en la espalda. El mal es más profundo. No hay proyecto de España. El de 1978 se ha estropeado. Lo que unos y otros han impulsado últimamente es inaceptable para Catalunya. Y en el conjunto de España, de momento, crea una gran perturbación. Y ahora se verá si aguanta o no. ¿Qué hay que negociar si no hay proyecto?, ¿si el pacto tácito de 1978 se ha roto?».

Pujol añadía: «Durante los últimos años en España, y en Catalunya, se ha estropeado algo. Se ha malogrado un proyecto. Y algo se ha roto. Cuando menos, desde el punto de vista del catalanismo. Pero, de hecho, también desde el punto de vista del conjunto de España». En estas reflexiones, escritas bajo el epígrafe «El desgarro», Pujol vertía toda su amargura política: «Entre los muchos y grandes problemas que España tiene pendientes de resolver, había uno especialmente lacerante: el desequilibrio territorial, el del insuficiente desarrollo económico y social de parte importante de España. Resolver esto era responsabilidad de todo el Estado, de una buena obra de gobierno y de todos sus territorios».

El ex presidente de la Generalitat se preguntaba qué había sucedido, y se respondía así: «Han pasado tres cosas negativas: 1) ha reaparecido con mucha fuerza el atávico sentimiento anticatalanis-

2. Barcelona, Centre d'Estudis Jordi Pujol, 2009.

ta [...], el protagonismo catalán —muy constructivo, pero también muy reivindicativo—, muy acusado en algunos momentos de los últimos treinta años, ha provocado una reacción negativa. Y muchos políticos españoles han vuelto a descubrir que es fácil ganar votos en España haciendo anticatalanismo. O vender periódicos. O, simplemente, ser aplaudidos. 2) Como consecuencia de esto, el viejo objetivo uniformizador de España ha reaparecido con toda su potencia y se ha aplicado sobre Catalunya. Con una acción que hoy puede llevarse a cabo desde distintos frentes: el de la presión económica, el de una inmigración muy desproporcionada, el de una crisis de los servicios públicos a causa de estos factores combinados, el de una orientación jurídica restrictiva desde el punto de vista autonómico. 3) Finalmente, hay un tercer hecho moral, especialmente criticable y políticamente escandaloso, que es la interpretación y la utilización que se ha hecho de la solidaridad».

Para Pujol, estos tres puntos «dejan a Catalunya fuera de juego. Al margen. Esto rompe lo que parecía que era el pacto tácito y esperanzador de la España renaciente de la segunda mitad del siglo XX». Y vuelve a enfatizar: «Es justamente esto: se ha roto el proyecto». Termina el fundador de CDC con una advertencia amenazante: «Desde fuera de Catalunya pueden decir que el proyecto que se ha roto es el de Catalunya, no el de España. Y pueden pensar que de Catalunya lo único que necesitan es el 9 por ciento del PIB, y que si hacen ruido no molesten demasiado. Pero deben ir con cuidado. Sólo con esto pierde uno de sus motores. Sólo con esto España pierde uno de sus elementos de estabilización. Y la euforia española de hace cuatro días [...] no puede hacer perder de vista que España es el país campeón de Europa en desempleo, y lo será más aún, y con una muy baja mejora de la productividad. Y que hay en general un desprestigio de las instituciones que afecta, incluso, algo que debería ser tan básico para los que dicen tener sentido de Estado como el Tribunal Constitucional. Y que tiene unos hábitos políticos de gran confrontación, de gran ensañamiento, y que ahora hay un Gobierno que pide ayuda y que está desconcertado. España es un gran país y ha progresado mucho. Pero no le sobra nada de lo que tiene. Y no puede prescindir del grado de confianza que debe haber en un país para avanzar. No puede banalizar temas importantes. Ni puede jugar con conceptos de alto valor ético y político (como el de solidaridad, por cierto). No puede hacer trampas».

Lo asombroso es que estas flexiones desgarradas, decepcionadas, profundamente pesimistas de Pujol sobre el «malogrado» modelo de la España constitucional se vertían en escritos que el propio autor califica de «casi clandestinos» mucho tiempo antes de que se produjese la primera manifestación multitudinaria contra la sentencia del Tribunal Constitucional de junio de 2010 y muy anteriormente a la política de ruptura de Artur Mas: tres años antes de las elecciones de noviembre de 2012, la línea temporal en la que se sitúa el inicio del proceso soberanista. Lo que demuestra que el ex presidente de la Generalitat —aunque ahora convenga ocultarlo— ha sido el verdadero ideólogo de la ruptura y del proceso soberanista, porque cuando nadie lo teorizó, él lo hacía nada menos que en 2009 desde su centro de estudios, desmantelado en octubre de 2014, cuando el padre de la patria dejó de serlo y se convirtió en un defraudador. Soslayar este dato histórico y el relato de Pujol es tanto como perder una perspectiva sustancial: sólo el hombre que fue capaz de integrar la Cataluña autonómica en la España descentralizada era capaz de convertirla en secesionista impugnando el proyecto en el que él y su partido tuvieron tan gran protagonismo y no menor responsabilidad.

Pujol fue una auténtica máquina de ganar elecciones y alzarse en bisagra de la política española. En un Parlamento de 135 escaños, venció consecutivamente seis legislaturas. Arrancó en 1980 con 43 diputados, para lograr su primera mayoría absoluta en 1984 con 72, una mayoría que revalidó en 1988 (69 escaños) y en 1992 (70 escaños), y continuó en 1995 con 60 escaños para concluir en 1999 con sólo 56. Estos registros, comparados con los de Artur Mas, adquieren una gran significación. El actual presidente de la Generalitat obtuvo en 2003 sólo 46 escaños, dando pie al primer tripartito de izquierdas (Partit dels Socialistes de Catalunya [PSC], ERC e ICV), que gobernó bajo la presidencia de Pasqual Maragall con 74 diputados, y también al segundo (2006), porque Mas llegó sólo a los 48 diputados con CiU, pero las otras tres fuerzas volvieron a reunirse con una mayoría parlamentaria de 70 escaños. El mejor registro de Mas fue en las autonómicas de 2010, en las que CiU obtuvo 62 asientos parlamentarios, lo que le permitió regresar al Gobierno de la Generalitat, si bien desplegando lo que se denominó «geometría variable», en la que incluyó al PP de Cataluña, que obtuvo 18 parlamentarios, algo que brindó al nacionalista —de manera puntual— la mayoría precisa para sostenerse en el poder hasta que dos años después, en noviembre de 2012, el líder de CiU lanzó el órdago independentista, abortó la legislatura y se quedó en 50 diputados —12 menos que en 2010—, mientras que ERC pasó de 10 diputados a 21 en el bienio.

La clase dirigente política y social nacionalista de Cataluña, sin embargo, ha retirado del imaginario patriótico a un Pujol otrora tan poderoso, que en julio de 2014 —el día de Santiago, patrón de España— confesó haber estado defraudando a la Hacienda pública desde el fallecimiento de su padre en 1980 al mantener en Andorra un legado de aquél a favor de su mujer y sus hijos por un importe que todavía no se ha acreditado, pero que el propio Pujol cifró en más de cien millones de pesetas. La degradación política y social a la que se sometió al ex presidente de la Generalitat fue fulminante: perdió su tratamiento, su pensión y el disfrute de la oficina en la planta principal del número 39 del paseo de Gracia, donde lo visité en diciembre de 2013, unas horas antes de almorzar en la Generalitat con Artur Mas y Francesc Homs.

Por más que se produjera en Cataluña una *damnatio memoriae* del que fuera el auténtico padre de la patria catalana en el último medio siglo de su historia, lo cierto es que el sustrato del independentismo, la realidad ahora emergente, se debe en muy buena medida a su labor política —al denominado pujolismo— y, al final de la primera década de este siglo, a su giro teórico y discursivo sobre la relación de Cataluña y España —una bilateralidad coloquial inadecuada, pero útilmente descriptiva— que se recoge en buena medida en esos ensayos agavillados bajo el título de *Un modelo malogrado,* apenas citado por los más conspicuos expertos en la denominada cuestión catalana. De tal manera que lo que viene sucediendo en Cataluña desde hace unos años resulta un corolario de esa política de Pujol. Algunos la sintetizan en el adagio «ahora paciencia, luego independencia». Francesc de Carreras tituló así su recopilación de artículos en *El País* y *La Vanguardia,* añadiendo un subtítulo muy perspicaz: «La agenda oculta del nacionalismo».

Este planteamiento, que reconoce en las políticas de Pujol el presupuesto del actual proceso soberanista, no es, sin embargo, admisible para el secesionismo de Mas y, por supuesto, para el de ERC y Junqueras. La orquestación de una épica independentista con remisiones historicistas versionadas para el servicio a la causa no puede esconder que el germen del relato catalán actual tiene derechos de autor: los de Jordi Pujol i Soley. Otrora resultaría un timbre de honor que así fuese, especialmente para los convergentes y para su líder Artur Mas; ahora, en absoluto, porque su conducta, aparte de defraudadora y mentirosa, contamina, infecta y —digámoslo sin ambages— deslegitima el proceloso viaje iniciado en 2012 por el nuevo independentismo catalán. Más aún: las fisuras que registra el bloque independentista (CDC y ERC) son de carácter ideológico, sí, pero no sólo y no principalmente. Son fisuras que tienen que ver con la limpieza de la estirpe catalanista del pujolismo, que, para los puristas, estaría infestada por el «mal español» en el que incurrió Pujol, que fue doble: de una parte, el colaboracionismo con las fuerzas políticas «dinásticas» (el PSOE y el PP) durante casi un cuarto de siglo, y de otra, la corrupción política, suya y de su familia, que es un rasgo distintivo de la dirigencia española, ajena a una Cataluña evocadora de la Arcadia feliz y distanciada de esas maneras matritenses de manejar el poder.

Una parte de los catalanes se ha instalado en una perplejidad de la que no la han sacado —quizá al contrario— sus actuales dirigentes. La ciudadanía catalana creyó que Pujol cincelaba el país de un modo personal, pero proyectando los valores del catalanismo, entre los que se encuentra un fuerte autonomismo, pero no el secesionismo, sin que ahora entiendan las razones por las que aquella política se declara fracasada y se transforma en ardoroso independentismo. Con mucha eficacia ha sido el ya citado Francesc de Carreras —uno de los mejores intérpretes de la Cataluña contemporánea— quien acertó al glosar «la independencia que viene de lejos».[3] Este catedrático de Derecho Público escribió que la causa de la situación de Cataluña «no está en una estratagema táctica de los dirigentes nacionalistas, sino en el resultado de una labor callada, desarrollada desde hace muchos años, en el seno de la misma sociedad catalana». Se refiere De Carreras al denominado «proceso de construcción nacional» que apadrinó Pujol desde 1980, que califica de «inteligente obra de ingeniería social cuyo objetivo ha sido el de transformar la mentalidad de la sociedad catalana con la finalidad de que sus ciudadanos se convenzan de que forman parte de una nación cultural, con una identidad muy distinta a la del resto de España, que sólo podrá sobrevivir como tal nación si dispone de un Estado independiente». Se trataría de una «manipulación» de la que los catalanes no se habrían dado cuenta y que habría requerido la imprescindible colaboración de la izquierda —tema que requiere una digresión específica—, todo ello constantemente mixtificado con expresiones de victimización que provocaban una permanente insatisfacción. Luego —sigue el autor— la división entre catalanistas y españolistas ha legitimado a los primeros, convirtiéndose el nacionalismo en la única ideología legítima y «obligatoriamente transversal». Tesis que comparte el también catedrático Manuel Cruz cuando acuña la expresión *unanimismo* para referirse a la única forma o manera de ser y sentirse catalán. Por eso, la reescritura de la historia —ese error que Pujol atribuía a Vicens Vives— y un férreo control sobre la sociedad civil han sido factores todos ellos que han propiciado un país disponible para la ensoñación independentista —una concepción que sería casi religiosa y en todo caso prepolítica— después de un cuarto de siglo de pujolismo.

Mientras Jordi Pujol ejercía el mando en Cataluña —y lo hacía, además, en medio de un silencio acrítico sepulcral acerca de las andanzas de su familia— también desplegaba una estrategia de si-

3. *El País,* 5 de mayo de 2014.

mulación plenamente eficaz: el ex presidente de la Generalitat de Cataluña ha pasado por ser, hasta su confesión del 25 de julio de 2014, uno de los grandes estadistas de la España democrática. Así se creyó firmemente y aún hoy existen círculos de opinión que persisten en reivindicar sus servicios al Estado. Sin embargo, el intento es vano por dos razones: de una parte, por su propio comportamiento personal, que desmiente sus apelaciones constantes a la ética y la rectitud que lo singularizaron en el conjunto de España; de otra, la realidad social catalana sobre la que ha ido sembrando la semilla de la división y la fractura, pasando de ser la que con más entusiasmo acogió la Constitución de 1978 a la que, hoy por hoy, plantea la mayor de las crisis constitucionales. Sería extraordinariamente difícil no responsabilizar a Jordi Pujol —veintitrés años presidente de la Generalitat— de las consecuencias políticas, sociales y culturales de lo que hoy sucede en Cataluña, aunque sus culpas deban ser compartidas solidaria o mancomunadamente con otras instancias también políticas, sociales y culturales.

Una de las claves de la estrategia del pujolismo consistió en saber aprovechar el foco de luz proyectado por el terrorismo de Euskadi Ta Askatasuna (ETA) en el País Vasco. Con notable desconocimiento de la historia —pero justificadamente por la brutalidad de la tragedia de la criminalidad etarra—, Euskadi pareció en los años ochenta y noventa como el gran problema territorial de España. Más aún: incluso en este siglo —exactamente hasta 2005—, el País Vasco desafiaba al Estado con el denominado «plan Ibarretxe» planteando ante el Congreso una proposición de ley para que Euskadi se constituyese como una comunidad libre asociada a España. Mientras, en Cataluña, las expresiones de nacionalismo violento fueron cercenadas de raíz —Terra Lliure— y se optó por la extraversión del nacionalismo de CiU en los problemas nacionales, de modo que se alzó en el panorama de bipartidismo imperfecto como la bisagra necesaria para completar mayorías y sostener legislaturas, fuera con el PSOE de Felipe González y de Rodríguez Zapatero, fuera con el PP de José María Aznar entre los años 1996 y 2000.

La Generalitat y el Estado mantuvieron en todas las circunstancias un nivel soportable de fricción y un registro adecuado de consensos que permitían que aquélla fuese componiendo y desarrollando políticas nacionales y éste diese por amortizada la cuestión catalana. El problema, la tragedia de España, la gangrena del sistema se circunscribía a Euskadi y a un nacionalismo connivente incluso con los terroristas, como demostraría el Pacto de Estella de finales de los años noventa. En ese contexto, Pujol y CiU —no así ERC, muy disminuida hasta que accedió a los dos Gobiernos tripartitos con Maragall y Montilla en la Generalitat— decían estar con el PNV, y lo estaban formalmente, pero, al tiempo, declaraban su agnosticismo sobre la causa vasca, que para el catalanismo estaba lastrada por un nacionalismo bien distinto al catalán: éste, cultural y lingüístico; aquél, étnico y excluyente.

Son éstas las circunstancias en las que Pujol cuajó la doble deslealtad que ahora se percibe: deslealtad con la propia Cataluña por su incoherente comportamiento personal y familiar y su entendimiento sátrapa del poder omnímodo del que gozó durante casi cinco lustros, y deslealtad hacia el Estado —más allá de la nación española—, que dotó a Cataluña de un robusto autogobierno con medidas en la Transición absolutamente insólitas, como la reinstauración en 1977 —antes de la aprobación de la Constitución— de la Generalitat y el regreso de su presidente en el exilio, Josep Tarradellas.

Cuando en diciembre de 2013 me entrevisté con Jordi Pujol en su oficina de ex presidente en el número 39 del paseo de Gracia, me faltaba tiro de cámara para comprender y sistematizar las reflexiones anteriores. Pero aquélla fue una conversación inquietante, quizá porque las propias estancias del enorme piso que ocupaban las instalaciones de Pujol también lo eran. Se trataba de un piso muy amplio, de pasillo largo, escasa luz y extrema sobriedad y feísmo en el mobiliario. Pujol, con los ojos inusualmente enrojecidos, avejentado y nervioso, me recibió con amabilidad y trató de explicarme el porqué de su viraje hacia el independentismo. Apenas me ofreció oportunidad para responderle o engarzar su planteamiento con el mío. Era un hombre abatido que exponía entrecortadamente sus pensamientos agónicos sobre España y sobre Cataluña, que parecía disculparse por no ser lo que parecía —me extrañó su humildad— y que daba la impresión de estar afectado de una nostalgia vital infinita. En un momento determinado me miró y me dijo: «Zarzalejos, le voy a explicar una cosa que le interesará». Se giró a su derecha, cogió de una mesita auxiliar un folio en blanco y escribió sobre él, despaciosamente, un tres y un nueve. «¿Sabe usted lo que representa este número, Zarzalejos?» Negué con la cabeza. «Algo muy sencillo: de cada cien niños y niñas que nacen en Cataluña, sólo treinta y nueve lo hacen en familias catalanohablantes. ¿Se da cuenta de lo que eso significa?» Iba a contestar, pero no le interesaba mi respuesta: «Significa, Zarzalejos, que está en juego Cataluña y que Cataluña ventila su futuro en la escuela, en la lengua, en la identidad. Por eso pasa aquí lo que está pasando». Fui andando hasta el Palacio de San Jaime para comer con Mas y Homs. Después de escuchar al ideólogo, me resultó facilísimo entender la idiosincrasia también ideológica y, sobre todo, táctica, del ejecutor de los planes de Pujol. Más tarde aún, en julio de 2014, comprendí que Pujol, con su confesión, no sólo había deslegitimado a su partido, CDC, sino que había hecho entrar en barrena el proceso soberanista porque su inspirador en ese día brillante y caluroso de Santiago Apóstol destruyó la partitura de su propia sinfonía política e ideológica. Pero sin Pujol, su trayectoria y su personalidad —incluso con su impostura—, nada de lo que ocurre en Cataluña podría entenderse de manera cabal.

II

¿En qué momento y por qué «se jodió lo nuestro», en palabras del escritor y periodista Arturo San Agustín?[4] Es decir, ¿qué alineamiento de circunstancias debió darse para que el autonomismo ex-

4. *Cuando se jodió lo nuestro,* Barcelona, Península, 2014.

tremo del nacionalismo catalán se transformase en un afán independentista perentorio? El autor citado, en su libro titulado con esa coloquial expresión, interpela a numerosas personalidades catalanas de distinta sensibilidad, aunque prácticamente todas adscritas al catalanismo. Resulta curioso comprobar cómo las respuestas difieren cuando tratan de situar lo que San Agustín denomina también «Cataluña-España: crónica de un portazo».

Uno de sus entrevistados, Rafael Jorba, un periodista de larga trayectoria y ecuanimidad acreditada, acierta a captar la coyuntura de factores históricos que condicionan el comienzo del proceso soberanista y que él denomina metafóricamente como «tormenta perfecta». Se trataría de la convergencia de la «mala gestión» del Estatuto de 2006 «con el pésimo planteamiento del mismo por parte del ex presidente Pasqual Maragall y del Parlamento de Cataluña, y que acaba, en 2010, con algo mucho peor: una sentencia del Tribunal Constitucional que, por primera vez, enmienda una ley refrendada por una parte del cuerpo electoral español». Síntesis, creo, acertadísima la de Jorba, más aún si se compara con los análisis alambicados de otros entrevistados que deambulan por la historia de los siglos XVIII y XIX, la guerra de Sucesión (1701-1713) o se remiten a milenarismos nacionales o a antagonismos entre catalanes y demás españoles que no superaron en el pasado las fricciones normales entre comunidades con relaciones intrincadas de todo orden.

Jorba, además, no se olvida de añadir a esa coyuntura citada «el empeño del PP para generar en España anticuerpos catalanofóbicos». De tal manera, concluye Rafael Jorba, que «estamos hablando de un proceso reactivo, el nacionalismo español y el nacionalismo catalán se retroalimentan. Y, evidentemente, en Cataluña, esos anticuerpos hispanofóbicos se traducen en un asalto exponencial del independentismo político. Y todo eso no es ajeno al auge de los neopopulismos en Europa, que siempre buscan el muy necesario chivo expiatorio. De modo que también en Cataluña estamos viviendo un auge del neopopulismo».

Cuando John H. Elliott escribió *La rebelión de los catalanes,* lo concibió, de ahí el subtítulo de esta obra de absoluta referencia en la historiografía española, como *un estudio sobre la decadencia de España (1598-1640).*[5] La rebelión de 1640, en la tesis del historiador británico, aconteció porque España en su conjunto declinaba como proyecto común. Fue un momento de debilidad nacional, como el que se produjo, salvando todas las distancias, en los estertores del siglo XIX, en el célebre 1898, cuando España pierde su proyección exterior por completo y surgen los movimientos nacionalistas periféricos vasco y catalán —en menor medida gallego—, impulsados por la falta de seducción de la convivencia común española. España fue en esas coyunturas históricas un país sin proyecto, expresión que aparece en el ensayo antes referido de Jordi Pujol cuando sentencia que «no hay proyecto de España». Ciertamente, cuando no lo ha habido, la cuestión territorial —el disenso sobre la forma de vivir juntos, una crisis que ya se ha generalizado, como demuestra el ensayista francés Alain Finkielkraut en *La identidad desdichada*—[6] ha emergido con una fuerza destructiva extraordinaria.

La crisis económica que comenzó en 2008 y ha estirado sus secuelas hasta hoy marca un punto de inflexión para el nacionalismo catalán, que durante el pujolismo ha ido preparando la construcción nacional de Cataluña. Lo explica con gran pedagogía Juan Ignacio Crespo, un economista y estadístico para quien «ni Cataluña ni el resto de España han hecho nada especial que pudieran haber corregido o que hubieran podido evitar y que, al hacerlo, hubiera cambiado sustancialmente la situación de deterioro en que se encuentran las relaciones entre las dos partes. Simplemente están inmersas en un proceso tan viejo como el mundo; un proceso que hace que las regiones ricas intenten desembarazarse de las menos afortunadas económicamente para no tener que soportar una carga económica real o figurada. De ahí que no sean fáciles soluciones o medidas que hagan reversible una situación de deterioro que se ha

5. Madrid, Siglo XXI, 1999.
6. Madrid, Alianza, 2014.

acelerado, ¡oh casualidad!, a raíz de la crisis».[7] Crespo repasa cómo Escocia pretende su independencia cuando aspira a disponer de la riqueza del petróleo del mar del Norte; cómo en Alemania comienza a crecer el desafecto europeo cuando Grecia entra en bancarrota, y alude a la manera en que en Gran Bretaña se produce también un renovado euroescepticismo. Para este autor «nada puede hacerse para que desaparezcan definitivamente [se refiere a las tensiones] mientras el resto de España no tenga *per se* la misma renta per cápita que Cataluña».

Esta visión utilitarista de la erupción independentista es compartida por John H. Elliott cuando es entrevistado por el mismo periódico tiempo antes, en enero de 2013. A la pregunta de si «cree que lo que está ocurriendo es síntoma de una decadencia, que si España no estuviera en decadencia, como Europa, este asunto no saldría a relucir», el historiador contesta: «No creo que sea decadencia, sino recesión, y que saldremos de ella, pero con ayuda. Siempre he dicho que en momentos económicos difíciles es cuando precisamente los políticos se quieren aprovechar del descontento general para su propia agenda. Y ése es el gran peligro». Se llame decadencia o recesión, lo cierto es que en la bonanza este tipo de tensiones segregacionistas procuran unos problemas manejables, pero en la escasez desatan un potencial conflictivo y una letalidad política que conduce a procesos de escisión y ruptura como el que pretende el soberanismo catalán.

Las hirientes alusiones al «España nos roba» y al «expolio fiscal», expresiones que, aunque ahora en desuso, sirvieron inicialmente para encender ánimos y trasladar a la opinión pública catalana una situación financiera insostenible en la que el Principado estaba subsidiando a otras comunidades españolas que, a mayor abundamiento, redundaban en políticas de despilfarro y fraude, explotando los peores estereotipos sobre andaluces y extremeños, han logrado, sin embargo, crear un clima de opinión en torno a la motivación del estallido independentista catalán posiblemente

---

7. *El País,* 17 de noviembre de 2014.

distorsionado. La crisis económica y las transferencias de rentas —asunto que procura un vivísimo debate con las balanzas fiscales de fondo—, en un momento de grave recesión, son el detonante del proceso soberanista, pero no lo generan; lo precipitan y maduran, pero no lo constituyen; resultan la ocasión, ofrecen la coyuntura para su lanzamiento, pero no están en su esencia o, al menos, no son más que variables entre otras muchas que explicarían, en su conjunto, lo que está aconteciendo.

Por otra parte, la crisis económica ha proporcionado al nacionalismo catalán la oportunidad para intentar su propia consumación. Los nacionalismos dejan de tener sentido en Estados descentralizados como España si transcurren las décadas, el autogobierno se culmina con plenitud de satisfacción social y señorea el conformismo en la comunidad identitaria. Es decir, si se acomoda a un determinado estatuto político-cultural. Surge así la inquietud existencialista: ¿nacionalismo para qué? Y la respuesta del nacionalismo —una respuesta de subsistencia— es casi siempre la misma: hay que ir más allá, lo que, en términos políticos, es la consecución de un Estado para que la idea nacional se vierta en una estructura estatal propia.

En España ocurrió con el nacionalismo vasco en 2005. ¿Por qué el PNV y el *lehendakari* Ibarretxe plantearon la comunidad libre asociada de Euskadi? Por una razón que tardará mucho tiempo en reconocerse: la derrota de la banda terrorista ETA —al menos la derrota policial y, por lo tanto, operativa— causó un vértigo existencial en el nacionalismo que representaba un determinado papel en las sinergias de las fuerzas políticas vascas y en su relación con el Estado. De nuevo, salvando las distancias, el nacionalismo catalán —con circunstancias adicionales que es preciso también considerar— entró en pánico con la crisis económica porque su gestión naufragaba en la insuficiencia financiera y también su reputación como elemento vertebrador de la identidad catalana. Por eso, en 2012 Artur Mas visita a Mariano Rajoy en La Moncloa y le pide un pacto fiscal —en esencia, un concierto económico—, sabiendo de antemano que tal reclamación —que pudo manejarse con más habilidad por el presidente del Gobierno— no era viable. El corolario resultaba elemental: si no hay recursos económicos para el desarrollo de la plena autonomía catalana, el modelo, como escribió Pujol, se ha malogrado y hay que asaltar la independencia.

Trabajada psicológicamente la sociedad catalana con el «expolio» y el «robo» que suponía el déficit fiscal de Cataluña, la pretensión independentista aparecía como inteligible, incluso hasta lógica, porque se insertaba en una crisis económica que con el proceso soberanista se convertía también en política e institucional. Si en algún momento el pacto fiscal que reclamó Mas —como pretexto para desatar el proceso soberanista— resultaba menos viable era justamente cuando España se encontraba en la zona más profunda de la crisis, representando como representa Cataluña el 19 por ciento del PIB español. Poco importaba que, como escribió el profesor De Carreras, el concierto económico vasco haya sido mitificado porque no es más que «un método formal de recaudación y reparto de los fondos públicos obtenidos... y no debería generar desigualdades».[8] Sin embargo, la desigualdad procede de la fijación del cupo y no, por lo tanto, del procedimiento de recaudación, ni siquiera de la autonomía normativa en el ámbito fiscal de las juntas generales de los territorios históricos vascos y del Parlamento de la Comunidad Foral de Navarra en relación con su Convenio.

¿Oportunismo?, ¿deslealtad? Simplemente, nacionalismo con aspiraciones de estatalización que encuentra en un recodo de la historia el momento adecuado para recoger —así lo cree al menos— más de un cuarto de siglo de adoctrinamiento, de militancia en una identidad, el punto histórico adecuado de integración social —segundas y terceras generaciones de inmigrantes— para componer una masa crítica que, sin participar del linaje catalán, entiende los valores del catalanismo —lengua, hábitos, instituciones— como transversales y propios de la mayoría del país.

Emilio Lamo de Espinosa, catedrático de Sociología y director del Instituto Elcano, ha ofrecido una réplica intelectual inape-

8. *La Vanguardia*, 31 de mayo de 2012.

lable al nacionalismo con vocación de estatalidad, como lo son en España el vasco y el catalán. La nación no legitima *per se* la constitución de un Estado,[9] aserto que constituiría en la actualidad uno de los «postulados malignos» de la ciencia social. ¿Por qué? Porque en el mundo existen casi siete mil lenguas, al menos cinco mil etnias y algo menos de doscientos Estados, lo que significa, según Lamo de Espinosa, «que la media de lenguas por Estado es nada menos que treinta y cinco, media que encubre una enorme dispersión. El continente más normalizado, es decir, con una media de lenguas por país menor, es, con gran diferencia, Europa (4,6 lenguas por Estado). Pero se estima que en el mundo hay sólo veinticinco Estados lingüísticamente homogéneos, y en la mayoría se hablan, no ya varias, sino docenas e incluso centenares de lenguas. Vivir en un Estado homogéneo tiene una probabilidad aproximada de uno sobre diez». El sociólogo argumenta de manera muy similar en relación con las etnias por Estado, y llega a la conclusión de que «ser un Estado plurinacional no es nada raro, es lo normal».

Lo novedoso del texto del director del Instituto Elcano es la afirmación de que «España es una nación de naciones, que es lo que viene a decir el artículo 2 de la Constitución [...] y en todo caso las nacionalidades se pueden compatibilizar y articular en cascada, como muñecas rusas». Y termina con una conclusión plenamente lógica: «Este cuchillo corta por los dos lados. Si implica que los Estados deben renunciar a la pretensión decimonónica de construir naciones culturales normalizando sus poblaciones (modelo francés), las naciones deben también renunciar a la pretensión decimonónica de transformarse en Estados (siguiendo el modelo alemán). El mundo y la Unión Europea serían un gallinero si los miles de etnias o naciones exigieran un Estado. El camino de Europa, que es también el camino de la emergente civilización mundial, potencia la unión política, no la división. Pues si no se puede ser catalán y español al tiempo, ¿se puede ser catalán y europeo?». Este discurso,

---

9. *El País,* 23 de enero de 2015.

que parece por completo coherente, sin embargo no resulta ansiolítico para los nacionalistas catalanes, que se comparan con otros territorios y economías estatales y deducen del contraste la idoneidad de Cataluña para constituir un Estado propio que representaría la plenitud expansiva de la ideología nacionalista.

Sin embargo, la explicación sigue siendo insuficiente para desentrañar los acontecimientos porque no abarca toda la complejidad fáctica y argumental que concurre en los siete años —entre 2003 y 2010— en los que Cataluña es gobernada por un tripartito de izquierdas (PSC, ERC, ICV) que pretende dar el *sorpasso* al nacionalismo burgués de CiU y a la sociedad catalana pujolista. Maragall es el visionario de la izquierda catalanista que localiza la oportunidad de sustituir, aun en el universo emocional y simbólico del nacionalismo, la hegemonía de la federación gobernante. Y lo intenta con una audacia temeraria, porque no sólo incorpora al Gobierno a una fuerza política de peso histórico, pero de escasa capacidad representativa entonces —ERC—, sino que, además, desafía a un adolescente político socialista —José Luis Rodríguez Zapatero, al que apoya para que obtenga la secretaría general del PSOE— con la necesidad de conceder un nuevo Estatuto que, en una operación tan creativa como frívola desde el punto de vista político e inviable desde el jurídico, enmiende desde abajo la Constitución y entregue a Cataluña una condición nacional y diferenciada. El ex presidente español se avino a las pretensiones de Maragall con aquella afirmación que le perseguirá en la historia: «Apoyaré la reforma del Estatuto que apruebe el Parlamento catalán» (noviembre de 2013). Después de veintitrés años de Gobierno nacionalista, CiU observa los movimientos de la izquierda catalana con incredulidad, porque percibe una gran operación de sustitución que se urdiría con los mimbres ideológicos del mismo nacionalismo tintados por ese izquierdismo que en Cataluña se ha perfilado con unas características «de país» poco distinguibles de las caracterizaciones nacionalistas de CiU.

La izquierda catalana fungía de nacionalista. Y éste es un factor más del explosivo cóctel de circunstancias que conforman el proceso soberanista, porque al dislocar su propio rol ideológico y social, la izquierda se desliza de su espacio, ocupa otro en el que se desenvuelve con una progresiva pérdida de sus atributos ideológicos y termina por sostener un discurso global que a sus bases les resulta ajeno. Eso ocurrió acusadamente en Cataluña con los siete años de los dos Gobiernos tripartitos —el presidido por Maragall y, el segundo, por Montilla— y llevó al PSC a su hundimiento posterior. Los socialistas catalanes, a la postre, tomaron en préstamo constante los conceptos y las ideaciones del nacionalismo, haciendo irreconocible su patrimonio ideológico en un proceso de ensimismamiento que ha terminado con su marginación electoral y, lo que es aún peor, con el resquebrajamiento interno en corrientes distintas y enfrentadas que lo han llevado a escisiones y banderías de difícil o imposible reparación orgánica y programática. Podría causar estupor que algunos eminentes personajes otrora militantes en la izquierda catalana —en el PSC, fruto de la reunificación de las diversas ramas de la izquierda socialista y filocomunista en Cataluña en el borde mismo del proceso constituyente de 1978— sean en la actualidad los referentes del soberanismo más radical y lo sean en el terreno más sensible: el lingüístico-cultural.

No puede esquivarse en este relato de la conversión de la izquierda catalana en un factor de tractor del independentismo el carácter referencial de algunas personalidades, entre ellas del que fuera socialista Ferran Mascarell, consejero de Cultura en el Gobierno de Artur Mas, que se muestra —como en el ámbito de la historiografía lo hace Josep Fontana— como un integrista sin matices. Su artículo titulado «*Tranquilitas* del catalán»[10] es una pieza imprescindible en la exposición de la dialéctica secesionista de alguien —y con él otros muchos— que militó en la izquierda socialista. En aquella pieza periodística, Mascarell aseguraba que «este Estado no está al servicio de los catalanes, no aporta al catalán ninguna garantía de *pax* y de *tranquilitas,* la función principal con la que nacieron los Estados. El Estado español sólo avala los privile-

---

10. *La Vanguardia,* 16 de julio de 2012.

gios y la retórica de los que niegan la diversidad y la pluralidad de España. Es, en exclusiva, de los de siempre. Sustenta un déficit lingüístico equiparable al déficit fiscal. Es el bastión que el españolismo ha encontrado para mantener vivo su modelo de Estado, su uso exclusivista de España, sus privilegios que no quiere perder». El autor, en un crescendo dialéctico abundante en la hipérbole, sostiene que «con este Estado no tendremos nunca corrientes favorables al catalán. Nos hace falta uno que recoja y materialice la voluntad democrática de los catalanes y no la niegue, que sea amigo y no enemigo del catalán. Deconstruir lo que tenemos, construir un Estado amigo, ésa es la cuestión. Somos una nación con lengua propia. Tenemos derecho a tener un Estado propio, con soberanía lingüística». El consejero, antes de llegar a esa conclusión, dibuja con trazo grueso el enemigo exterior: «Desean una sociedad catalana fragmentada en dos comunidades lingüísticas, anhelan una Catalunya socialmente dividida, suspiran por una Catalunya políticamente subordinada». Toda la energía semántica del converso se concentra en estas impostadas y agónicas frases de un hombre que en su momento fue santo y seña de un progresismo socialista con ínfulas pedagógicas sobre sus correligionarios del PSOE.

Quizá a personalidades como las de Mascarell se refería Gregorio Morán en uno de sus descarnados análisis sobre «la disolución de la izquierda»[11] al sostener que «la disolución de la izquierda en Catalunya viene de lejos. El pujolismo la trabajó con esmero, aunque, para ser objetivos, se lo pusieron tan fácil que bastaba una oferta y ya se convertían en intelectuales transversales». El periodista asturiano sintetiza, además, la docilidad izquierdista catalana al escribir: «Y qué decir del grupo más enraizado en la historia de la izquierda catalana, el heredero del PCUS, el partido más importante que tuvo Catalunya durante más de cuarenta años de la historia reciente. Baste decir que su reconversión lo llevó a denominarse Iniciativa per Catalunya, un apelativo que haría las delicias de la Liga Norte y que revela algo muy simple: para ser aceptado en

11. *La Vanguardia,* 25 de octubre de 2014.

la nueva sociedad que fue creando CiU y el oasis pujoliano había que pagar el peaje de la hegemonía nacionalista y conservadora, y eso exigía ser más nacionalista que los propios dominadores de las instituciones de la Generalitat. La prueba del nueve fueron los dos Gobiernos tripartitos, de cuyos polvos salieron estos lodos, siguiendo esa tradición histórica común a la izquierda europea en los momentos de debilidad: los mejores liquidadores de aquellos que ambicionan cambiar la sociedad son los que salieron de sus mismas filas. Son perfectos, porque asumiendo el papel de padres de la patria, nueva o vieja, no tienen ningún rubor en convertirse en implacables ejecutores de lo que los más conservadores no se atreverían a hacer. Por eso los contratan como verdugos con pedigrí». Morán termina por formular lo que él denomina «la paradoja catalana»: «Los que por principio deberían defender los pisoteados derechos de los parados, de la sanidad, de los barrios abandonados, de la libertad de expresión... son los más fieros defensores de una independencia que manejarán los amos».

Es muy difícil en Cataluña rebatir la reflexión de Gregorio Morán, un periodista instalado en el *malditismo* que publicó una recopilación de sus artículos en el periódico de Godó —«La decadencia de Cataluña»— cuya lectura compactada y bien sistematizada resulta obligada para comprender, desde el punto de vista de una izquierda resistente y denunciadora, los ejercicios de simulación, silencio interesado y transformismo ideológico y posicional que se han registrado allí en los últimos años y que han eclosionado ahora con el proceso soberanista.

El fracaso de la izquierda en Cataluña, al decir de un escritor que se ha revelado en los últimos años como un perspicaz analista político, Javier Cercas, «no es un fracaso político: es un fracaso ideológico». Y lo explica con una nitidez absoluta como quizá nadie lo haya hecho a propósito de los acontecimientos recientes.[12] Cercas escribe que este fracaso «podría resumirse así: desde hace

12. «El fracaso de la izquierda en Cataluña», en *El País,* 15 de enero de 2011.

muchos años la izquierda catalana ha entregado la hegemonía ideológica al nacionalismo, de tal manera que a veces se diría que en Cataluña, en la práctica, no es posible no ser nacionalista: o se es nacionalista catalán o se es nacionalista español; también puede resumirse así: asombrosamente en Cataluña es posible ser a la vez nacionalista y de izquierdas. Se trata de dos disparates complementarios. No sólo es posible no ser nacionalista —nacionalista catalán, español o moldavo—, sino que es indispensable, al menos si uno se reclama de izquierdas, dado que el nacionalismo es aquí y en Moldavia una ideología reaccionaria, incompatible con los principios más elementales de la izquierda». Cercas atribuye parte de la responsabilidad de este fracaso al franquismo, que «oscureció la doble evidencia de que la expresión *izquierda nacionalista* es un oxímoron y la expresión *derecha nacionalista* un pleonasmo». Dicho lo cual, el autor se extraña de que después de tantos años persista esta inercia, y concluye que «la causa profunda del fracaso de la izquierda en Cataluña» es que «sigue siendo prisionera de un discurso de resistencia que sirvió en el pasado antifranquista, pero no sirve en el presente democrático».

Cercas, como otros analistas de la izquierda, reivindica para la catalana un discurso propio que no ha adquirido —he ahí la convulsión interna en el PSC—, resignándolo en el nacionalista. Este factor —la dilución de un discurso autónomo de izquierda en Cataluña— ha colaborado decisivamente a la instalación primero del pujolismo y luego, a partir de los inicios de la segunda década del siglo, a la expansión sin resistencia del secesionismo. En este contexto, no es de extrañar que la irrupción de fuerzas políticas que, aunque de izquierdas, se declaran transversales, como Podemos, haya impactado en la vida política catalana con un discurso renovado que no es tributario ni de los acomplejamientos posfranquistas ni de las complacencias que los partidos tradicionales de la izquierda catalana mantenían con el nacionalismo, sea en su versión burguesa (CiU) o más menestral y más rústica, representada por ERC.

Podemos se enfrenta a la hegemonía del nacionalismo no tanto desde la negativa hacia el denominado derecho a decidir, cuanto a la jerarquía de valores que maneja en su práctica política: antes que la identidad están una serie de principios no tintados por los elementos nacionales, fundamentalmente los referidos a las prestaciones del Estado de bienestar y a su arquitectura general. De ahí que cuando se les plantea la cuestión de la independencia de Cataluña, los líderes de Podemos respondan con un desafío: vayamos a un proceso constituyente que abarque sin parcialidad los problemas generales que contraen el modelo social, político, cultural y lingüístico de todas las comunidades españolas.

Semejante cambio de actitud en una formación de izquierdas —sin contaminaciones con los elementos definidores de la construcción nacional catalana durante la etapa autonómica, sin responsabilidades directas en la gestión del Estatuto de autonomía de 2006 y sin parentescos generacionales ni culturales con la izquierda convencional en Cataluña— ha provocado en el nacionalismo una intensa inquietud porque altera profundamente la confortabilidad de conocer cómo responde cada pieza partidaria en el tablero político catalán. Podemos es imprevisible y obligará seguramente a que la izquierda *resetee* su discurso y el nacionalismo se tiente la ropa en su hegemonismo en el abordaje del proceso soberanista. Desde Cataluña se baraja una hipótesis muy verosímil: que el proceso soberanista quiebre por la resección electoral de ERC a manos de la izquierda social, urbana y revisionista. Y si una de las patas del proceso —en este caso, la que representan los republicanos— cede, el proyecto del Estado propio en Europa pasará a engrosar el irredentismo catalán.

III

La base social y política del secesionismo la proporcionó el pujolismo. La supeditación del discurso de la izquierda al del nacionalismo aflojó la resistencia hacia los planteamientos secesionistas, y la crisis económica, vinculada a una ausencia de relato sobre el proyecto español —un proyecto nacional e integrador— ofreció el contexto adecuado de verosimilitud al proceso soberanista. Esos factores forman parte del presupuesto fáctico del órdago independentista, pero no explican el dinamismo que ha adquirido el proceso, su visibilidad y, a la postre, el éxito de que, a tenor de las encuestas, el independentismo se haya convertido en Cataluña en una aspiración con elementos transversales, por una parte, y un desiderátum colectivo, de otra, en la medida en que la secesión se presenta como una instancia prepolítica de resolución de los problemas de Cataluña —aquellos que ahora la lastran— y que pasarían a constituirse en factores de tracción y prosperidad para un Estado nuevo en la Unión Europea y plenamente viable.

El silencio de una parte de la sociedad catalana, su inmovilidad —o su desmovilización—, lo ha entendido el soberanismo más que como un síntoma de *ajenidad* al proceso que se está viviendo, como de asentimiento a la nueva dinámica político-social del país. El simulacro de referéndum del 9 de noviembre de 2014 demostraría que en Cataluña la ciudadanía vive con una doble intensidad la aspiración independentista: con entusiasmo por una parte (¿un tercio de la población?), y con un silencio susceptible de interpretaciones y valoraciones diferentes, por otra, quizá más numerosa que la primera. Los independentistas serían sensibles a las grandes ventajas de la secesión —además de los elementos intangibles que en ella se ventilan— en tanto los otros, los demás, los desmovilizados, ofrecerían un rostro de escepticismo, de increencia y, en menor medida, de hostilidad hacia este abrupto movimiento segregacionista.

Habría que recurrir en este punto del análisis a la denominada *abstención diferencial* en la tradición democrática catalana. Consiste ésta en grados de participación históricamente muy distintos según la naturaleza de los comicios: si autonómicos, la participación se sitúa en una media del 60 por ciento; si generales, la participación alcanza la media del 70 por ciento. Muchos politólogos explican este doble comportamiento colectivo con razones identitarias, lo que justificaría que tradicionalmente la federación nacionalista

(CiU) gane en las urnas cuando se trata de elegir al Parlamento catalán, en tanto haya sido el PSC el vencedor casi sistemático de las generales.

Un alto porcentaje del electorado catalán, por lo tanto, no se sentiría concernido por los factores de identidad nacional que se ventilan en las elecciones autonómicas y se abstendría. Otros intérpretes de este fenómeno ofrecen explicaciones diferentes y lo atribuyen a una «jerarquía participativa» en función de la cual los ciudadanos consideran de mayor importancia las elecciones al Congreso y al Senado. Un estudioso de este asunto —más importante de lo que parece a primera vista en función de acontecimientos electorales inmediatos—, Josep Maria Vallès, refuta la tesis de que exista tal «abstención diferencial» porque detecta que ésta se produciría en otras comunidades como la madrileña, ya que considera que si esa dualidad que se produce en Cataluña fuese resultado de una «indiferencia electoral de una parte de la ciudadanía, debilitaría o incluso desautorizaría las pretensiones de los partidos catalanes y de sus dirigentes, en particular, su aspiración a ampliar el alcance de su autogobierno».[13] Bien podría ser que así sucediese y que la incomparecencia de cientos, de millones, de catalanes en los grandes hitos del proceso soberanista se deba a una falta de identificación y de empatía con el imaginario nacional y lingüístico cultural que los dinamizan.

La independencia, y lo subrayaba Rafael Jorba, habría adquirido, sin embargo, una nueva perspectiva que haría menos previsible el comportamiento colectivo de los catalanes: estamos ante un neopopulismo. La supuesta desaparición del déficit fiscal permitiría la suficiencia financiera; la soberanía propiciaría una política lingüística que ofrecería un horizonte de sostenibilidad permanente al catalán; se manejaría el fenómeno de la inmigración con un modelo de integración referenciado en la escuela catalana; el país

13. «La abstención diferencial: una nota sobre los casos de Cataluña y de la Comunidad Autónoma de Madrid», en *Revista de Ciencia Política,* n.º 21, octubre de 2009.

prosperaría por la afluencia del turismo, que se convertiría en un sector de tracción de la economía, lo que conllevaría la mejora sustancial de las infraestructuras que a su vez favorecería las exportaciones y, por fin, se haría realidad esa «voluntad de ser» de los catalanes, que tomarían en sus propias manos la gestión de su devenir. Se trataría de un neopopulismo —que en otros lares ha adquirido formas y sesgos diferentes— que amalgamaría más que el autogobierno estatutario a los más diversos sectores de ciudadanos catalanes. Un neopopulismo que no nacería espontáneamente, sino después de un trabajo reflexivo y una ideación política intensos.

Ha sido necesaria —y los independentistas han logrado elaborarla— una poderosa narrativa que cohesiona todas esas variables de un modo tal que la reivindicación de la secesión se ha dotado de una determinada ética, de una peculiar épica y de una creativa y cromática estética. La narrativa independentista, además, ha logrado desprenderse de la monetización de sus propias aspiraciones. En el imaginario español —quizá sea más preciso hablar del castellano—, los catalanes emparentan en actitudes idiosincráticas con los peores y quizá menos rigurosos estereotipos judíos. La suposición de que este embate disgregador de España era solucionable mediante la compra de la voluntad de sus dirigentes ha sido —¿sigue siéndolo?— un criterio generalizado. Ni siquiera sería preciso un pacto fiscal, sino una más generosa financiación de la autonomía catalana para diluir la pretensión secesionista.

Los intereses de la burguesía del Principado, muy vinculados a los del resto de España, serían sensibles a una transacción que limase de valores intangibles la reivindicación independentista. No ha sido el caso, aunque el futuro está abierto y quizá una parte de la solución acordada —a la que se tendría que llegar— pase por la variable económica, pero es un reduccionismo peligroso la categorización puramente material de aspiraciones colectivas. Los impulsores del proceso soberanista han advertido con insistencia en la inutilidad de este razonamiento y se han conjurado para que las instancias centrales y decisorias no interioricen de nuevo lo que históricamente ha sido una constante en los estallidos identitarios de

Cataluña: su fugacidad, su *rauxa* y, a la postre, su amilanamiento ante la fuerza disuasiva o la persuasión política.

Los catalanes arrastran una historia que ha manejado el éxito y el fracaso cíclicamente. Cataluña ha sido una comunidad exitosa en lo económico, en lo cultural y en lo social, pero desde finales del siglo XIX hasta el actual proceso soberanista, sus logros políticos no están a la altura de otros de distinta naturaleza. Cataluña ofrece una descompensación entre la brillantez de su sociedad civil, su capacidad creadora, su dinamismo cultural y su apertura internacional, y la fallida conducción de su Estatuto político en el seno del Estado español. No sólo ocurrió durante la transformación de España en uno más de los Estados nación en el siglo XVIII, sino que sucedió lo mismo en los episodios de 1931 con Francesc Macià y 1934 con Lluís Companys. Y si la remisión histórica es anterior, del siglo XVII, la conclusión —frente al mantenimiento de la foralidad vasca y navarra hasta 1876— es muy similar. Esta promiscuidad catalana con el fracaso político la describió con gran maestría *Gaziel*, seudónimo de Agustí Calvet, que ya en los años treinta del siglo pasado se preguntaba: «¿Por qué Cataluña ha perdido siempre sus pleitos?».

El intelectual y periodista catalán daba respuesta el 28 de febrero de 1930 a esta cuestión en un artículo publicado en *La Vanguardia:* «El sino político de la tierra catalana, desde que España se constituyó en una unidad nacional a fines del siglo XV, ha sido protestatario. Mal avenida con el uniformismo creciente del Estado español, quc desconocía y olvidaba la personalidad catalana, Catalunya ha vivido, políticamente hablando, en un estado de malhumor y enfurruñamiento constantes. Unas veces, la mayor parte del tiempo, dormitando acurrucada al margen de la vida pública, replegada en sí misma, bajo la apariencia de ser un satélite —un opaco y moroso satélite— en el sistema de gravitación centralista (a la moda francesa). Y otras veces dando de pronto unos bruscos estallidos anárquicos, que nunca, ni remotamente, le resolvían nada, pero eran tan fuertes, de una realidad tan brutal, que bastaban para hacer tambalear a España entera. Pasadas esas convulsiones, volvía siempre el aparente sopor. Catalunya viene siendo desde hace cuatro siglos la epiléptica de España». Los conductores del proceso secesionista son conscientes de que en el subconsciente colectivo español persiste el recuerdo de las convulsiones catalanas descritas por Gaziel con una abrupta sinceridad y realismo. Y no quieren que la historia se repita.

El relato del independentismo en este embate que emergió con fuerza en 2012 se articula en torno a estos conjuros: un rechazo radical a monetizar una aspiración identitaria colectiva que reclama un Estado propio y un propósito de resistirse al fracaso tratando en esta ocasión de doblarle el pulso a una historia que no ha deparado a Cataluña éxitos subrayables en la culminación política de su identidad nacional, aunque la Constitución de 1978, la denominación de nacionalidad y la restauración de sus instituciones con un amplio abanico de competencias en las materias cultural y lingüística hayan sido una referencia histórica absolutamente brillante de Cataluña. Precisamente, la conjugación de estos dos factores —la independencia ni es negociable ni se monetiza la identidad soberana, y no puede añadirse un fracaso a los que jalonan la historia— fundamenta el fracaso teórico de autores catalanistas, desde Vicens Vives al citado Agustí Calvet, *Gaziel*, con cuyos argumentos contemporáneos —del siglo pasado— podría formularse una severísima crítica al aventurerismo que el proceso soberanista supone.

Un proceso que dispone de una fortaleza ética mediata e inmediata. Aquélla remite a la estandarización de las autonomías —el denominado «café para todos»—, que dejó sin contenido político material ese binomio constitucional de nacionalidades y regiones. El principio dispositivo en el que se ancla la descentralización territorial del poder en la Constitución de 1978 ha ido provocando sucesivos ataques de emulación que, al final, han dejado a Cataluña sin la singularidad que el constituyente parece haber querido para las nacionalidades y que sólo Euskadi ha logrado al obtener la reintegración para sus dos territorios históricos de Vizcaya y Guipúzcoa (Álava no lo perdió en el franquismo) de un concierto económico y competencias fiscales que hacen de sus diputaciones forales haciendas integrales, lo mismo que en la Comunidad Foral de Navarra. En la indiferenciación reside el agravio —el comprensible agravio— y la destrucción de la oportunidad de alterarlo definitivamente a través del Estatuto de 2006 constituye una ofensa irreversible tras décadas de lealtad al Estado constitucional en la versión secesionista que trata de moralizar la pretensión extrema y desproporcionada de responder con la independencia —y sin ponderar la valía y profundidad de otros logros— a un encaje de Cataluña en España que se hace cada vez más problemático.

La crisis del Estatuto, *cepillado* por el Congreso de los Diputados, según expresión de Alfonso Guerra, y enmendado por un Tribunal Constitucional que, además de tardío en su resolución (cuatro años de debates y aplazamientos), en 2010 trató de limar los elementos del texto más intrusivos hacia la Carta Magna, constituye la justificación ético-política inmediata del proceso soberanista. El grave problema consistió en que el órgano de garantías constitucionales no sólo se sobreseyó en su decisión más allá de lo razonable y explicable, sino que, además, su composición —hubo un magistrado recusado, otra plaza sin cubrir y sucesivos ponentes— ofreció una sensación de lamentable politización y mercadeo. Por si fuera poco, el Tribunal —a instancias de un recurso interpuesto por cincuenta diputados del PP— se pronunció sobre un texto legal de carácter orgánico que previamente había sido corroborado en referéndum popular en Cataluña. Aunque con una participación del 48,85 por ciento del censo electoral y una aprobación del 73,90 por ciento de los votantes, lo cierto es que el Constitucional no enmendaba la plana sólo al Congreso de los Diputados, ni sólo al Parlamento catalán: lo hacía también al cuerpo electoral del Principado, hecho sin precedentes en la democracia española y que sólo se hubiera evitado de haberse mantenido en nuestra legislación el recurso previo de inconstitucionalidad que se suprimió desavisadamente en 1984.

La manifestación de repulsa a la sentencia del Tribunal Constitucional celebrada el 10 de julio de 2010 —que encabezó el presidente Montilla— fue el pistoletazo de salida del actual proceso al grito de *som una nació, nosaltres decidim.* El relato canónico del independentismo sitúa en esa fecha de julio de 2010 el inicio de la nueva etapa política catalana, aunque inmediatamente después, en noviembre de ese mismo año, se celebrasen elecciones en las que CiU obtuvo sesenta y dos escaños —a seis escaños de la mayoría absoluta—, sin que asomase entonces la fortaleza de ERC, que obtuvo sólo diez diputados. Sin embargo, entre noviembre de 2010 y noviembre de 2012 se consumó el bienio en el que el nacionalismo se deslizó al independentismo con dos Diadas de altísimo voltaje político que decidieron a CDC a plantear el ultimátum secesionista precedido de escarceos justificativos.

Aquellos veinticuatro meses de legislatura sirvieron para que fraguase en el molde preestablecido de la aspiración segregacionista la justificación moral —políticamente moral— de la apuesta independista que Mas implementaría, tras una sobreactuada petición personal al presidente del Gobierno de concesión de un pacto fiscal que Rajoy rechazó, y después de unas para él desastrosas elecciones —el 25 de noviembre de 2012, CiU perdió doce escaños y ERC ganó once—, a partir de las cuales la federación nacionalista y ERC, con la emergencia de la Candidatura de Unidad Popular (la CUP, que obtuvo tres escaños en el Parlamento catalán), vienen protagonizando el proceso soberanista.

En rigor, no puede sostenerse con solidez que el nacionalismo y el republicanismo catalanes no tuviesen una razón moral sustantiva para presentarse como víctimas de un sistema disfuncional y desordenado que no era capaz de una resolución eficaz y *limpia* de los conflictos en el sistema. El relato soberanista obtenía así su motivación ética, en tanto el Estado y el propio sistema perdían su superioridad moral. La desproporción entre el estímulo —la pésima gestión política del Estatuto y el inadecuado funcionamiento del Tribunal Constitucional— y la reacción independentista no se ha subrayado suficientemente, haciéndose omnipresente el agravio y minusvalorándose la hiperbólica y traumática respuesta segregacionista. Que habría también que inscribir en una febril revisión de los demás Estatutos —la segunda vuelta autonómica— propiciada por José Luis Rodríguez Zapatero, cuya afirmación en el Senado en noviembre de 2004, según la cual el concepto de *nación española* era «discutido y discutible», propició la reapertura de lo que se pensaba una de las cuestiones nacionales cerradas constitucionalmente: la territorial.

En el relato secesionista, la razón moral es fundamental porque segregar es separar, desgarrar y, como han declarado desde Stéphane Dion hasta Michael Ignatieff, ambos políticos avezados en la cuestión quebequesa, canadienses realistas que han teorizado mucho y bien sobre los procesos de secesión, un referéndum de independencia supone «declarar extranjero al conciudadano», romper una unidad que es superior a la división, porque acumula y no resta, porque la suma es siempre adición, mientras la resta es sustracción. Dion ha declarado: «Tengo dos identidades y las dos suman»,[14] y también: «El referéndum independentista es un trauma para la sociedad».[15] Desde esa perspectiva —y aunque el nacionalismo ha sido siempre victimista y ha localizado permanentemente a un enemigo exterior que cohesionase a los propios y confundiese a los adversarios—, la razonabilidad ética de una determinada política de escisión resultaba determinante para que la narrativa de la segregación adquiriese ese arraigo moral e intelectual que las causas políticas improbables precisan para convertir un horizonte inverosímil en probable y un objetivo utópico en otro razonablemente accesible en el tiempo.

Tener razón, en definitiva, razón ética —en este caso la ética como trasunto político de lo moral— es más importante en estos episodios que tener fuerza, sea cualitativa (mecanismos de coerción), sea cuantitativa (mecanismos de mayorías). Los nacionalismos —lo dice John H. Elliott— casi siempre presentan el síndrome de la «víctima inocente». Era imprescindible para el secesionismo catalán presentarse como tal y de una forma renovada, actual, reco-

14. *La Vanguardia,* 12 de abril de 2013.
15. *El País,* 12 de abril de 2013.

nocida y próxima en el tiempo. En buena medida, lo ha conseguido. Entre otras razones porque nadie le ha discutido que lo fuera.

IV

El nacionalismo, sin excepción, requiere de la épica, de la grandiosidad histórica, de un pasado extraordinario de victorias y derrotas, de una cierta mitología. En otras palabras: precisa de un patrimonio legado por el pasado que justifique el presente y ofrezca un volumen permanente a la razón ética que se aduce para justificar la carga reactiva que conlleva. El proceso soberanista catalán, bien diseñado conforme a técnicas incluso de márketing, localizó en el tricentenario de la entrada de las tropas de Felipe V en Barcelona en 1714 la ocasión perfecta, redonda, aparentemente natural, para echar la vista tres siglos atrás e insertar aquel pretérito épico en un presente que debía acumular fuerzas y elaborar contrafuertes a la reivindicación de un Estado propio. De nuevo, la inyección de épica hubiese sido reconstituyente si su planteamiento no hubiese incurrido, por una parte, en la fabulación, y por otra, en el sectarismo.

La fabulación corrió a cargo de una interesante novela de pretensiones históricas excesivas, con ficciones supuestamente fácticas, que escribió en 2012 Albert Sánchez Piñol: *Victus: Barcelona 1714,*[16] pero cuya eclosión en forma de *best seller* se produjo entre 2013 y 2014. Una trama entretenida y el paladeo de una buena prosa servían al autor para introducir de manera osmótica una narrativa canónica de qué fue y qué representó la guerra de Sucesión por el trono de España entre el Borbón Felipe V y el archiduque Carlos de Austria. La guerra de Sucesión, en la versión catalanista, conllevó la derrota de Cataluña en la pugna de la Corona de Aragón con la de Castilla, que hasta Carlos II había mantenido una monarquía compuesta. En la versión académica y aplastantemente

16. Barcelona, La Campana, 2012.

mayoritaria, aquel choque bélico fue una guerra europea entre dos grandes bloques que concluyó con la España imperial y alumbró el andamiaje de los Estados nación.

Cierto que la resistencia mayoritaria de los catalanes al unitarismo borbónico de Felipe V estaba en la idiosincrasia de una España articulada sobre una monarquía plural, y cierto también que Felipe V resolvió derogar las instituciones y constituciones catalanas, ofreciendo a cambio una apertura económica y comercial al Principado de la que trae causa histórica buena parte de su pujanza posterior, pero ha interesado más el reduccionismo doméstico de contemplar aquel largo choque bélico como una cuestión entre españoles que como la expresión última de una decisiva transformación de la Europa de los imperios en la Europa de los Estados.

El hecho de que la novela de Sánchez Piñol fuese subvencionada y recomendada vivamente en los medios nacionalistas habla a las claras de su opción de parte, no tanto porque —con las licencias que el autor se permite— haya mentiras históricas, sino porque el propósito de la obra reduce el angular con el que ese gran acontecimiento de nuestro país debería ser considerado en un texto que obtuvo enorme difusión. Tanta que llegó a preocupar seriamente al Gobierno central. Dos detalles —quizá torpes, pero sintomáticos— dan la medida de la desazón que causó la novela en Madrid: en septiembre de 2014, el jefe del Gabinete del presidente Rajoy hizo expresa reserva del contenido de la novela, a la que atribuyó una intención «manipuladora» de nuestra historia, y se prohibió que la obra se presentase, también en septiembre de 2014, en el Instituto Cervantes de la ciudad holandesa de Utrecht. Por eso, quien considere que *Victus* ha sido un fenómeno de escasa dimensión y sólo literario corre el riesgo de no comprender que el proceso soberanista ha ido discurriendo conforme a unas pautas que no han dejado margen a la improvisación. Por otra parte, el compromiso hispanofóbico del autor queda reflejado en estas palabras: «La palabra *España* [las cursivas son del autor] tiene un significado añadido de tragedia, de fracaso, de melancolía atroz [...]. España no es un laberinto, es un plomo muerto. Admitámoslo: España no siempre castiga, pero nunca ilusiona. ¿Por qué, si no, tanta periferia desentendida?». Quien así se pronuncia —con esas simplezas— carece de perspectiva intelectual para las visiones panorámicas de la historia.

Mientras la novela de Sánchez Piñol recogía la luz de todos los focos, un ensayo coetáneo de John H. Elliott *(Haciendo historia)*[17] pasaba casi desapercibido, debido tanto a la torpeza del Gobierno español que no supo ponerlo en valor —tampoco los medios lo hicieron— como a la insistencia de las autoridades catalanas en silenciar a los historiadores que en otro tiempo marcaron —siguen haciéndolo, pero en los ámbitos académicos— el relato más amplio y compartido de la Cataluña española. Elliott destruye la épica del proceso con reflexiones de gran calado. «Todas las naciones ven su pasado a través del prisma de su presente y su presente a través del prisma de su pasado», escribe el historiador británico, quien añade: «Los catalanes de los siglos XIX y XX fueron animados a ver su pasado como la historia de un intento pernicioso por parte de sus vecinos castellanos, desde principios del siglo XV en adelante, de socavar sus instituciones y su modo de vida para destruir finalmente su identidad distintiva como pueblo».

La narrativa historicista —que conmemora el fracaso de 1714 con un espíritu de resistencia, tornando la derrota en victoria moral— incurrió no sólo en la categorización de la ficción en académico relato del pasado, sino también en el sectarismo. La ética del proceso soberanista —los errores que condujeron a la frustración de la renovación del autogobierno catalán con el Estatuto de 2006— requería que se aumentase la dimensión actual y pasada del enemigo exterior. Había que reforzar al precio que fuere la persuasión de que Cataluña fue y es una víctima inocente. Y se organizó —con un fracaso académico y universitario indudable— un simposio histórico bajo el título genérico de *Espanya contra Catalunya.* Se intentó que este acontecimiento (diciembre de 2013)

17. Madrid, Taurus, 2012.

fuese el prólogo del tricentenario y se eligió, en palabras de Jordi Amat, «un título equivocado, pero un eslogan eficiente»;[18] Amat, en su inteligente digresión periodística, se refiere a los «historiadores parasitados por la política» y a los «medios seducidos por la enésima noticia que adjetivarán de histórica».

Pero el párrafo decisivo —por clarificador— de la crónica de Amat, un editor fuera de toda sospecha de animosidades o radicalidades, era el siguiente: «El simposio, teóricamente y según los organizadores, se movía en un espacio ambiguo: ciencia y compromiso político. Esta ambigüedad la resolvió el catedrático de Ciencia Política Ferrán Requejo, [...] uno de los cerebros mejor amueblados del proceso de mutación del catalanismo» y «lo sintetizó con claridad. En política, dijo y lo tiene escrito, la historia es importante: es un elemento básico de legitimación de una colectividad nacional. A una nueva situación política —la creada después del *gatillazo* del Estatut— le hacía falta una nueva interpretación del pasado. De este principio se desprendía que el compromiso de los historiadores se tenía que concretar en la aportación de argumentos legitimadores de la apuesta independentista». Amat, recogiendo otros testimonios del simposio *Espanya contra Catalunya,* llega a la conclusión de que los «nuevos historiadores», además de ser «intelectuales orgánicos de la nación, según Josep Termes», deben cumplir la función de «construir un relato histórico que demostrara de manera irrefutable la constancia con la cual el Estado español, desde 1714, ha hecho todo lo posible y todavía más para aniquilar la nación catalana».

Y advierte el escritor y editor catalán: «Que nadie se engañe. El simposio fue concebido para reforzar el soberanismo gubernamental y sólo podía ser percibido como un ejercicio explícito de politización de la historia. Por eso, el planteamiento dominante ha sido unidireccional y se ha preferido generalizar que hilar fino. En ningún caso se ha propuesto analizar las fallas del movimiento ca-

18. «Catalanismo vs. españolismo», en *La Vanguardia,* 15 de diciembre de 2013.

talanista (políticas o ideológicas, de base o de estrategia), sino que se trataba de denunciar el españolismo sin posibilidad de réplica, caracterizándolo como una realidad coactiva, impositiva o humilladora». El análisis de Amat releva de argumentos redundantes sobre la significación de ese simposio que, inaugurado por el historiador Josep Fontana y clausurado con una intervención del sociólogo Salvador Cardús, constituyó un fracaso universitario y académico, pero, seguramente, alimentó el malestar separador entre unos y otros y buscó en el pasado la legitimación del intento de ruptura de la unidad constitucional de España.

La épica, además de fabulaciones verosímiles y divulgativas e historicismo al servicio de la causa política, requiere de lugares emblemáticos, simbólicos, en los que se sienta y perciba la vibración de lo heroico, la esencia sacrificial de la patria. No hay nacionalismo que pueda sustraerse a la imantación de los símbolos tangibles.

Abandonada por improbable y discutida la trayectoria de Rafael de Casanova en el sitio de Barcelona en 1714 —ante cuya estatua en la Ciudad Condal se celebraba el gran acto institucional de la Diada el 11 de septiembre—, el secesionismo hizo renacer el Born. El viejo mercado de abastos de Barcelona abrió sus puertas en 2013, después de años de trabajos en reformas y una inversión de 84 millones de euros. Denominada «la zona cero de los catalanes» por el director del hoy centro cultural, Jaume Plensa, el Born es el espacio de la antigua ciudad de Barcelona que en 1714 resistió hasta lo imposible el embate de las tropas borbónicas. Son ocho mil metros cuadrados de yacimientos techados con una cubierta metálica antigua que remeda la Numancia catalana. No es un espacio muerto, sino dinámico, con actividades, exposiciones, obras escénicas y áreas de esparcimiento. El Born es el nuevo memorial que, a costa de dinero, esfuerzo, constancia, convicción y disciplina, las autoridades municipales nacionalistas de Barcelona y la Generalitat lograron terminar a finales de 2013 para que fuera el pórtico de la gloria historicista del tricentenario.

Épica del pasado proyectada al presente. Pero épica presente proyectada también al futuro. Artur Mas ha quintaesenciado la berroqueña voluntad de un pueblo, la determinación de no volver a fracasar en una convulsión inútil a las muchas que refería Agustí Calvet en la historia catalana y ha personalizado ese mesianismo recurrente en los nacionalismos que afrontan situaciones críticas. Mas ha sido el epítome de la nueva catalanidad que le ha despejado, incluso, su pasado reciente de intimidad política con Jordi Pujol («es mi padre político», llegó a afirmar del ex presidente de la Generalitat, y no mentía: fue consejero de Política Territorial y Obras Públicas, Hacienda y Economía con él, luego *conseller en cap* y, al final, su sucesor), aunque su futuro inmediato se presente borrascoso.

Tenido por buen táctico y mal estratega, por hábil en la política de corto plazo pero miope en la de largo alcance, Mas se concibió a sí mismo como el gran guía en la campaña electoral de 2012 —la cartelería electoral hubo de ser retirada pocos días antes del 25 de noviembre, fecha de los comicios, ante la contraindicación de presentarlo como remedo de Charlton Heston en su papel de Moisés, al que parecía imitar con los brazos extendidos con fondo de *senyera*— y reclamó «una mayoría indestructible» para avanzar hacia la independencia. Se la negaron los catalanes que repartieron sus expectativas entre CiU y ERC, pero el revés no le hizo claudicar. Y a golpe de tactismo ha llegado a componer un estereotipo que inspira sensaciones contrapuestas: las históricas del fracaso de sus predecesores Macià y Companys, y las de los bravos austracistas que defendieron Barcelona del Borbón en 1714, pero también las del hombre que en una situación comprometida —el 9 de noviembre de 2014, cuando se produjo en Cataluña el *proceso participativo* o referéndum simulado— recaba para sí todas las responsabilidades y las puniciones que de ellas se deduzcan.

La querella criminal por varios delitos —entre ellos, el de desobediencia, el más político y épico de los que le atribuye el Ministerio Fiscal— admitida por el Tribunal Superior de Justicia de Cataluña eleva al presidente de la Generalitat a la peana de un contemporáneo martirologio, que era lo que Mas necesitaba para culminar su propio relato, adosada su épica personal a la historicista del tricentenario. Una conmemoración que no podía terminar mejor para los diseñadores del proceso soberanista que lo han ido amojonando con una narrativa que necesitaba la faz, el rostro, la identidad de una figura que resumiese —y explicase a la vez— la pelea de los catalanes por el Estado propio en Europa: la atribución formal de un delito de desobediencia por el Ministerio Fiscal —a instancias gubernamentales, niéguelo o no el ejecutivo— al presidente catalán venía así a cerrar el círculo virtuoso de un proceso soberanista que ha parecido más milimetrado y calculado de lo que realmente estaba, más por la incomparecencia de quienes debían combatirlo que por sus propias virtualidades.

Ética y épica. La estética, la adecuada composición de ese *som una nació, nosaltres decidim*, era la tercera fase de una poderosa narrativa que ha transformado una clamorosa huida hacia ninguna parte en algo distinto a una explosión de *rauxa* colectiva. Y muy pocos se han resistido —con la aquiescencia o con el silencio— a la energía hegemonista. Habría que recurrir a los libros de Ramón de España *(El manicomio catalán* y *Derecho a delirar)*[19] para localizar una vitriólica, irónica y a la postre divertida crítica a la ampulosidad semántica y gestual del proceso y a determinadas imposturas de sus máximos exponentes y representantes. Cataluña necesitaba una contraépica para no asfixiarse en la hipérbole de sí misma.

V

La intelectualidad orgánica del secesionismo se empeña en asegurar que el proceso soberanista no ha estado impulsado por las élites dirigentes, sino que se ha tratado de un proceso de «abajo arriba». Aunque la afirmación sea por demás discutible, resulta del todo cierto que una parte de la sociedad catalana —a partir de la gran manifestación del 10 de julio de 2010 contra la sentencia del Tri-

19. *El manicomio catalán,* Madrid, La Esfera de los Libros, 2013; *Derecho a delirar,* Madrid, La Esfera de los Libros, 2014.

bunal Constitucional sobre el Estatuto de 2006— adquirió de manera relativamente autónoma una conciencia propia que se concretó en la Asamblea Nacional Catalana (ANC), constituida en marzo de 2012 y que en enero de 2015 contaba, entre socios de pleno derecho y colaboradores, con más de ochenta mil ciudadanos adheridos a la causa que defiende: la independencia de Cataluña.

Presidida por Carme Forcadell, militante anteriormente de ERC, la ANC, bien suministrada de subvenciones y ayudas públicas, se ha convertido entre su fundación y la actualidad en una realidad parainstitucional a la Generalitat. Y lo ha hecho hasta el punto de que ha marcado de manera indudable y de modo abierto los hitos del proceso independentista. Aunque su gran mérito —que ha legitimado al organismo social ante la opinión secesionista— ha consistido en la organización popular de tres Diadas —la de 2012, que precedió a las elecciones anticipadas del mes de noviembre de ese año, y las de 2013 y 2014, que han marcado la impronta de la estética del segregacionismo catalán—. La llamada vía catalana, una cadena humana de cientos de miles de personas enlazadas mano con mano de norte a sur de Cataluña (cuatrocientos kilómetros), siguiendo la Vía Augusta desde Le Perthus hasta Vinaroz, del 11 de septiembre de 2013, fue un rotundo éxito cuantitativo y cualitativo, es decir, de afluencia de participantes y de impacto en los medios de comunicación y en las instituciones políticas. Éxito que la ANC repitió el 11 de septiembre de 2014, formando una enorme uve de once kilómetros, llenando de manifestantes la Gran Vía y la Diagonal barcelonesas. No sería temerario suponer que en esas dos concentraciones participaron más de un millón de personas y que sirvieron, entre otros objetivos, para aportar a la ANC una alta capacidad prescriptiva y decisora en el proceso político catalán y para patentar un cromatismo que ha dotado al movimiento independentista de una determinada imagen orientada a los medios audiovisuales. La proscripción del *abertzalismo* —entendido como expresión de violencia verbal y física— ha permitido, además, que las concentraciones convocadas por la ANC gozasen de eso que se denomina «buena prensa». Y, en todo caso, han conseguido que el proceso añadiese, a la ética y la épica, la estética, que es tanto visión armónica como una personalización singularísima de la «causa» catalana.

La ANC ha tenido una colaboración ancilar, menor, pero legitimadora, en la asociación Òmnium Cultural, creada en los años sesenta con propósitos y fines culturales y lingüísticos, y con delegaciones en Valencia y Baleares que pronto fueron derivando a planteamientos netamente políticos. Òmnium Cultural forma con ANC un binomio receptor de la sociedad civil con pulsiones secesionistas que ha mostrado una enorme musculatura popular en este proceso, rebasando, incluso, las dimensiones que eran deseadas para esas organizaciones por los dirigentes políticos, especialmente de CiU, aunque también de la propia ERC. La inserción de una tercera pata en el entramado organizativo que espolea y mantiene la tensión popular proindependentista se ha producido con la Associació de Municipis per la Independència, que reúne a dos de las cuatro diputaciones catalanas, al 75 por ciento de los municipios, a treinta consejos comarcales, seis entidades descentralizadas y un consorcio. Esta asociación forma parte de las profundas raíces del independentismo catalán con fuerte acento municipalista, especialmente en la Cataluña interior.

Sin ambas organizaciones y sin la ayuda decisiva de la Associació de Municipis, el referéndum del 9 de noviembre de 2014, en su versión de «proceso participativo», sustitución semántica obligada por la suspensión de la consulta por el Tribunal Constitucional, no se podría haber llevado a cabo como se produjo. Votaron informalmente más de dos millones de ciudadanos y, aunque sin garantías —sin censo, sin administración electoral, con voto de residentes extranjeros y de mayores de dieciséis años—, aquel 9-N tuvo dos diagnósticos: el del triunfo por lo que se logró en participación y organización del evento, y el de fracaso por los que no fueron a votar y por la sensación de falta de garantías democráticas para los que lo hicieron. En cualquier caso, esa jornada que ha entrado ya en el imaginario colectivo del independentismo en Cataluña no hubiese sido posible sin la intensísima movilización procurada por la ANC, Òmnium Cultural y la Associació de Municipis per la Independència.

La complicidad entre Mas, CDC, Junqueras y ERC con esas entidades ha pasado a ser algo más determinante: una coalición de intereses solidarios. Una coalición que ha restado una fuerte institucionalización a Cataluña y debilitado la Generalitat, además de haber dejado a Artur Mas, tanto como presidente del Gobierno catalán como de su partido, al albur de movimientos sociales sobre los que ofrece ya la impresión de no disponer del necesario control. Los partidos independentistas catalanes han realizado una transferencia de facultades al entramado popular que sostiene la reivindicación de secesión que introduce en el horizonte del proceso incertidumbres adicionales a las que ya incorpora por su improbabilidad jurídica y política.

La aportación de apariencia institucional realizada al proceso por la Generalitat es de naturaleza mucho más estética que de fondo. El Consejo Asesor para la Transición Nacional (CATN), integrado por personalidades de distintos ámbitos del catalanismo mutado en independentismo, un organismo creado por decreto y presidido por el ex magistrado del Constitucional Carles Viver Pi-Sunyer, dispone de carácter meramente consultivo y ha emitido laberínticos dictámenes, ha pergeñado escenarios, ha sugerido caminos, todos ellos hacia la independencia, pero no ha dejado de formar parte del atrezo del proceso, al igual que el Pacto por el Derecho a Decidir, creado como el anterior organismo en el primer trimestre de 2013 —año preparatorio de la eclosión patriótica de 2014, el tricentenario de la caída de Barcelona—, cuyo objetivo no es otro que la visualización de un alto número de entidades sociales, profesionales, culturales y económicas —incluido el Fútbol Club Barcelona— que muestran con su presencia en las reuniones su adhesión a la causa de ese supuesto derecho que no deja de ser el eufemismo de la reivindicación del derecho a la autodeterminación.

Entre los unos y los otros, y siempre con el liderazgo formal del Gobierno de la Generalitat, el independentismo catalán ha querido introducir en el cuadro de la Cataluña actual la impronta de un dinamismo permanente, la imagen de un pueblo en marcha, la sensación de progresión en los objetivos marcados, aunque las políticas y decisiones que se han ido implementando hayan obtenido el mismo resultado que un ciclista en una bicicleta estática: se ha musculado la opinión pública catalana propicia a absorber ese mensaje en plena crisis económica, pero en términos reales no se ha avanzado un ápice en el propósito secesionista. Sin embargo, todo este entramado no sólo ha creado un clima determinado, difícilmente reversible si el proceso fracasa o desemboca en una negociación con el Estado, sino que ha sembrado la semilla de una reivindicación que se ha incardinado ya en una parte importante de la sociedad catalana, tanto más amplia cuanto mayor ha sido el quietismo del Gobierno español. Que —por impotencia política del Estado— ha permitido que la Generalitat avanzase en la conformación de las llamadas «estructuras de Estado», inocuas hasta el momento, pero que si abordan una Seguridad Social catalana y una red exterior de delegaciones, podrían comenzar a tejer una cierta irreversibilidad que quizá es la que se busque cuando la naturaleza de los acontecimientos lleve a una transacción a la que el Gobierno español no podrá sustraerse, antes o después, aunque en esa transacción no se incluyan los elementos fundamentales del propio Estado, como es la soberanía.

Frente a esta potencia estética y movilizadora de las organizaciones independentistas en Cataluña, sólo han surgido, por una parte, Federalistas de Izquierdas —liderados por el catedrático de Filosofía Manuel Cruz— y Sociedad Civil Catalana —presidida por José Ramón Bosch—. Ambas instancias —la primera ideológica, la segunda social— han intentado contener el hegemonismo independentista con un resultado que más que efectivo es a estas alturas meritorio, porque no han podido entrar en una interlocución mínimamente equilibrada con el tríptico de la estrategia independentista: la ética de la reivindicación, la épica del relato de la Cataluña irredenta, y la estética popular y cromática de un «pueblo en marcha». Alberto López Basaguren, catedrático de Derecho

Constitucional en la Universidad del País Vasco, constataba con extrañeza la «atonía del sistema político español al afrontar este reto y la fragilidad del movimiento interno de oposición», advirtiendo, al tiempo, que «el encantamiento que el nacionalismo ha sabido crear con el derecho a decidir [...] no se ganará únicamente desde la legalidad, ni desde fuera de la sociedad catalana».[20] Cierto.

VI

En noviembre de 2012, la frase de José María Aznar según la cual «antes se romperá la unidad de Cataluña que la de España» ha sustentado, quizá inconscientemente, la estrategia del Gobierno de Mariano Rajoy. Si en primera instancia —el otoño de 2012— el ejecutivo pareció no reparar en la envergadura del proceso soberanista que se pondría abiertamente en marcha después de las elecciones del 25-N de ese mismo año y Rajoy dejó marchar de La Moncloa a Artur Mas con un portazo, tras negarse a acceder a negociar un pacto fiscal, en segunda, el Gabinete adoptó la estrategia de esperar el fracaso de la iniciativa independentista calculando que la diluirían las contradicciones de un entendimiento *contra natura* entre CiU y ERC.

El resultado de Mas en las anticipadas de noviembre de 2012 en las que perdió doce escaños, incrementando ERC en once los suyos, sugería que el presidente de la Generalitat había fracasado de salida. Sin embargo, la recomposición de la disposición de Mas a la pelea independentista lo impulsó a echarse en brazos de su histórico enemigo, el republicanismo de Junqueras, con el que firmó un pacto de gobernabilidad dos meses después de los comicios. Si Pujol no hubiese precipitado en julio de 2014, con su autoinculpación por fraude a la Hacienda pública, la combustión de su partido, CDC, y la ruptura de la federación con Unió, hubiese bastado la enorme prima que Mas concedía a ERC y a su líder para suponer

20. «Cataluña: e la nave va», en *El País,* 11 de septiembre de 2013.

que los convergentes habían diseñado una mala estrategia de continuidad para su propia organización y para la de la apuesta soberanista. Hoy por hoy, la suma de aquella entrega de CDC a la dependencia de ERC en el pacto de gobernabilidad y el descubrimiento de la corrupción de Pujol y su familia han introducido al primer partido catalán en un proceso de disolución y en otro simultáneo de refundación, en tanto que alejado a los democristianos de Unió, cuyas afinidades con los republicanos son tan escasas como enorme es la aversión entre los líderes y dirigentes de ambos partidos.

En estas contradicciones ha basado el Gobierno, y sigue haciéndolo, su estrategia de contención del proceso soberanista. Quizá sea pronto para suponer que esta actitud es desacertada, porque todavía después del simulacro del 9-N de 2014 y a propósito de la continuidad del proceso soberanista que Mas quiso imprimirle, las hostilidades entre él y CDC con ERC y Junqueras —y el malestar de fondo de ANC y Òmnium Cultural— se desataron, y se recompusieron precariamente las relaciones en enero de 2015, con un nuevo pacto para la convocatoria de elecciones anticipadas el 27 de septiembre de 2015, la comparecencia en listas separadas de los partidos independentistas y la asunción por ellas de un igual guion para conducirse de consuno tras los comicios y converger en el modo de proceder para el logro de la independencia.

La fatiga social en Cataluña y la ruptura emocional entre Mas y Junqueras, así como la erosión de algunas variables empresariales y financieras en Cataluña —la disminución de la inversión extranjera en la comunidad, por ejemplo— son factores que introducen importantes incertidumbres. A ellas se suma la irrupción de Podemos, una fuerza política que ha fragmentado la izquierda política en España, amenazando la dimensión electoral de los nacionalismos de ERC y de Bildu, en Cataluña y Euskadi respectivamente, comunidades en las que la organización liderada por Pablo Iglesias obtendría resultados relevantes. Si esa hipótesis se cumpliese, el binomio electoral sobre el que se sostiene el proceso soberanista se resentiría porque horadaría la fortaleza de ERC y, seguramente, también de la CUP. Si así sucediese, aunque fuese por circunstancias sobrevenidas, el Gobierno de Rajoy habría tenido razón en esperar y ver, y en dejar que las fuerzas políticas catalanas y la propia dinámica de la sociedad allí y en el conjunto de España desatasen consecuencias antes imprevistas que diesen al traste con el proceso secesionista.

La falta de convicción del PSOE en las propuestas de reforma constitucional ha colisionado no sólo con la impertérrita actitud del Gobierno, sino también con la negativa rotunda de CDC y ERC a asumir la posibilidad de que una tercera vía —de carácter federal o de otra naturaleza— pudiera poner fin a este episodio histórico. También el Gobierno de Rajoy podría estar en una posición adecuada en este punto, porque no resultaría solvente proponer una reforma constitucional de carácter federal cuando el proponente se encuentra en caída libre electoral y los destinatarios de la eventual propuesta no parecen dispuestos a escucharla. Tanto Mas como otras instancias que han venido acusando al Estado de no ofertar alternativa alguna a la «solución» secesionista no deseaban en realidad tal oferta, sino disponer de una justificación para hacer recaer sobre el ejecutivo la imagen de inmovilismo que tantos réditos ofrece en los mítines partidarios.

A mayor abundamiento, las bases del PP y las élites intelectuales cercanas al partido, o próximas a otros como Ciudadanos y UPyD, no han mostrado tampoco demasiado interés por intentar una composición de la situación con Mas, escépticos por la perceptible hondura de la apuesta de la Generalitat y de ERC de la que no se apearían si no es tras una derrota electoral o una ruptura interna de la federación nacionalista entre CDC y UDC y los republicanos. Más aún: en España aparece ya una minoritaria pero correosa corriente de opinión, denominada *expulsionista*, que preconiza la independencia de España de Cataluña y niega —por indeseable— un nuevo pacto por la convivencia en la línea del que también propugnó, con escasísimo éxito, el propio rey Juan Carlos I en el que fue su último mensaje de Navidad en diciembre de 2013.

Plataformas como Libres e Iguales, que agrupan a intelectuales, políticos y profesionales, cierran un candado más a la posibilidad de que el Gobierno mueva ficha en el tablero catalán y fían la solución a que la fractura interna que el independentismo causa en la misma Cataluña tenga efectos terapéuticos para la unidad constitucional de España. Mario Vargas Llosa, uno de los inspiradores de este colectivo, mantuvo en su intervención de agradecimiento cuando el diario *El Mundo* le concedió su premio periodístico, en un acto celebrado el 21 de noviembre de 2013, que «es verdad que hay nacionalistas pacíficos, cultos, benignos y que parecen inofensivos. No nos engañemos, ésa es una apariencia, ésa es una postura fugaz, momentánea; basta escarbar lo que se esconde tras ella, y lo que se esconde tras ella es el prejuicio, es en última instancia la discriminación, el encono, la violencia». Con tal planteamiento —por quien lo hacía y por cómo lo formulaba—, el Gobierno de Rajoy se encontraba razonablemente cómodo.

Otras plataformas como la que en julio de 2014 —en coincidencia temporal con el manifiesto de Libres e Iguales— reclamaba una «España federal en una Europa federal», llena de lógica y cartesianismo constitucional, carecieron de relevancia suficiente para prender en la opinión pública y, mucho menos, en los círculos de poder que podían presionar al Gobierno para dar algunos pasos en esa dirección reformista. Y ello a pesar de que el texto declarativo resultaba ponderado, constructivo, era independiente de inspiraciones partidarias e intentó una sana transversalidad que chocó, no obstante, con el apriorismo negativo de los sectores moderados de la derecha española, que siguen contemplando el federalismo como el estereotipo de una formula izquierdista para el modelo territorial español y evocador, además, del fracaso histórico de la Primera República española —en la que el catalanismo estuvo muy presente—, que derivó en el cantonalismo previo a la restauración borbónica.

Desde la perspectiva internacional, la falta de acogimiento a las reclamaciones independentistas y el apoyo discreto, pero constante, al Gobierno de Rajoy por parte de los países de la Unión Europea y Estados Unidos —remitiéndose siempre al carácter interno del asunto— disuadían al presidente de asumir, en plena crisis económica, cualquier tipo de riesgo en la cuestión catalana, ya que comportaba compromisos legislativos de gran calado. La quiebra de las finanzas de la Generalitat, constantemente aliviadas por las medidas de financiación adicional a la ordinaria por el Gobierno, ofrecía una imagen del ejecutivo de ecuanimidad y serenidad ante el órdago de la segregación, a la que así se dotaba de un aura de inverosimilitud. Todavía más cuando el independentismo se hacía trampas al solitario al proponer al cuerpo electoral catalán una pregunta en un eventual referéndum (al modo del que se celebró el 9 de noviembre de 2014) que en realidad constituía una componenda para que la vinculación entre CiU y ERC no se quebrase.

En diciembre de 2013, Mas anunció que se había llegado a un acuerdo sobre la interrogante a la que se sometería a los catalanes. En realidad, era una doble y alambicada pregunta: «¿Quiere que Catalunya sea un Estado? Y si es así, ¿quiere que sea un Estado independiente?». Semejante cuestión, así planteada, se apartaba —gravísimo error del independentismo— no sólo de la pregunta que se planteó en el referéndum escocés de septiembre de 2014, sino de los criterios de la canadiense Ley de Claridad del año 2000, que exige, además, una mayoría cualificada para declarar la secesión de la provincia de Quebec o, eventualmente, de cualquier otra, conforme al procedimiento que la propia ley establece.

Sin embargo, y pese a la lógica *prima facie* de las posiciones gubernamentales, la renuncia a un discurso político potente, emparentado con el que los británicos armaron para combatir con éxito el secesionismo de Escocia —*better together*— y la ausencia de una interlocución consistente en el Gobierno, dotado de una estructura orgánica insuficiente y mal compensada (Administraciones Públicas es sólo una secretaría de Estado adosada al Ministerio de Hacienda), han constituido errores extraordinarios, no tanto porque de no haberse cometido hubiesen frenado el proceso soberanista, cuanto que por ellos el independentismo en Cataluña ha alcanzado porcentajes de aceptación impensables hace sólo unos años. Es posible —siguiendo incluso las encuestas del Centro de Estudios de Opinión de la Generalitat de Cataluña— que los ciudadanos que optasen por la secesión no lo hicieran si el ejecutivo español se hubiese mostrado proactivo en la crisis, obligando a la Generalitat a escuchar propuestas de consenso que, sin afectar al principio de igualdad ni alterar las partes dogmáticas de la Constitución, hubiesen abierto una vía alternativa a la traumática e improbable independencia.

Cierto que la secesión se ha convertido en Cataluña en un populismo que es, según autores muy en el candelero, un «significante vacío» en el que cabrían proposiciones de extrema derecha o de extrema izquierda, pero también segregacionistas, como fuga de una realidad consolidada, pero absolutamente indeseable, carente de sugestión y atractivo colectivo para sociedades con fuertes factores de identidad, como la lengua, la cultura, las instituciones, las diferenciaciones históricas con su entorno y un espectro de fuerzas políticas que reflejen esa diferencia, lo que sin duda ocurre tanto en Cataluña como en el País Vasco.

El quietismo gubernamental se ha combinado con la aplicación de los criterios de legalidad y de rechazo parlamentario. En marzo de 2014, el Tribunal Constitucional sentenció la improcedencia de la declaración soberanista de enero del año anterior del Parlamento de Cataluña que reconocía a ésta como «sujeto político y jurídico soberano» quebrando así la base teórico-dogmática para una ulterior declaración independentista. El órgano de garantías constitucionales, no obstante, además de sentenciar por unanimidad el recurso del Gobierno, vertió en su resolución excursos y *obiter dicta* o digresiones de particular importancia sobre la posibilidad de que una reforma constitucional permitiese la admisión del derecho a decidir, que no anatemizaba, pero sobre el que advertía que «no consagra un derecho de autodeterminación no reconocido en la Constitución, sino una aspiración a la que sólo puede llegarse mediante un proceso ajustado a la legalidad». En febrero de 2015, el Tribunal Constitucional dictó dos sentencias, ambas por unanimidad, en las que se anulaban los preceptos nucleares de la Ley de Consultas catalana y el decreto de convocatoria del 9-N. Entre los magistrados del Constitucional, Encarnación Roca, catedrática de

Derecho Civil, en el Tribunal a propuesta de CiU, no discrepó de los sucesivos fallos, lo que le valió un intento sectario para retirarle el doctorado *honoris causa* por la Universitat de Girona en noviembre de 2014, después de que el Tribunal admitiese también —y consecuentemente suspendiese por dos veces— la consulta del 9 de noviembre de 2014 y lo hiciese —aspecto relativamente inédito— también por unanimidad.

Con estas resoluciones unánimes y una composición completa —rechazada la recusación contra su presidente Francisco Pérez de los Cobos— el Constitucional ha comenzado a reparar los daños que le causó a su prestigio y credibilidad la accidentada sentencia del Estatuto de Cataluña, y ahora queda por ver la instrucción y desarrollo de la querella criminal por delitos de desobediencia y otros interpuesta por el Ministerio Fiscal contra Artur Mas, Joana Ortega —vicepresidenta del Gobierno de la Generalitat— e Irene Rigau —consejera de Educación—, a propósito de la celebración el 9 de noviembre de 2014 del «proceso participativo», que quiso ser —y en cierta medida lo consiguió— un referéndum, suspendido por el órgano de garantías constitucionales al que —en consistente apariencia de realidad— el presidente de la Generalitat y las otras dos integrantes querelladas de su Gobierno desafiaron de manera abierta e indisimulada, especialmente cuando Artur Mas recabó para sí, emplazando al fiscal, toda la responsabilidad de la organización de la prohibida votación.

Un episodio, sin embargo, que tuvo sus costes porque el ejecutivo permaneció desaparecido durante toda la jornada —sólo a última hora e improvisadamente salió a la palestra televisiva el ministro de Justicia, Rafael Catalá— en muestra evidente de desconcierto y carencia de planificación y estrategia ante la arremetida del independentismo, que a medida que transcurría la jornada no daba crédito a la facilidad organizativa y, sobre todo, política, con la que estaba llevando a cabo su propósito refrendario. Las dudas posteriores en la Fiscalía General del Estado —representada por Eduardo Torres-Dulce— provocaron una crisis en ésta que se llevó por delante a su titular en diciembre de 2014, ni siquiera cumplidos los dos meses de la consulta catalana y recién interpuesta la querella criminal contra Mas, Ortega y Rigau, y cuando aún no había sido admitida a trámite por el Tribunal Superior de Cataluña. Todo ello sumió al Gobierno en una espiral social y mediática de crítica a su imprevisión y a su incapacidad para adelantarse a los acontecimientos, aunque lo más grave seguía siendo —lo es— la ausencia de discurso político dirigido no tanto a los independentistas irreductibles como a los que no lo son y podrían revertir sus actuales posiciones en otras más templadas.

Las encuestas que adelantan una debacle del PP en Euskadi y Cataluña tienen que ver con la decepción de amplios sectores que hubiesen deseado contraponer al proceso soberanista alternativas que lo debilitasen. Por el contrario, las medidas legales, administrativas y sólo burocráticas de Rajoy lo han proyectado como un dirigente sin ideas claras para afrontar la crisis de Cataluña.

En este sentido, los dos libros, auténticos *best sellers,* del catedrático de Derecho Administrativo Santiago Muñoz Machado *(Informe sobre España* y *Cataluña y las demás Españas)*[21] delatan un estado de opinión en la comunidad jurídica española mayoritariamente proclive a una revisión constitucional que, abordando el conjunto de cuestiones que requieren de urgente reflexión, introduzca el problema catalán como uno de los renglones más relevantes para la convivencia futura entre los españoles. El mismo Muñoz Machado, en una sonada entrevista en el diario *El Mundo,* llegó a afirmar que «la Constitución se ha convertido en un mito y no modificarla sería una actitud suicida. Históricamente los españoles hemos optado más bien por romper o derogar las constituciones en lugar de reformarlas» y también que se impone «una reforma en profundidad del título VIII sin dramatismos», porque «la percepción que tenemos los juristas es que tenemos un texto constitucional vapuleado y continuamente burlado, que no es referente de autoridad». El académico, además, subrayaba un error que se tiene por

21. *Informe sobre España,* Barcelona, Crítica, 2012; *Cataluña y las demás Españas,* Barcelona, Crítica, 2014.

tal en la comunidad jurídica: «El error de origen consistió en construir el Estado tomando como modelo Cataluña. Más aún. Tomando como modelo la Constitución de 1931 que se hizo para adecuar la organización del Estado al Estatuto de Nuria. Cataluña ejerció su autodeterminación —continúa Muñoz Machado— incluyéndose en España en 1931 y en 1978, y ése fue el modelo para el resto de comunidades. Pero no existía un clamor en otros lugares de España para transformarse en autonomía a imagen y semejanza de la autonomía catalana. Fue un proceso imitativo, nadie quiso ser menos que otro. Las élites políticas lo decidieron así». Por fin, el catedrático de Derecho Administrativo, convertido en el referente de la reforma no federal de la Constitución, reitera la tesis de la ciclotimia política catalana cuando afirma en la misma entrevista que «la política catalana ha derivado en una inseguridad extraordinaria. Los catalanes tienen mala suerte, cuando logran orientar su autogobierno, de repente aparece un líder y monta un follón, no es la primera vez que les pasa».[22]

Esta inquietud por el inmovilismo del Gobierno —que unos atribuyen a su quietismo reformador y otros a la ausencia de propuesta política— ha ido conformando un gran debate nacional en el que se ha apostado por fórmulas diversas para ofertar a Cataluña una salida que no fuese el todo o nada. Desde la propuesta del ex presidente del Consejo de Estado Francisco Rubio Llorente, para que a través de una ley orgánica se habilitase a las comunidades autónomas para la celebración de referéndums consultivos, hasta el esbozo de reforma constitucional expuesto en distintas tribunas por Miguel Herrero y Rodríguez de Miñón, que aventura la introducción en la Carta Magna de una nueva disposición adicional —sería la quinta— que singularizase el autogobierno catalán como la disposición adicional primera lo hace con los territorios forales de Vizcaya, Álava, Guipúzcoa y la Comunidad Foral de Navarra. En otra no menos sonada entrevista que la de Muñoz Machado,

22. «La Constitución se ha convertido en un mito, no modificarla sería una actitud suicida», en *El Mundo*, 5 de enero de 2013.

también en *El Mundo,* Miguel Herrero declaraba: «Fue un error no pactar con Pujol el reconocimiento de la singularidad de Cataluña», añadiendo que «hay personalidades políticas que son preconstitucionales: España no es una creación de la Constitución», para concluir que «el nacionalismo es, ante todo, un fenómeno afectivo y los afectos no se tratan a golpe de leyes o decretos».[23]

El Gobierno, criticado desde distintas atalayas académicas, además de esperar el fracaso endógeno del proceso soberanista y de recurrir al Constitucional en una estrategia legal lógica, pero insuficiente, logró también que, en abril de 2014, 299 diputados en el Congreso frente a sólo cuarenta y seis rechazasen la proposición de ley del Parlamento de Cataluña para que le fuera delegada a la Generalitat la facultad exclusiva del Estado para «autorizar, convocar y celebrar un referéndum sobre el futuro político de Cataluña», con lo cual la legitimación formal de la actitud gubernamental se convertía en tan impecable como políticamente insuficiente, en la medida en que desde el Gobierno catalán y las fuerzas políticas y sociales independentistas se ha emitido un mensaje de ajenidad a la legalidad constitucional española —se amaga incluso con una declaración unilateral de independencia— y se transmite una impresión inequívoca, por otra parte comprobable, según la cual buena parte de Cataluña, y desde luego la Cataluña interior, se ha «desconectado» del resto de España, se ha hecho autónoma respecto a la dinámica española en lo político, en lo cultural y en lo social.

Quizá lo más negativo del mensaje independentista —que el ejecutivo y los partidos nacionales no han sabido contrarrestar— haya sido el muy pernicioso uso alternativo del derecho. Es una concepción acomodaticia de la aplicación de las normas jurídicas, cuyo vigor e interpretación no estarían sujetos a las normas de la hermenéutica jurídica, sino a la constantemente apelada «voluntad política». Se trataría de un corpus jurídico de oportunidad que serviría para una realidad y su contraria, con tal de que se adaptase a criterios mayoritarios o de conveniencia en función de las circuns-

23. *El Mundo,* 9 de junio de 2013.

tancias que concurriesen. La intervención del Tribunal Constitucional —como instancia de contraste de la legalidad constitucional de decisiones y normas— garantiza que el uso alternativo del derecho, ampliamente tratado y cuestionado por el Tribunal Supremo, no se imponga a una reforma constitucional que sería la que podría habilitar algún tipo de salida a la cuestión catalana, salida que comportaría una consulta —según el modelo de la Ley de Claridad canadiense, como ha sugerido el profesor Francesc de Carreras—, aunque en ningún caso atendiendo al referente escocés, que se produce en un Estado compuesto cuyo constitucionalismo consuetudinario pertenece a una cultura jurídica y política por completo ajena a la española y, en general, a la continental europea.

VII

El proceso soberanista tiene un potencial autodestructivo enorme para la propia Cataluña y destructivo para el resto de España. Sus promotores lo saben sin haberlo verbalizado, pero —con sordina— lo admiten, aunque consideran que las consecuencias indeseables de la apuesta independentista son daños colaterales inevitables y que una política posterior de integración restañará. No es probable que así sea. Porque la primera consecuencia que ha propiciado el proceso ha sido la implosión del sistema de fuerzas políticas catalanas. La entente entre CiU y ERC encierra un gran potencial conflictivo, porque por naturaleza ideológica y trayectoria histórica son dos fuerzas políticas con una divergencia sustancial sobre el modelo social catalán prácticamente irreductible.

Mas quiso desconocer que aliarse con ERC después de su fracaso en las elecciones anticipadas del 25 de noviembre de 2012, sin lograr una «mayoría indestructible» para conducir el órdago de la secesión mediante una negociación a cara de perro con el Estado sin los dogmatismos de los republicanos, era tanto como sentar las bases para una pelea sorda por la hegemonía del nacionalismo independentista en Cataluña. En el fondo —y a veces hasta en la forma—, CiU y ERC se detestan. Como también están distanciados, sin sintonía personal, Mas y Junqueras. La federación nacionalista, de un lado, y los republicanos, de otro, representan dos Cataluñas diferentes: los nacionalistas a la de las clases medias barcelonesas y la alta burguesía, empresarios y profesionales; los republicanos, a la de la menestralía. Aquéllos a la Cataluña litoral y éstos a la Cataluña interior, predispuesta a objetar el poder e influjo de la capital del Principado.

Esta incompatibilidad es radical con UDC, democristiana, que, sobre no asumir los postulados de una independencia a las bravas —son partidarios de una también improbable fórmula confederal—, difiere de ERC en prácticamente todo: desde la confesionalidad ideológica de UDC —postulados socialcristianos— hasta el modelo de país y de relación con el resto de España. Jordi Pujol tuvo a ERC siempre sometida a una férrea disciplina. Absorbió en su persona y en sus políticas la esencia de la catalanidad y oscureció la historia de los republicanos, que fueron los que jugaron la partida del catalanismo rupturista en el primer tercio del siglo pasado. Mas creyó que al apelar al electorado para comenzar el proceso soberanista recibiría alguna de las tres mayorías absolutas que recabó su «padre político». No fue así. En 2010 obtuvo 62 diputados, y en 2012, 50. En ambos casos quedó lejos de la mayoría absoluta, situada en 68 escaños sobre un total de 135.

El pacto entre CiU y ERC ha sido siempre, desde su firma en diciembre de 2012, una anomalía política y una distorsión social en Cataluña. La alternativa hubiese sido la renuncia de Mas y de CiU a continuar por un camino para el que no estaban suficientemente aprovisionados de sufragios populares. Sin embargo, prefirieron el riesgo del pacto con los republicanos, que, a la postre, podría llevarles al peor de los fracasos. Especialmente después de que en el mes de julio de 2014 confesase sus culpas Pujol, su familia quedase estigmatizada, emergiesen las condenas por corrupción a los colaboradores del ex presidente Macià Alavedra y Lluís Prenafeta, se actualizase el *caso Palau* y se recordase *ad nauseam* que la sede de CDC está embargada.

La aversión de ERC hacia partidos burgueses con involucraciones en casos de corrupción en niveles dirigentes crea entre sus cuadros y los de CiU un vacío difícilmente sorteable. En palabras distintas: el pacto entre ambas formaciones, aunque ha resistido episodios críticos, ha digerido también unos desencuentros que han ido marcando a sangre y fuego una relación que terminará en un distanciamiento irreductible. Es sólo cuestión de tiempo, porque ni siquiera en el concepto de la independencia se ponen de acuerdo, sólo lo hacen en la retórica de la secesión, pero no en el procedimiento ni en el modelo de soberanía.

Si esta tensión se registra entre CiU y ERC, la que apunta constantemente entre CDC y UDC remite a la sensación de una unidad de acción precaria. Si UDC no se ha desenganchado de Mas y de CDC no es tanto por convicción como por ignorancia sobre las consecuencias de hacerlo. Los democristianos carecen de métricas históricas en la democracia de 1978 que les ofrezcan los datos de su propia envergadura como partido autónomo y han ostentado en la federación una posición muy relevante, incluso desproporcionadamente relevante.

Josep Antoni Duran i Lleida ha abandonado la secretaría general de CiU recluyéndose en la presidencia de UDC, lo que podría constituir una cautela: evitar poner todos los huevos del futuro de la organización en una misma cesta, es decir, la del independentismo de CDC y ERC. Pero si el pacto entre convergentes y republicanos pudiera estallar en cualquier momento, es tan probable o más que suceda lo mismo entre convergentes y democristianos, lo que implicaría la destrucción de uno de los activos más interesantes de la política catalana: la centralidad de la federación nacionalista, que ha interiorizado sabiamente los mismos equilibrios sociales de la sociedad catalana.

Además, la entente entre ERC y CiU ha implicado por parte de los republicanos una lección de oportunismo. No sólo han logrado ser socios del Gobierno de Mas y a la vez el primer partido de la oposición; no sólo han conseguido que, pese al pacto, el desgaste de gobernar se lo endose la opinión pública y publicada a la federación, sino que han conseguido pasar de ocupar una plaza relevante en dos tripartitos —los de Maragall y Montilla— durante dos legislaturas y siete años (2003-2010) a convertirse en la clave de bóveda del espectro de organizaciones políticas parlamentarias en Cataluña. Más aún: con su nuevo posicionamiento han destrozado al PSC —con el que gobernaron— porque el sector llamado catalanista —en realidad, soberanista— de los socialistas catalanes ha migrado en buena medida a ERC. Bastaría citar a Pasqual y Ernest Maragall para acreditar de qué manera el desgajamiento socialista se ha refugiado mayoritariamente en las filas de Oriol Junqueras.

El republicanismo ha abierto también una fisura entre CiU y una parte muy cualitativa de su electorado en Cataluña: el empresariado. Silentes, prudentes, agazapados, pero instalados en la inquietud y la incógnita, los empresarios catalanes, representados en distintos foros que han jugado papeles diferenciados en una estrategia de trazo fino (Fomento del Trabajo, la gran patronal; el Círculo de Economía, un *think tank* potentísimo y renuente al proceso), parecen ausentes en esta representación. De una parte, los grandes empresarios no estiman en nada las virtualidades de la independencia y se duelen de la falta de diálogo; comprenden las insuficiencias autonómicas, pero de otra parte no se abonan a la ruptura aun en la peor de las hipótesis para las reivindicaciones catalanas. Grandes compañías como La Caixa o Banco Sabadell tienen la mayor parte de su cuota de negocio en el mercado español y una crisis secesionista las llevaría a una posición extrema.

Mas ha sido displicente y lejano con los gestores de estas grandes compañías. Les avisó en una entrevista en *La Vanguardia* en octubre de 2012, antes de que se pusiera en marcha la máquina del proceso soberanista: «El mundo económico debe adaptarse al cambio de mentalidad del país». Sin contemplaciones, el presidente de la Generalitat advirtió que «en el mundo económico catalán hay de todo. Hay gente que lo ve con más preocupación, otros lo ven con una gran ilusión y en muchos casos hay gente que lo vive asumiendo el compromiso. Cuando en un país hay un movimiento social muy potente, el mundo económico ha de ver cómo se adapta al cambio. Lo primero que ha de hacer el mundo económico son estrategias para adaptarse al cambio de mentalidad del país. Y esto no es imposible». Y añadió: «Yo sé que hay empresas catalanas que están inquietas. Y lo entiendo perfectamente porque cualquier proceso como éste sacude el statu quo. Y si a eso le sumamos que estamos en una situación de dificultades económicas importantes todavía lo puede parecer más. Pero precisamente quizá es ahora el momento en que debemos hacerlo, porque tenemos mucho menos que perder. Catalunya, ante los riesgos, ahora tiene mucho menos que perder porque ya estamos muy tocados».

La interpretación de estas reflexiones es sencilla: el presidente de la Generalitat quería demostrar —y lo ha conseguido— que los poderes económicos debían estar disciplinadamente alineados con los intereses del país entendidos desde la óptica del secesionismo. Esta lejanía de Mas con el empresariado ha venido siendo compatible con dos fenómenos simultáneos: una gran complicidad con los representantes de la pequeña y mediana empresa catalana —especialmente localizada fuera de Barcelona—, cuyo negocio se produce en el mercado catalán y la exportación, y un Consejo Asesor para la Reactivación Económica y el Crecimiento presidido por Salvador Alemany, primer ejecutivo desde 2011 de Abertis, una de las grandes del Ibex 35, y un gestor de prestigio que se mueve tanto en Barcelona como en Madrid con una alta reputación y que, según muchas informaciones cruzadas, sería un consejero que induciría a la prudencia al presidente Mas.

Pero una de las omisiones más clamorosas en este proceso soberanista ha sido, sigue siendo, la ausencia tangible del criterio, la opinión y la referencia del empresariado catalán. Entre este sector y la Generalitat se ha abierto una brecha de desconfianza que funciona como un hándicap de futuro para los impulsores de la secesión, pero que no ha librado de un constante desgaste a gestores —especialmente del sistema financiero catalán— de los que se hubiera esperado mayor presencia de ánimo. Es éste un coste muy alto, especialmente porque desde fuera de Cataluña se han hecho gestos de proximidad hacia la clase empresarial catalana, como que la presidencia de la CEOE recaiga en la persona de Juan Rosell o que la presidencia y vicepresidencia de la Cámara de España hayan sido asumidas por Josep Lluís Bonet —el más locuaz y comprometido empresario catalán, junto con José Manuel Lara, con la unidad constitucional— y Miquel Valls, respectivamente.

Quizá la ruptura de peor factura sea, sin embargo, la ciudadana. La ciudadanía, que asumía transversalmente una misma concepción de país desde posiciones ideológicas muy plurales, ha ido mutando a otra enfrentada entre los «buenos» (independentistas) y los «malos» (unionistas) catalanes. Ya el propio término *unionista* dispone de una evocación conflictiva, porque el unionismo es un concepto que germinó y se maceró en Irlanda del Norte, en los peores años del terrorismo del Ejército Republicano Irlandés (IRA). Catalanismo y españolismo son dos *-ismos* en el coloquialismo catalán, pero el término *unionista* es sobrevenido, excrecencia indeseable del proceso soberanista que acota grupos sociales y los signa con denominaciones que contienen atributos repelentes o coactivos. Uno de ellos es, sin duda, el de unionismo. La adscripción a *indepes* (contracción de *independentistas,* palabra larga y fonéticamente complicada) y a unionistas —aquéllos, combativos y optimistas; éstos, cejijuntos y enemigos de lo propio— es un maniqueísmo que no es nuevo, aunque nunca antes fue formulado con esa suerte de neologismo conceptual que alude a los adheridos a la unión.

Según Borja García Nieto, presidente del Círculo Ecuestre de Barcelona, en un artículo titulado «1714: ¿buenos y malos catalanes?»,[24] «esta distinción entre buenos y malos catalanes la arrastramos desde el siglo XVIII. No puedo aceptar —escribía— que mi abuelo Pinós fuese más o menos catalán que mi abuelo Alós. A lo largo de los siglos, los catalanes hemos abrazado causas

24. *La Vanguardia,* 1 de enero de 2012.

opuestas según nuestra propia historia y nuestra concepción del modelo de sociedad. ¿Era más catalán Prim que Savalls? Prim era liberal; Savalls, carlista; ambos, catalanes. ¿Cómo medimos la catalanidad?, ¿por la prosperidad relativa que generamos para un país, por nuestros apellidos, por nuestro nivel de catalán, por nuestra adhesión a un partido político u otro? Catalunya no ganó ni perdió guerras. Los catalanes las ganamos o las perdimos estando de un lado o de otro. En 1936, otra terrible guerra, donde unos y otros, todos catalanes, se enfrentaron por un modelo de sociedad. Como excepción a mis afirmaciones, sí debemos decir que Catalunya perdió instituciones propias y privilegios en función de que unos u otros fuesen los vencedores». Y termina el autor su artículo —que en su momento causó impacto en la sociedad barcelonesa, tanto por la tesis como por su firmante— diciendo: «Que cada uno se sienta como quiera, pero yo seguiré defendiendo que no existen catalanes buenos y malos, que todos lo son, los Alós como los Pinós y, por supuesto, aquellos que, como yo, nos sentimos tan catalanes como españoles».

Hay un daño subterráneo de carácter social que corresponde íntegramente a las reservas intelectuales del independentismo para asumir sus propios costes: el engaño, por activa o por pasiva, sobre las implicaciones de la independencia de Cataluña. No se trata de ocultaciones menores como qué hacer con la doble nacionalidad, la deuda catalana o la cooficialidad de los idiomas catalán y castellano. La peor de las imposturas del proceso es la transmisión de una seguridad que carece de cualquier base: la pertenencia de una Cataluña independiente a la Unión Europea. A diferencia del planteamiento de Alex Salmond en Escocia —la reina de Inglaterra, jefa del Estado escocés, y la libra esterlina, moneda del nuevo Estado—, en el proceso soberanista catalán se manejan dos variables: una ruptura unilateral en caso de no obtener una autorización para un referéndum plenamente legal y, por consiguiente, una relación hostil con España. Los más radicales —es el caso del europarlamentario de ERC Josep Maria Terricabras, según el cual «no me preocuparía que Cataluña quedase fuera de la Unión

Europea»—[25] llegan a marginar la variable de pertenencia a la Unión porque carecen de una respuesta convincente para su propio electorado y los que afrontan esta cuestión lo hacen con voluntarismo. Para Mas, en la entrevista antes citada, «no hay precedentes de un Estado que haya experimentado un proceso de estas características. ¿Cómo puede ser que una vieja nación europea no pueda aspirar a encontrar una solución, cuando ya formamos parte tanto de la Unión Europea como del euro, para hacer una transición nacional de estas características?». Para eludir los términos *separación* o *ruptura,* el presidente de la Generalitat echa mano de otro más propio del derecho civil que del derecho público constitucional: *emancipación.* El proceso catalán sería no tanto soberanista —que también—, sino especialmente de emancipación. Florituras en el voluntarismo.

Sin embargo —al margen de los pronunciamientos claros de los portavoces de la Unión—, sobre el particular se ha publicado un trabajo definitivo en la *Revista Jurídica de Catalunya,* suscrito por Teresa Freixes Sanjuán, catedrática de Derecho Constitucional de la Universitat Autònoma de Barcelona y de la Jean Monet, cuya conclusión es terminante: «Se puede afirmar que la secesión de un territorio de un Estado miembro de la Unión Europea es un asunto interno de cada uno de los Estados, que se rige, en primer lugar, en cuanto a su procedimiento, por su propio derecho y en segundo término, en cuanto al reconocimiento, por el derecho internacional. Si la secesión se consuma por los medios jurídicamente previstos, en el derecho interno, estamos ante el surgimiento de un Estado nuevo que, para ser considerado como tal, debe ser reconocido por la comunidad internacional, según las normas del derecho internacional, especialmente la Carta de las Naciones Unidas. Si el nuevo Estado quiere entrar en la Unión Europea, debe seguir los procedimientos descritos en los tratados para efectuar la adhesión como tercer Estado, cumpliendo con los criterios de Copenhague, declarando el respeto a los valores de la Unión, negociando la inte-

25. *El País,* 17 de mayo de 2014.

gración jurídica prevista en los treinta y cinco capítulos legislativos y, por último, formalizando la integración mediante la decisión unánime de todos los Estados miembros, tomada de conformidad con sus respectivas normas constitucionales».[26]

Para la Cataluña de los independentistas, la claridad de estos criterios se convierte en mera ingeniería argumental jurídica que obvia los aspectos políticos. Se regresa así a la «voluntad política» como taumatúrgica solución para franquear todas las barreras a una acción ilegal, como sería una declaración unilateral de independencia, arrojando confusión y desconcierto a la opinión pública catalana, que es muy sensible a esta cuestión, de tal manera que la aceptación de la independencia estaría en porcentajes muy altos condicionada en las encuestas a que Cataluña en ningún caso dejase de pertenecer a la Unión Europea. Salir de ella es, precisamente, el mayor riesgo —político y económico— que no ha resuelto ningún consejo asesor por más dictámenes que haya emitido. Supone, así, una de las debilidades de la iniciativa secesionista, pero también la autodestrucción de Cataluña prácticamente unánime en su adelantado europeísmo y en su vanguardista posicionamiento respecto a todas las iniciativas, culturales y económicas, procedentes del Viejo Continente en su conjunto.

Aunque el potencial destructivo del proceso soberanista es enorme y tiene distintas manifestaciones adicionales a las relatadas, una de ellas se refiere al distanciamiento hostil entre catalanes y los demás españoles, de tal modo que ha crecido mutuamente un doble sentimiento alojado a los dos lados del Ebro desde hace muchas décadas: la fobia anticatalanista y la fobia antiespañolista. Para el catedrático de la Universitat de Girona Ángel Duarte («España desde Cataluña: cepas de una apreciación de largo alcance», ensayo incluido en la gran obra coral *Historia de la nación y del naciona-*

26. «Secesión de Estados e integración en la Unión Europea: a propósito del debate sobre la permanencia en la Unión de Escocia y Cataluña como Estados segregados del Reino Unido y España», en *Revista Jurídica de Catalunya,* n.º 2, de 2014.

lismo español),[27] la hispanofobia es «la expresión culminante del prejuicio», que no sería «un rasgo accidental en el desarrollo del catalanismo político. Como no lo será en absoluto su reverso: la catalanofobia. Ambas expresiones de hostilidad tienen una solera secular. A pesar de las apariencias nunca se circunscribieron al ámbito de lo prepolítico —al aborrecimiento entre convecinos— y, aunque fueran presentadas como respuestas a agresiones e incomprensiones previas por parte del sedicente otro, se presentaban y se presentan con evidente simultaneidad».

El mismo académico en su ensayo alude a la actualidad y vigencia de esas actitudes hostiles que —chequeando la realidad percibida— se localizarían en varios puntos: «Primero: es la prensa —de Madrid— la que envenena las relaciones entre los distintos integrantes de la nacionalidad española. Segundo: lo que desencadena las hostilidades y abre el ciclo no ya de los reproches, sino de las injurias, es la combinación de tres factores coincidentes. A saber, la consternación que produce en los españoles castellanos el cultivo de las letras propias, singulares, privativas, por parte de los catalanes; la inquietud inherente a una coyuntura de cambio en la estructura administrativa y política del Estado; y, *last but not least,* el reclamo de una protección para un ámbito socioeconómico que se entiende más moderno y progresivo».

A propósito de estas reflexiones del profesor Duarte, muy atinadas, hay que constatar cómo, efectivamente, los medios de Madrid y de Barcelona son agentes intervinientes en una pelea que enfrenta a ambas sociedades y que, en ocasiones varias, incorpora a su acervo utillaje que le es impropio (desde la artillería matritense sobre casos de corrupción en Cataluña directamente filtrados por instancias gubernamentales para deteriorar el proceso soberanista hasta editoriales conjuntos de los periódicos catalanes en un particular entendimiento de *fer país*) y una idiosincrasia de los españoles castellanos que sienten cierta perplejidad ante dos hechos: la singularidad lingüística catalana —mantenida por siglos— y que ha re-

27. Barcelona, Círculo de Lectores, 2014.

sistido la capacidad de asimilación del castellano, y una proyección simbólica de lo propio que enfrenta la rotundidad escurialense de Juan de Herrera con las curvaturas mediterráneas de Gaudí. Mientras la Corona de Castilla allí donde conquistó impuso no sólo la alianza indeleble entre el trono y el altar, sino también la uniformidad institucional y lingüística, la Corona de Aragón se expandió y se mantuvo con criterios confederales. Y de esa distinta mentalidad proceden las idiosincrasias en España que hacen de los catalanes los españoles más distintos, más diferentes de todos.

Pues bien, esta desafección histórica —apenas quebrada por actos de confraternización como el de los intelectuales castellanos que viajan a Cataluña en 1930 para celebrar unidos la caída de la dictadura de Primo de Rivera— es sobredimensionada por algunos y matizada por muchos, especialmente en estos años y desde que comenzó el proceso soberanista.

El 11 de febrero de 2014, a propósito de este tema, escribí en *El Confidencial* un artículo titulado «¿Amamos o detestamos a los catalanes?» en el que sostenía, entre otros razonamientos, los siguientes:

> Así lo piensa, por ejemplo, el catedrático Germà Bel, que en su libro *Anatomía de un desencuentro*[28] dedica todo un capítulo, el segundo, a argumentar que los catalanes no son queridos por los demás españoles, aunque basándose en que la malquerencia se fundamentaría en el deseo de los catalanes de ser diferentes. El académico —que ha pasado del socialismo del PSC a defender con ardor el derecho a decidir— se hace la siguiente pregunta: ¿se explica el auge del apoyo a la independencia porque los catalanes *son* (sic) diferentes?
>
> La aproximación a lo que ocurre ahora en Cataluña basada en esta tesis tiene mucho sentido desde el punto de vista del secesionismo, porque es cierto que el libro *Identidades, actitudes y estereotipos en la España de las autonomías*[29] del profesor José Luis Sangrador García ofrece a Germà Bel muchos datos. Los más relevantes —y no hay por qué dudar de su certe-

28. Barcelona, Destino, 2013.
29. Madrid, Centro de Investigaciones Sociológicas, 1996.

za— demostrarían que «la actitud hacia los catalanes del resto de los grupos territoriales es la que tiene el valor más bajo en todas y cada una de las regiones, y con diferencia. Es el único valor que queda por debajo del 5, que se suele considerar el límite psicológico del suspenso, y queda a gran distancia de los vascos, que reciben casi un 6».

Reproduciendo al profesor Sangrador, Bel constata que «los europeos son percibidos sistemáticamente y en todas las comunidades autónomas de modo más favorable que los propios catalanes, precisamente uno de los grupos que se siente más europeo». Y concluye Sangrador: «Los catalanes son, en efecto, los más rechazados como compañeros de trabajo en todas y cada una de las comunidades autónomas». Germà Bel recurre al inevitable Quevedo y su anticatalanismo obsesivo para concluir que «no hay cariño, hay interés».

Anatomía de un desencuentro es un ensayo que teoriza y argumenta con mucho énfasis ese desafecto que desconecta a los catalanes de los demás españoles. Y no puede negarse que el distanciamiento sentimental haya podido incidir en la crecida independentista, de modo que debemos plantearnos —como están haciendo los británicos con los escoceses— asumir que la diferencia de los catalanes, su idiosincrasia, su lengua, su cultura —además de la castellana de la que participan y a la que concurren—, deben ser consideradas activos del conjunto de España y no un motivo de hostilidad o aversión. Y a la inversa, no vendría mal que muchos catalanes considerasen que lo diferente no necesariamente es algo mejor, sino simplemente algo distinto que debe permitir lazos de amistad y de colaboración.

Creo, sin embargo, que, siendo cierto que muchos españoles están más cerca de detestar que de querer a los catalanes (y a la inversa) —de ahí el movimiento expulsionista, ese que propugna que Cataluña se vaya de España lo antes posible—, eso no justifica el secesionismo. Los estereotipos hostiles y sostenidos en el tiempo se producen en España y en muchos otros países. Ocurre entre la Francia del sur y la más germánica del norte; en la Italia rica del norte y la del sur pobre; entre el norte y el sur de Estados Unidos... y no por eso las unidades se destruyen salvo que todo argumento, incluso el sentimental, se ponga al servicio de una causa política tan implosiva como el independentismo.

Dicho todo lo cual, como Cameron y su Gobierno con Escocia, en España hemos de argumentar desde la cabeza, pero haciendo también un esfuerzo de empatía emocional con los catalanes, y de éstos con los demás españoles, si queremos que esta tensión centrífuga ceda y se recupere —aun en la inevitable diferencia que implica un cierto distanciamiento— la coherencia de un país plural como España, cuyos ciudadanos gestionan la diferencia de sus gentes con inteligencia emocional colectiva.

Frente al subrayado de Bel de lo que nos separa, otros analistas y escritores, como Antonio Muñoz Molina, han elaborado piezas acertadísimas sobre lo que nos une. Al autor de «Lazos catalanes»[30] y del extraordinario ensayo *Todo lo que era sólido*[31] dediqué el 3 de marzo de 2013 el siguiente artículo en *La Vanguardia,* que reproduzco porque expresé en él, con síntesis, el elogio que merecía un hombre tan pontifical en la España de hombres hereticales, en palabras de Pedro Laín Entralgo, como el escritor andaluz:

> Uno de los artículos más profundos de los muchos que se han publicado sobre las intensas relaciones entre Cataluña y el resto de España lo escribió en *Babelia* (25 de septiembre de 2012) el académico jienense Antonio Muñoz Molina. Se titulaba «Lazos catalanes» y terminaba con este párrafo: «Afirmarse negando parece un signo de los tiempos, muy arraigado, además, en la inhóspita vida política española, pero es posible que al negar al otro uno se esté despojando de una parte crucial de sí mismo». Estas frases eran el colofón de una impecable argumentación que constataba la necesidad de recordar «algunas cosas que ahora prefieren olvidarse, episodios de un pasado común que no encajan en las políticas oficiales de la memoria, o que, simplemente se pierden por la erosión constante de lo que sucedió ayer mismo».
>
> El viaje del escritor con la prosa castellana más transparente de entre sus contemporáneos es rápido, casi fugaz, pero feraz. Recuerda Muñoz Molina «la presencia inmensa que tenía Cataluña en la cultura española de la resistencia antifranquista, y los lazos tan estrechos que nos conectaban en cualquier ámbito de nuestra formación y de nuestra conciencia política». El recorrido del autor se detiene en los episodios de García Lorca en Barcelona, con la inmensa Margarita Xirgu en *La casa de Bernarda Alba,*

30. *El País,* 22 de septiembre de 2012.
31. Barcelona, Seix Barral, 2013.

una de sus grandes obras teatrales. Y se apea en Dalí y Luis Buñuel, y recuerda la revista *Destino* y al gran Néstor Luján, y a Ridruejo en Sitges y a Carmen Laforet, y las aportaciones de Barral y Salinas, de Gimferrer y Moix, de Vázquez Montalbán y Marsé.

Muñoz Molina es un intelectual humilde —y por eso, más convincente que otros— y apunta que no aspira a «desmentir, ni siquiera a compensar, una sensación de lejanía y agravio que se ha fomentado mucho desde los extremos de nuestra vida política y que probablemente es irreversible. Tan sólo me parece útil recordar que las cosas fueron mucho más complejas, y también más prometedoras, y que aquellos lazos tan estrechos nos alimentaron a todos más allá de esa lógica binaria del expolio y el chantaje que ahora tristemente se ha impuesto».

En el ensayo de Antonio Muñoz Molina titulado *Todo lo que era sólido*, texto de reflexión sobre los disparates de la vida pública española de los últimos años, el autor oficia de notario de realidades que explica con las palabras que a nosotros nos faltan y que adjetiva hasta radiografiarlas en toda su dimensión. En los *flash-backs* del autor emerge Cataluña con alguna frecuencia. «En la cultura española del antifranquismo, el brillo de Cataluña y de Barcelona lo permeaban todo», sostiene. Recuerda las canciones —«himnos», las denomina— de Lluís Llach, de Pi de la Serra, de Raimon, en los que se agitaban banderas catalanas al mismo ritmo que las andaluzas. Y enfatiza: «La autonomía de Cataluña y la plena libertad del catalán formaban parte indisoluble de la ambición común de las libertades civiles. No era que uno se solidarizara con la causa de otros; era la misma causa la que compartíamos».

¿Se han olvidado esos lazos catalanes que lo eran de todos los españoles que querían la libertad? Lo parece. Muñoz Molina, quizá en un lamento por la liquidez de lo que antes fue sólido, relata cómo «primero se hizo compatible ser de izquierdas y ser nacionalista. Después se hizo obligatorio. A continuación declararse no nacionalista se convirtió en la prueba de que uno era de derechas. Y en gradual abaratamiento y envilecimiento de las palabras, bastó sugerir educadamente alguna objeción al nacionalismo ya hegemónico para que a uno lo llamaran facha o fascista».

Este ensayo de Muñoz Molina está llamado a ser uno de los libros importantes de este tiempo de España y de Cataluña. No sólo por su hondura general, sino también porque subraya aquello que se olvida: que las libertades de unos fueron obra del conjunto, que Cataluña recuperó sus instituciones por ella y por los demás, y los otros las pudieron disfrutar por el común esfuerzo de los catalanes. No hemos llegado hasta aquí en el disenso, sino en la empatía, y acaso nadie tenga el derecho de la amnesia de los lazos que a todos nos unieron y que ahora se quieren destruir. Muñoz Molina lo advierte sin dejar de apuntar en su ensayo cómo «el mimetismo nacionalista se instaló en todas partes», acaso una de las causas del fracaso del modelo territorial de la Constitución de 1978, pero ese error no justifica que pasemos por la vida «con los ojos entrecerrados, los oídos entorpecidos, los pensamientos aletargados», cita de Joseph Conrad que queda esculpida en el frontispicio de este ensayo noventayochista de un enorme Muñoz Molina.

VIII

El problema de España con Cataluña y de Cataluña con España es gravísimo y, al margen de la suerte —más bien incierta y con un perfil altísimo de improbabilidad— del proceso soberanista, deberíamos asumir que tenemos una disfunción en la convivencia nacional que, si creímos haber resuelto en la Constitución de 1978, se revela como resistente después de aquel esfuerzo constituyente. No se trata sólo —ni quizá principalmente— de modelos territoriales (federales o autonómicos), sino de manejar los hilos de la política y las pulsiones sentimentales recíprocas para encontrar una nueva ventana de oportunidad y no destrozar de nuevo ese «vivir juntos» que tanto ha costado a los españoles.

En enero de 2015 se reunió en Madrid un plantel indiscutible de juristas y sociólogos en CaixaForum: desde Santiago Muñoz Machado hasta Francesc de Carreras, pasando por Fernando Vallespín o el filósofo Félix Ovejero Lucas. La conclusión fue que el «melón de la Constitución no está lo suficientemente dulce» para abrirlo. O, en otras palabras, que una solución constitucional, en pleno proceso de empeño independentista, podría estar contraindicada. Seguramente es así. Habrá que dejar que transcurran los procesos electorales de 2015 y que se alcance una panorámica suficientemente amplia y un cierto reposo emocional y político para ensayar soluciones. Que sólo son dos: buscar la manera de renovar los pactos de nuestra convivencia —los de 1978— sin recurrir a traumatismos coactivos (artículo 155 de la Constitución) o llegar a un acuerdo, con reforma constitucional, que ofrezca la posibilidad de mantener la definición indivisible del Estado, pero ofertando una alternativa a la canadiense: mediante una Ley de Claridad que lleve la aritmética electoral donde ahora sólo hay aproximaciones demoscópicas o «procesos participativos» como el del 9-N de 2014, sin garantías suficientes.

No es sostenible, ni en términos políticos ni en términos sociales, una tensión como la que ahora se registra entre Cataluña y el resto de España. Entre otras razones, porque si se mantuviera comenzarían a aparecer síntomas de fatiga que afectarían a la economía y tintarían la situación con un diagnóstico mucho más sombrío que el actual. Incluso aunque fracase el proceso soberanista, en Cataluña se ha sembrado y ya ha crecido el espíritu de la reivindicación independentista como en Quebec o como en Escocia. Esto nos obliga a asumir que España se sitúa en el rango de los Estados con una grieta en su concepción territorial unitaria. Más vale que lo asumamos y que lo relativicemos, porque desde las categorías absolutas —y más si son las políticas— nos encontraríamos ante un callejón sin salida. Lo sería también la terapia brutal de un proceso constituyente, en tanto que una negociación abierta sobre las bases constitucionales de 1978 resultaría más realista e históricamente más equilibrada. Deberíamos ensayar lo que jamás hicimos en el pasado: en vez de romper, reformar. La historia del constitucionalismo español ha sido un encadenamiento de entusiasmos y frustraciones, de vigencias y derogaciones, de éxitos y de fracasos. Romper con esa espiral tan estéril, por lo que hace a Cataluña y su inserción en España, resultaría un experimento extraordinariamente conveniente para nuestra autoestima colectiva, siempre y cuando se base en dos conceptos, en dos comportamientos y dos expresiones que los españoles hemos omitido: la lealtad recíproca y el respeto mutuo. Abandonemos la emulación entendiendo que la diferencia no es discriminación ni privilegio, y no hagamos pasar éste por singularidad afectando al principio de la ciudadanía que consiste en la igualdad de derechos y obligaciones. Quizá se trate, en definitiva, de absorber de manera irreversible y definitiva la contemporaneidad que hace tiempo dejó de ser pacífica y cuyo signo es el de la conflictividad. España no puede ser de manera *recidivante* el «proyecto malogrado» sobre el que Jordi Pujol escribió en 2009 el guion —un guion casi clandestino— de lo que ahora está ocurriendo, que es la implosión de España.

4

Ocho apellidos vascos

En el País Vasco mañana será tarde, pero no para buscar nuevos pactos o conciertos, caras distintas, proyectos regeneradores. Allí la crisis no es aún económica ni política, sino anterior a la política. Antes de hablar de financiación, de competencias, de leyes, de lenguas, hay que restaurar la decencia. Nada nuevo podrá construirse mientras persista el silencio, el disimulo, la cobardía social frente al relato que está construyendo el nacionalismo homicida y étnico. No hay política ni es posible hablar de ética entre viudas humilladas y huérfanos excluidos. Las víctimas tienen que dejar de ser culpables, los asesinos no han de seguir haciéndose pasar por víctimas. Es una simple cuestión de discurso, de relato. Al pan, pan. Antes de entrar en la política, hay que romper la muralla invisible, cínica, de la corrección política nacionalista.

Hubo un tiempo, al final de los noventa, en que la mafia etarra estuvo contra las cuerdas. Le salvó la campana del 11-M, porque la ceguera oportunista de la derecha y el oportunismo ciego de la izquierda acabaron por blanquear la siniestra marca de la serpiente. Volvió el silencio, volvió a diseminarse la venenosa marea del miedo y de nuevo el Estado se abstuvo de cualquier intervención, si es que no siguió retirándose. Y se hundieron socialistas y populares, y muchos votaron por el filoterrorismo para que, sintiéndose fuerte, no necesitara recurrir a las armas. Hoy sus matones están en ayuntamientos, diputaciones y juntas. Viejos delatores encabezan instituciones públicas. No matan, pero ni se han disuelto ni han entregado las armas, es decir, que amenazan.

Nada podrá construirse mientras esto ocurra. El PNV tiene la llave, en sus manos está inclinar la balanza. O en manos de los que pueden forzar a los nacionalistas a hacerlo. Como sea, sin el rechazo moral y universal de cinco décadas de infamia y crímenes no habrá libre normalidad para Euskadi, es decir, para España.

I

El 10 de octubre de 1998 a primera hora de la tarde acudí a Alcalá-Meco. Jaime Mayor me había tramitado los permisos necesarios en Instituciones Penitenciarias. Sin saber que era el cumpleaños de Xabier Salutregi, le llevaba un regalo: *El hereje,* la última novela de Miguel Delibes, publicada ese mismo año. El recuerdo de cómo eran las instalaciones carcelarias me resulta ahora borroso. No olvido, sin embargo, cómo me encontré con Xabier Salutregi en una pequeña sala, austera, separados por una mesa y sentados frente a frente. Tampoco recuerdo quién comenzó la conversación. Quizá lo hiciera yo, pero no estoy seguro. Retengo, sí, su expresión de sorpresa al verme. Una sorpresa que le hizo bajar la cabeza en una expresión que quise interpretar como de desolación.

—Te traigo un libro que te interesará. Es el último de Delibes y aquí tendrás mucho tiempo para leer.

—Gracias, muchas gracias.

—Estás más delgado y te veo bien de aspecto.

—He dejado de fumar y hago mucho ejercicio, me cuido, aquí tienes que cuidarte.

—Si necesitas algo que pueda resolverte, dímelo.

—No, nada, te explicaría...

—No, de verdad, no quiero saber nada.

—Yo no...

—De verdad, Xabier, no me interesa.

Y no me interesaba en absoluto la versión de su relación con ETA, ni la exculpación que seguramente me iba a relatar.

Creía tener una cierta deuda con Xabier Salutregi Mentxaka, ex director del diario *Egin*. Estaba en prisión preventiva en Alcalá-Meco después de que Baltasar Garzón ordenase el cierre cautelar del periódico por presunta pertenencia al entramado de la banda terrorista ETA.

La visita fue breve, casi fugaz. Me sentí aliviado porque hasta tiempo después interpreté en conciencia que aquel mes de octubre de 1998, apenas después de nueve meses instalado en Madrid, huido prácticamente de la dirección de *El Correo* por las amenazas de muerte de ETA, erradicado, con mi mujer y mis hijos, de Bilbao, mi ciudad de nacimiento, de mis amigos, de una parte de mi familia, tenía que mostrar una superioridad moral absoluta sobre los que durante tantos y tantos años no habían provocado sino muerte, destrucción, terror y angustia.

Mayor Oreja, buen amigo y en septiembre de 1998 responsable de Interior, no opuso reparos a que visitase a Xabier Salutregi en la cárcel, aunque siempre he pensado que jamás entendió mi comportamiento. Se lo justifiqué con brevedad: «¿Te acuerdas, Jaime, del seudónimo Maite Soroa en *Egin*?». Sí, claro que se acordaba. Nadie medianamente enterado en el País Vasco podía ignorar que la revista de prensa que elaboraba todos los días *Egin* bajo esa firma sólo tenía un objetivo: la advertencia amenazante hacia otros periodistas y medios que escribían u opinaban de los terroristas y de su entorno. Aparecer en la sección de Maite Soroa era tanto como un aviso que invitaba al silencio o a la huida.

«Acuérdate, Jaime, ya te lo conté. Llamé a Xabier Salutregi en 1993, cuando ya era director de *El Correo Español-El Pueblo Vasco,* y le reprobé esa maldita sección, le dije que no se mencionase en ella a nadie de mi redacción, que dejasen en paz a mis periodistas, que él sería responsable de lo que ocurriese, que lo iba a escribir y yo mismo le iba a señalar como responsable de lo que les pudiese suceder.» Jaime Mayor Oreja sabía que no había una sola Maite Soroa, que Maite Soroa podía ser un tipo resentido como Juan

Manuel Idoyaga, u otro avinagrado y falaz como el actual diputado general de Guipúzcoa por Euskal Herria Bildu (EH Bildu), Martín Garitano, redactor jefe de *Egin* de 1984 a 1998. O el que ETA ordenase que fuera a través de Xabier Salutregi, el último director del periódico —órgano de expresión de la banda terrorista—, al que mucho tiempo después, en 2009, el Tribunal Supremo condenó por integración en banda armada, tras quedar acreditado que fue la cúpula de la organización criminal la que lo designó como director y a Teresa Toda como subdirectora del periódico.

Xabier Salutregi, por razones que para mí son todavía desconocidas, tomó cartas en el asunto y Maite Soroa durante una larguísima temporada dejó de hostigar a los cuatro o cinco veteranos profesionales de *El Correo* que cubrían la información de los crímenes de la banda, las policiales acerca de sus fechorías y los movimientos o las actividades de Herri Batasuna (HB). Durante muchos años, los etarras y su entorno civil debatieron sobre si era conveniente para sus intereses asesinar o no a un periodista significado. No tenían dudas sobre la conveniencia de hostigarlos, amedrentarlos y silenciarlos. Tampoco sobre la procedencia de atentados disuasorios en las instalaciones de los medios: bombas en sus instalaciones industriales, quema de los mazos de periódicos de madrugada ante los quioscos de venta, cartas admonitorias a los directores y responsables empresariales. Pero no tenían claro que hubiera que desplegar una *ekintza* (acción criminal) sobre los periodistas.

El asesinato de José María Portell, redactor de *La Gaceta del Norte* de Bilbao y mediador del Gobierno con ETA —aunque Rodolfo Martín Villa, responsable de Interior cuando se produjo el crimen, el 28 de junio de 1978, no tuvo la valentía de reconocerlo—, fue, en los años setenta y ochenta, una excepción. La banda terrorista justificó el atentado mortal en la circunstancia de que Portell era «un agente del Gobierno». La realidad fue otra: el periodista —un hombre impulsivo, de buena fe y un gran profesional— llegó a conocer demasiados detalles internos de la banda, vio caras y escuchó voces, estuvo en la primera de las negociaciones posteriores a la amnistía de 1977 y, cuando éstas volaron por los aires, se convirtió en un testigo incómodo. A Portell no lo asesinaron por periodista, sino por mediador informado en unas conversaciones frustradas como tantas otras. Sabía demasiado. Más tarde, en un momento de la historia de ETA que no sé concretar, los terroristas decidieron que cualquier víctima era adecuada a sus propósitos y si tenía que ser un periodista, que lo fuera.

A José Luis López de la Calle ETA lo asesinó el 7 de mayo de 2000 porque era un analista político de la edición de *El Mundo* en el País Vasco, y antes en *El Diario Vasco* de San Sebastián, con una trayectoria de izquierda militante, honrada y comprometida. La banda asesinó a Santiago Oleaga un año después, el 24 de mayo de 2001, en San Sebastián, porque era el director financiero de *El Diario Vasco,* pese a que su pulsión personal era nacionalista, y con ambos crímenes los etarras quisieron dar un escarmiento a dos gremios: al de los periodistas y al de los responsables de las empresas editoras de medios.

La mayoría de las voces de los que se salvaron de morir —tantas veces por pura casualidad— ha relatado su peripecia a la periodista navarra Ofa Bezunartea, que en 2014 escribió *Memorias de la violencia,*[1] una obra testimonial que le editó Manuel Pimentel. Citar a éste o aquél de los muchos que fueron sometidos al terror de ETA corre el riesgo de dejarse a alguien injustamente en el tintero de un recuerdo que cientos de periodistas vascos hemos querido ir atenuando hasta hacerlo casi desaparecer.

Hoy por hoy, transcurridos tantos años de aquella visita a Xabier Salutregi en la cárcel de Alcalá-Meco, creo que fue un error de juicio por mi parte. No le debía absolutamente nada al ex director de *Egin.* Al contrario: él me debía a mí y a mis colegas una deuda impagable, colosal, perpetua. Pero, como tantos y tantos, estaba entonces infectado de un virus moral que algunos denominan «síndrome de Estocolmo».

Estábamos agradecidos de que no nos matasen, de que no nos hostigasen, de que nos dejaran vivir —con cierta inquietud, pero

1. Córdoba, Almuzara, 2014.

vivir—. Les reconocíamos la generosidad de que sus pistolas no disparasen sobre nosotros, de que sus bombas no reventasen nuestras casas, de que sus extorsionadores no nos enviasen la carta con el «impuesto revolucionario». Y así mostraba yo mi agradecimiento a un delincuente —fue condenado por el Tribunal Supremo— que no hubiese dudado ni un solo minuto en justificar en su periódico el asesinato de uno de mis redactores, o la destrucción —una vez intentada— de la rotativa de *El Correo,* o el incendio de miles de ejemplares —lo que sucedió varias veces— de mi periódico en las calles de Bilbao.

He tardado, como cientos de miles de vascos, en darme cuenta de que durante décadas —al menos de 1980 a 2000— hemos asumido el papel de víctimas dóciles ante nuestros victimarios seguramente porque dimos por bueno el marco de referencia perverso que el terrorismo etarra —con la ayuda del nacionalismo— impuso en el País Vasco. Vivíamos en la lógica brechtiana según la cual «cuando el delito se multiplica, nadie quiere verlo» y nos ocurría como en el relato tenso y dramático de Martin Niemöller: no vendrán a por mí porque no soy guardia civil; tampoco soy militar, así que no me agredirán; no tengo posesiones ni fortuna, así que no me chantajearán... hasta que, finalmente, vinieron a por todos y nos introdujimos en un auténtico descalabro moral que propició movimientos erráticos en la sociedad vasca —aquiescencia, silencio, adhesión al nacionalismo protector—, perversiones valorativas inadmisibles ante asesinatos incomprensibles («algo habrá hecho», «era policía», «él se lo ha buscado») o huidas casi en desbandada hasta formar la diáspora vasca —José María Calleja tiene los datos más actualizados de su dimensión—, más desgraciada, o tanto, como la que se produjo tras la guerra civil de 1936-1939.

La sociedad vasca es una colectividad triste y cansada. Y todavía silente. Resulta incomprensible, por más que se trate de imponer un espíritu conciliador, que un hombre como Martín Garitano sea en la actualidad diputado general de Guipúzcoa. Este individuo es el responsable —con otros— del más ominoso de los titulares de prensa que puedan recordarse: el día de la liberación de José Antonio Ortega Lara en julio de 1997, el diario *Egin,* del que el cargo institucional más importante del territorio guipuzcoano era entonces redactor jefe, abrió el periódico así: «Ortega Lara sale de la cárcel».

El funcionario de prisiones burgalés estuvo encerrado como un animal durante 532 días en un zulo en Mondragón, en un pabellón industrial, custodiado por cuatro terroristas, entre ellos Josu Uribetxeberria Bolinaga, que murió de cáncer en su domicilio en enero de 2015, tras ser excarcelado dos años y medio antes de su fallecimiento. Yo bajé al zulo en el que estuvo recluido Ortega Lara con otros directores de periódicos españoles —Joan Tapia, Antonio Franco— y no puedo entenderme ni explicarme a mí mismo cuando solicité en octubre de 1998 a Jaime Mayor Oreja un permiso para visitar a Xabier Salutregi en Alcalá-Meco, al director del periódico que tituló de manera tal cruel y sádica la epopeya de un hombre extraordinario que, sumido en las tinieblas de un zulo camuflado bajo una enorme maquinaria, húmedo, diminuto, maloliente e invivible, subsistió desde el 17 de enero de 1996 al 1 de julio de 1997.

Cuando contemplo la imagen de Martín Garitano —que concedió un premio institucional a *Egin* siendo ya diputado general de Guipúzcoa—, se me acidifica la saliva y se me contrae el estómago. Regreso a aquel julio de 1997, cuando, con mi mujer y mis tres hijos aún pequeños, nos echamos a la calle para reclamar a ETA que no asesinase a Miguel Ángel Blanco. Lo hicieron pese a que nos desgañitamos gritando en la Gran Vía de Bilbao para que no lo hicieran, para que no nos robasen el futuro de nuestro país con un crimen tan atroz, tan inútil, tan inhumano. Pero sí, lo hicieron. Y me enteré cuando, después de comer, aquel sábado inolvidable y maldito, con ese calor turbulento y anunciador de galerna tan propio del estío bilbaíno, me dirigía en coche al periódico. «Director, Blanco ha entrado agónico en el hospital; lo han hecho.» Llegué a una redacción congelada por la impresión. Entré en mi despacho, cerré la puerta y durante horas —me pareció una tarea hercúlea— escribí el editorial, que titulé «Desafío al pueblo y al Estado» y que se publicó en todos los periódicos del Grupo Correo. En la tarde noche de aquel 12 de julio de 1997, en las calles del País Vasco comenzó a nacer el «espíritu de Ermua», localidad de la que el joven Miguel Ángel Blanco era concejal por el PP.

Nadie está seguro en el País Vasco de que los victimarios no pretendan ahora transformarse en héroes de un conflicto entre Euskadi y el Estado. Y si los asesinatos de ETA y su sangrienta trayectoria han pasado a ser el pretérito, el presente vasco y español libran una pelea sorda: la batalla por un relato justo y moral de lo que significó el terrorismo de ETA, y el examen de conciencia y la contrición que la sociedad vasca se debe a sí misma y al resto de la sociedad española.

II

La vasca ha sido —y lo es— una sociedad psicológicamente enferma. Es, como colectividad, inconsciente aún del esfuerzo que tendría que hacer para reparar la automutilación que su silencio y su miedo —su falta de arrojo— han infligido en su autoestima. El mejor conocedor de las interioridades de la banda terrorista y uno de los periodistas que con más perspicacia observan la sociedad vasca —yerno del asesinado primer mando de la Policía Autónoma Vasca, el teniente coronel Carlos Díez Arcocha, el 7 de marzo de 1985—, escribió un libro especialmente lúcido, que tituló *Las raíces del miedo*.[2] En unos párrafos breves, Florencio Domínguez explica la patología que afecta a la sociedad vasca:

> La historia de los últimos veinticinco años del País Vasco no podrá entenderse en toda su complejidad si no se tiene en cuenta un factor que

---

2. Florencio Domínguez, *Las raíces del miedo: Euskadi, una sociedad atemorizada,* Barcelona, Aguilar, 2003.

la atraviesa a lo largo de este período: el miedo. Una parte notable de su población, posiblemente la mayoría, ha vivido este tiempo bajo el temor, más o menos intenso según las épocas. Este sentimiento, negado y oculto las más de las veces, a menudo ha condicionado el comportamiento de los ciudadanos, ha alterado valores sociales básicos y ha distorsionado la vida pública. El clima de miedo ha necesitado para instalarse tan profundamente una organización terrorista dispuesta a todo para imponer su voluntad, con capacidad para silenciar, en sentido literal y no metafórico, a los adversarios, a los críticos, a los desafectos, y llegado el caso, a los afines. Una organización terrorista convertida en poder fáctico, sin control de nadie, sin más límite que su voluntad totalitaria.

Y continúa:

En segundo lugar, ha sido necesaria la existencia de una amplia red civil afín a los terroristas, una red imprescindible para llevar a todos los rincones de la sociedad la amenaza de ETA, para colocar de forma personalizada ante cada ciudadano el dedo acusador que se sabe de la misma mano que aprieta el gatillo. Esta red civil, por llamarla de algún modo, ha sido tan determinante o más que la propia ETA en la extensión del miedo. El crimen se impone por sí como factor de intimidación, pero sus efectos se multiplican si existen simpatizantes de los criminales que se sitúan ante el profesor universitario para decirle que él puede ser el siguiente, ante el concejal para tacharlo de enemigo de Euskal Herria, ante el pacifista para recordarle que conocen su domicilio, ante el empresario para gritarle que el mejor patrón es el patrón colgado, ante el periodista para responsabilizarlo de la prolongación del conflicto. Esta red legal pone nombre y apellidos a las amenazas y actúa como poder vicario de ETA. A menudo crea el ambiente político necesario para justificar el crimen que vendrá más tarde. Además, el miedo ha necesitado para prosperar una sociedad acobardada, efecto, por un lado, de la intimidación, y causa, a un tiempo, de cobardías futuras. El miedo de muchos empresarios ha alimentado financieramente a ETA ayudándola a incrementar su capacidad de terror.

La descripción de Domínguez es exacta. Y no sólo eran los epígonos de ETA los que sembraban el miedo. Una parte del nacionalismo —la más radical del PNV— contribuía a su generación y extensión. Me resulta vomitivamente inolvidable la lista que un sicario de las peores voluntades políticas de Euskadi, José Ramón Blázquez, publicó en el diario *Deia* en 2002. El texto se titulaba «Ránking del odio y la dignidad». Decía: «Creo que la clasificación más exacta de los maledicentes y traficantes de odio en España puede ser, hoy por hoy, la siguiente: 1) Pedro J. Ramírez, 2) Javier Arenas, 3) Carlos Dávila, 4) José María Aznar, 5) José Antonio Zarzalejos [o sea, yo], 6) Jaime Mayor Oreja, 7) Luis del Olmo, 8) Fernando Savater, 9) José María Calleja y 10) Antonio Elorza».

Cuando Blázquez publicó esa lista, ETA asesinaba y no dejaría de hacerlo en España hasta 2009 y en Francia hasta 2010. Eludo la lista de los «dignos españoles» que no merecían sino elogio por sus actitudes porque resulta tan ofensiva para ellos como la de los que éramos «maledicentes» y «traficantes de odio». Un dato curioso: en el elenco de los «antivascos odiosos» cuento hasta cuatro que nacimos y vivimos en Euskadi; en la de los «dignos», sólo uno. Los peores enemigos de ETA y de sus entornos nunca fueron los «españolistas», sino los vascos que lo éramos.

«El miedo es libre», decían los filoetarras. ¿Cómo no lo iba a ser si, socializado por los crímenes de la banda, no hubo segmento social, ni época temporal en la que las pistolas dejasen de disparar? Los terroristas, heroicos *gudaris* (soldados) para sus *hooligans,* no mostraron jamás un adarme de valentía criminal. El primero de sus crímenes deliberados se produjo en 1968, pero en 1960 ya asesinaron a un bebé de veintidós meses —Begoña Urroz Ibarrola— cuando le alcanzó una bomba incendiaria en San Sebastián. Durante el franquismo, ETA causó 45 víctimas mortales. Durante la Transición, y pese a la Ley de Amnistía de 1977, los etarras asesinaron a 105 personas, y en plena democracia —qué gran paradoja— asesinaron a 708. Entre todas estas víctimas, está documentado el asesinato de veinticuatro niños. Seis en la casa cuartel de la Guardia Civil en Zaragoza el 11 de diciembre de 1987. Una niña, hija de una agente de policía, cuando estalló su coche por la explosión de una bomba lapa el 15 de abril de 1991; sus tres hermanos resultaron gravemente heridos. Ese mismo año, el 7 de noviembre, ETA asesinó a otro bebé, hijo de un guardia civil, cuando lo trasladaba en su vehículo; su hermano también resultó herido. Éstos fueron los episodios más cruelmente llamativos, pero hubo muchos más. Hay que remitirse al imprescindible libro *Vidas rotas: historia de los hombres, mujeres y niños víctimas de ETA,* que en 2011 publicaron Rogelio Alonso, Florencio Domínguez y Marcos García Rey.[3] Se trata de una obra estremecedora y dramática que alcanza su punto culminante en el relato de 1980, año en el que la banda terrorista asesinó a casi un centenar de personas.

Los autores —que con propiedad histórica se refieren a los cincuenta años de duración del fenómeno terrorista de ETA— cifran en 857 los seres humanos víctimas mortales de la organización criminal. Se han escrito extraordinarias obras de testimonio, resistencia moral, denuncia y análisis de ETA y su entorno. Lo han hecho desde los brillantes y comprometidos Jon Juaristi y Patxo Unzueta, hasta Aurelio Arteta, Kepa Aulestia, José María Calleja, Ángeles Escrivá, Luis Rodríguez Aizpeolea, Fernando García de Cortázar, Fernández de Casadevante... y tantos otros, pero la obra memorial definitiva es la de estos tres expertos que han convertido su investigación —de años, detallada, precisa y exacta— en una referencia imprescindible.

Hay además una pieza sobresaliente, lúcida, estallante e inolvidable que no puede pasar desapercibida cuando se establece una referencia al criminal año 1980 en aquel Euskadi de plomo. Se trata de uno de los artículos más sobrecogedores de un escritor español en la vanguardia del pensamiento moral: Antonio Muñoz Molina. El artículo, titulado «Los desalmados»,[4] narra en primera persona la contemplación de un atentado mortal contra tres guardias civiles en San Sebastián. El autor andaluz cumplía allí su servi-

3. Barcelona, Espasa, 2011.
4. *El País,* 25 de octubre de 2014.

cio militar. Y observó el atentado con el radar de su mente y lo captó con unos ojos atónitos.

Escribe: «Desde la iglesia, el sacerdote oye con aprobación los disparos. Puede que murmure una oración en euskera por los ejecutores, que se sienta orgulloso de su pequeña contribución a la causa: la información que le dieron los propios guardias civiles él la transmitió de inmediato a quien correspondía». Luego constata: «Un guardia está vivo aún, se ha movido. Alguien lo remata rápido mientras los otros suben al coche que ya ha arrancado». Y añade: «1980 es la crónica del año más sanguinario del terrorismo. Doscientos atentados. Un muerto cada tres días. Yo me acuerdo. Yo estaba allí. Yo abría el periódico y veía esos titulares y esas fotos en blanco y negro que Iñaki Arteta ha filmado en las hemerotecas. Y, para mi vergüenza, como casi todo el mundo, salvo las víctimas, yo prestaba una atención distraída a todo aquel horror. Lo dice Aurelio Arteta en el documental con un remordimiento lleno de nobleza: "Yo también era un desalmado. No tenía alma para fijarme en lo que sucedía". A los guardias civiles y a los policías asesinados les decían una misa rápida y luego embalaban sus ataúdes en las furgonetas por las puertas traseras de los cuarteles. Al hijo de un asesinado no volvió a sentársele cerca ni hablarle ningún niño de la escuela. Eran las víctimas y también eran los culpables. La austera eficacia testimonial de 1980 es inseparable de su categoría estética, su poderío de gran cine documental. La serenidad tristísima de los familiares de los asesinados es tan sobrecogedora como el examen de conciencia del profesor Aurelio Arteta, que se pregunta por qué tardó tanto en darse plena cuenta del horror, o el de Teo Uriarte, que estuvo en ETA en su primera juventud y no elude la parte de responsabilidad que le toca». Como Muñoz Molina, yo también estaba allí. En 1980 tenía veintiséis años y lo que cuenta el escritor jienense es la realidad. Tal cual.

Como tal cual —lo conocí lo suficiente para acreditarlo— es la descripción que Muñoz Molina —una descripción impagablemente exacta— hace de José María Setién: «Pero nada ni nadie da más miedo en el documental que el otro fantasma lívido del pasado, monseñor Setién, aquel obispo de San Sebastián que nunca tuvo un solo gesto de piedad hacia ninguno de los asesinados. Monseñor Setién enuncia fríos silogismos sobre lo que él llama "derechos colectivos" moviendo unas manos pálidas que parecen tan heladas como la expresión de su cara. Ronda las palabras antes de decirlas como si manejara vísceras dudosas con un bisturí. Una vida entera de hipocresía vaticana y frialdad de corazón ha adiestrado sus músculos faciales en esa perfecta impasibilidad que parece exclusiva de los grandes inquisidores y de esos salvadores y líderes que por amor a una comunidad ideal —un pueblo, una patria, una clase, una raza, la humanidad— están dispuestos a aprobar e incluso a bendecir tantas ejecuciones como sea necesario».

Un andaluz de Jaén retrataba velazqueñamente la gélida personalidad de un hombre detestable como José María Setién. Habría que espetarle —desde la *vasquidad* de quien escribe— lo que el papa Inocencio X respondió a Diego de Silva y Velázquez cuando le mostró en Roma su retrato: *Troppo vero.* Demasiado fiel con la realidad como para que resulte soportable, sin lágrima mediante, el retrato de la tragedia.

El miedo no sólo se nutrió con asesinatos, como los de esos tres guardias civiles en 1980 en San Sebastián, y destrucciones materiales, sino también con otros instrumentos delictivos en ocasiones menos irreversibles, pero en todo caso aspersores del terror. ETA no ha dejado nunca de tener en cuenta que los efectos de sus acciones delictivas alcanzaban siempre dos objetivos: el propio que buscaba la acción ilícita —matar a una determinada persona, por ejemplo— y el adicional de expandir la advertencia de que nadie se encontraba libre de someterse a su ucase criminal. El secuestro, por una parte, y el chantaje, por otra (denominado «impuesto revolucionario», lenguaje pervertido que creaba un marco de referencia cognitivo que descargaba de vileza tanto la extorsión como su pago), de tal manera que los terroristas no dejaron ni una sola tecla de la infamia por tocar.

Desde 1970, la banda terrorista —la ETA político-militar, la ETA de los Comandos Autónomos Anticapitalistas y la ETA militar— ha secuestrado a más de setenta personas. Algunas de ellas fueron asesinadas, pero la mayoría pagó los rescates, que fueron para la organización una fuente de financiación abundantísima. La policía y los tribunales —más aquélla que éstos— conocen de pagos que llegaron a los mil millones contantes y sonantes, siendo uno de los secuestros más rentables para los terroristas el de Cosme Delclaux, hijo de un patricio vizcaíno secuestrado por ETA el 11 de noviembre de 1996 y liberado —si bien en condiciones físicas y mentales muy diferentes— el mismo día que Ortega Lara, el primero de julio de 1997. Obviamente, si al funcionario de prisiones lo liberó la Guardia Civil, a Cosme Delclaux lo hizo la propia banda cuando recibió el pago del rescate.

En el País Vasco, hasta hace muy pocos años, era usual que las familias con grandes fortunas y los altos ejecutivos de empresas contratasen seguros fuera de España para que se abonase el rescate en caso de secuestro. Incluso se llegó a especular con que muchos de ellos se hicieron implantar microchips subcutáneos para emitir señales de localización y poder ser así rescatados prontamente. Nunca, claro está, en colaboración con las Fuerzas y Cuerpos de Seguridad del Estado, ni con la Policía Autónoma Vasca —a la que durante muchos años estos sectores profesaron abierta desconfianza—, sino con empresas de seguridad españolas, pero preferiblemente extranjeras.

La alta burguesía vizcaína —quizá sería más propio hablar de la plutocracia vasca—, después de haber colaborado activamente con el régimen de Franco, quedó domesticada por el ventarrón criminal de ETA. Desde que en junio de 1977 la banda secuestrase y asesinase al patriarca de la clase dirigente vizcaína asentada en Neguri —Javier de Ybarra y Bergé—, sin que ésta reaccionase ni bien ni mal, limitándose a contemplar cómo los delincuentes ponían de rodillas a un colectivo de empresarios, banqueros e industriales desactivados de cualquier capacidad de reacción, buena parte del empresariado vasco y de los colectivos profesionales se entregaron mansamente al pago de la extorsión etarra. Los que se resistieron tuvieron que marcharse.

Sólo dos grandes figuras —ambas ya desaparecidas— del empresariado vasco elevaron su voz y se negaron a la extorsión. Juan Alcorta, buen amigo de Felipe González, en abril de 1980 dijo públicamente que se negaba a pagar lo que ETA le exigía; que no lo haría de ninguna manera. Y no lo hizo. Tampoco Luis Olarra. En 1982 anunció que también se negaba a abonar cantidad alguna a la organización criminal. Pero el vizcaíno fue más allá: advirtió de lo que denominó «un plan de lucha directa» contra el terrorismo si él o algún miembro de su familia eran víctimas de la banda. Corrió la especie —verosímil en todo caso— de que Olarra habría contratado a individuos de la mafia marsellesa para vengar cualquier represalia de la banda terrorista.

Los de Alcorta y Olarra fueron en el País Vasco comportamientos excepcionales que confirmaron la regla según la cual «se pagaba y se callaba». Las formas de hacerlo delataban no sólo múltiples complicidades —entre ellas de no pocos eclesiásticos—, sino también la situación de impunidad que durante muchos años fue la tónica general. Quizá sería más correcto no conjugar el pretérito cuando se hace referencia a la impunidad etarra. En 2015 —es decir, casi seis años después de que ETA haya dejado de atentar— se ha determinado que entre un 35 y un 40 por ciento de sus crímenes están por esclarecer. La memoria de la Audiencia Nacional acredita que están pendientes de cerrarse y juzgarse 271 causas que afectan a 349 víctimas. La mitad de estas causas están archivadas provisionalmente y otras activas tratando de evitar la prescripción del delito.

En diciembre de 2014, el periodista Juanfer F. Calderín presentaba el libro titulado *Agujeros del sistema: más de trescientos asesinatos de ETA sin resolver*;[5] como relataba el diario *El Mundo* el 8 de febrero de 2015, «es una cuenta de negligencias, errores y actitudes de desidia las que pueblan las 382 páginas de esta obra» que califica de «desgarradora». Las situaciones que describe este libro resultan exasperantes para las víctimas y auténticos baldones para el

5. Álava, Ikusager, 2014.

propio Estado que, ni antes ni ahora, se ha puesto manos a la obra para impulsar investigaciones criminales ralentizadas por el adormecimiento ético que proporciona la larga temporada sin atentados de la banda terrorista.

Por su parte, Luis Rodríguez Aizpeolea, un auténtico especialista en la materia, se hizo eco de este problema. En un reportaje titulado «Sin verdad compartida sobre ETA»,[6] el periodista recoge las diferentes versiones —del Gobierno central, de la Fiscalía, de las víctimas del terrorismo, del Gobierno vasco— acerca del número de los asesinatos de la banda, así como de los atentados sin esclarecer que sitúa en los años de la Transición. «Las causas de esta anomalía —escribe— las explica el informe de la Oficina de Víctimas del Terrorismo, dependiente de Interior, de diciembre de 2013. Varios factores confluyeron: la frenética actividad terrorista, sobre todo entre 1978 y 1983; la ausencia de medios informáticos; la existencia de sólo dos juzgados de instrucción frente a los seis de hoy en la Audiencia Nacional, creada en 1977, y la asunción por parte de juzgados vascos de causas que no remitían a la Audiencia.»

Ha sido también el abogado y analista bilbaíno José María Ruiz Soroa («La luz que nunca se encendió»)[7] el que plantea que «en la historia del fenómeno terrorista de ETA existe un concreto aspecto que puede calificarse como de verdadero agujero negro, es decir, como una parte de la realidad que se resiste a dejarse conocer y que atrapa en su oscuridad a todo lo que la rodea». Se refiere a la «extorsión económica practicada durante decenios por ETA en contra de empresarios, directivos y profesionales».

Ruiz Soroa acierta a exponer cómo la sociedad vasca «nunca quiso afrontar» un «debate abierto» sobre esta cuestión y añade que «también fue un punto ciego para la justicia», porque «prefirió no investigar [...] ni sancionar las cesiones al chantaje, por mucho que tal cesión objetivamente pudiera constituir un delito de colaboración con el terrorismo». El abogado bilbaíno se hace eco de investi-

6. *El País,* 13 de febrero de 2015.
7. *El País,* 2 de febrero de 2015.

gaciones según las cuales hasta nueve mil personas fueron extorsionadas —y la mayoría cedió al chantaje—, obteniendo ETA por estas prácticas, según los papeles incautados a la banda en Sokoa (Francia), más de 1.100 millones de pesetas. Sostiene el articulista que el impacto sobre la economía vasca de este chantaje tan generalizado alcanzó el 9 por ciento de su PIB en los años ochenta y noventa, que se compensaron por el sistema del concierto económico, que implicó una sobrefinanciación para Euskadi, de tal manera que «la política vasca consiguió compensar el daño que el terrorismo causaba, lo que al final trajo consigo un proceso de globalización o socialización sobre toda España de buena parte del impacto del terrorismo».

Para Ruiz Soroa no es medible el «sufrimiento humano experimentado» por las víctimas, ni «la angustiosa soledad» que experimentaron con la extorsión en la medida en que «compraban la seguridad» y debieron deambular por senderos humillantes de mediación para abonar el chantaje. Ese sentimiento de compasión creo que lo sentimos todos dentro y fuera del País Vasco, pero, mientras unos resistieron —los menos—, otros no lo hicieron. Es «clamorosa la ausencia del más mínimo debate público o institucional sobre los criterios a seguir en el caso de la extorsión terrorista, sobre los valores en juego, el valor de la seguridad personal y el desvalor de sostener el terror [...]. Es el debate que nunca se tuvo y es curioso señalar que es el debate que tampoco hoy [...] encuentra su lugar en la política, en la opinión o en la justicia españolas», escribe el analista vizcaíno.

Lo más llamativo del artículo de Ruiz Soroa, sin embargo, es la noticia —poco conocida— de que el Tribunal Supremo en 2012 reconoció en una sentencia la no existencia de antecedentes judiciales de enjuiciamiento e investigación sumarial de pagos de chantajes, a pesar de que era un dato obvio que desde 1975 se había generalizado la extorsión. O sea, «en la administración de la justicia en España —y a estas alturas de la historia— no hay antecedentes de esta concatenación de acciones delictivas». Se trató, escribe el abogado bilbaíno, de una «no decisión: las instituciones nunca se plantearon qué debían hacer; sencillamente, no hicieron. Miraron para otro lado ignorando el Código Penal y dejaron que cada uno de los extorsionados se buscara la vida solo. El Estado de derecho coincidió con la sociedad en no querer asumir un debate que era difícil e incómodo, porque el mismo Estado que no podía garantizar la seguridad del extorsionado debía, sin embargo, pedirle que no lo cediera». El articulista forma parte de un grupo de expertos que en la Universidad de Deusto se está dedicando multidisciplinarmente a averiguar las fuentes de financiación de ETA.

Si aún hoy sumamos los «agujeros negros» sociales, políticos y judiciales que se perciben en la manera de afrontar el fenómeno del terrorismo de ETA, se llegará a la conclusión de que estamos lejos, como sociedad bien articulada, de poder dar por concluida su trágica trayectoria. Tampoco estaríamos en condiciones de sostener, como muchos hacen, que el terrorismo etarra es ya «sólo historia» y que éste es el momento de la paz y no el de la reparación; el tiempo histórico de la negociación y no de la justicia; la coyuntura para conciliar a las víctimas de un lado y del otro, como si lo fueran por causas equidistantes desde el punto de vista ético y legal; la oportunidad de dar carpetazo a un capítulo terrible de nuestra historia, como si todas las cuentas se hubiesen saldado.

Pero nadie ha contestado algunas preguntas: ¿qué hacer con la impunidad de los terroristas que han cometido hasta más de trescientos crímenes sin lograr detener y juzgar a sus autores?, ¿qué hacer con los ciudadanos que —mediante el pago de la extorsión a ETA o el rescate por secuestro— financiaron a la banda terrorista prolongando el dolor colectivo de este azote?, ¿cómo reparar el mal hecho al bienestar general de los españoles que padecieron con la socialización de la sobrefinanciación del concierto económico el impacto negativo que supusieron para la economía vasca las ingentes cantidades detraídas de los patrimonios privados?, ¿qué hacer, en fin, con los mediadores de esos pagos a los terroristas que siguen viviendo tranquilamente en las ciudades y pueblos de Euskadi, y que son perfectamente conocidos en amplios círculos sociales?

Pernando Barrena —un vocero de lo que queda de ETA, insertado en su actual entorno civil de nuevo legalizado— ha declarado de manera reiterada que «el arrepentimiento y la delación» son dos «líneas rojas» que los presos de ETA jamás traspasarán. En otras palabras: persiste la convicción en los etarras de que sus acciones fueron «ejecuciones» y no asesinatos. Así lo expresó Josu Zabarte, autor de diecisiete asesinatos:[8] «Yo no he asesinado a nadie, yo he ejecutado. No me arrepiento». Añadiendo al aserto algunas otras consideraciones moralmente repugnantes: «No me sé el nombre de las víctimas. Son otras las cosas que no me dejan dormir»; «Yo haré autocrítica cuando el otro frente la haga. Todas esas tonterías que dicen los arrepentidos [...], yo no soy católico». Persiste, en consecuencia, la convicción profunda —incluso en los presos más evolucionados en el camino del arrepentimiento y el reconocimiento del daño causado, que son los que constituyen el grupo recluido en la cárcel de Nanclares de la Oca, en Álava— de que en ningún caso su colaboración pasará por lo que ellos llaman «delación» y en democracia se denomina colaboración con el Estado para restablecer la justicia.

Todas estas circunstancias hacen que la cuestión del terrorismo vasco no sea un tema del pasado, alejado de la realidad española, un asunto que ya no fricciona la realidad nacional o la vasca en particular, que ha dejado ya de desplegar efectos negativos sobre la convivencia, que en Euskadi todo está normalizado, que es posible una vida social en concordia. Pues bien: esta teoría forma parte del peor *buenismo,* porque sigue sin deslegitimar el terrorismo etarra en la medida en que su larga y prolongada estela mortuoria sigue planeando sobre Euskadi y por más que una enorme operación de blanqueo —por unos, inconsciente; por otros, dolosa— trate de trasladar el día a día de los vascos a un paraíso reconquistado después de un tránsito de medio siglo de sangre, sudor y lágrimas.

Lo que está en juego no es sólo seguir haciendo justicia para lograr una pacificación verdadera, sino también, y quizá sobre todo, quién y cómo escribe el relato veraz de cinco décadas de historia

8. *El Mundo,* 21 de octubre de 2014.

desgraciada del pueblo vasco. Mientras tanto, la televisión vasca invita a un etarra, ex dirigente de la banda, Mikel Zubimendi, a un debate en el que expresó «su estima» por el terrorista Santiago Arróspide Sarasola, alias *Santi Potros*. Así se quiere escribir la historia. Porque los presos etarras están enrocados, contumazmente convencidos de que sus crímenes fueron una «guerra» en un «conflicto» de enemigos simétricos. La izquierda *abertzale* —la de antes y la de ahora— no hace otra cosa que acompañar ese enroque con un discurso falsamente pacificador que encubre, como siempre ha hecho —era su misión— a los militantes de ETA. La banda fue siempre la vanguardia, y el *abertzalismo* radical, la retaguardia. Aquéllos mandaban y éstos obedecían. Esa ecuación no ha cambiado, aunque pudo haberlo hecho de haberse sostenido las políticas de finales de los noventa y principios del siglo presente.

III

Durante dos décadas —los ochenta y los noventa del siglo pasado—, el terrorismo etarra en el País Vasco carecía de un armazón argumental, político y social que lo deslegitimase rotundamente. Porque lo que emergía era el relato del conflicto. De un conflicto entre el Estado y Euskadi que se libraba de manera bélica, que sólo acabaría con una negociación en un plano de igualdad y el reconocimiento de la plena soberanía de Euskal Herria, que se demandaba tanto al Gobierno de Madrid como al de París. Esta hegemonía en el discurso etarra se vio favorecida por la complacencia del nacionalismo democrático del PNV, que nunca dejó de amparar las «razones» de ETA expuestas directamente o a través de la izquierda *abertzale* y también por la irrupción —desastrosa política y éticamente— de los llamados Grupos Antiterroristas de Liberación (GAL). Estas bandas parapoliciales estuvieron activas en los años centrales de la década de los ochenta, durante los primeros años del Gobierno de Felipe González, y causaron casi una treintena de víctimas mortales —atroces asesinatos—, que fueron tanto militantes terroristas como personas que nada tenían que ver con la banda. En el primer caso, cabría citar el macabro y célebre *caso Lasa y Zabala,* y en el segundo, el secuestro de Segundo Marey.

Las condenas judiciales a policías (José Amedo, Michel Domínguez, Enrique Rodríguez Galindo, entre otros) y a políticos socialistas (Julián Sancristóbal, José Barrionuevo, Rafael Vera, Ricardo García Damborenea, Julen Elorriaga...) demostraron la intervención de aparatos del Estado en la trama de la «guerra sucia» y provocaron su deslegitimación en el País Vasco, que quebró toda posibilidad de articular un relato alternativo al de los terroristas y al de su entorno civil. Por otra parte, la larguísima sombra del franquismo —a la que constantemente apelaban tanto ETA como la izquierda *abertzale*— sellaba los labios de quienes quisieron alzarse con un discurso ético ante la barbarie terrorista. Se concitaron durante casi dos décadas sobre el País Vasco una serie de factores que ofrecieron un microclima sociopolítico en el que los atentados terroristas llegaron a sugerir una «cierta lógica» en cientos de miles de ciudadanos. Pese a la cercanía física de la violencia de los etarras, se declaraban ajenos a ella y llegaban a «entenderla» como consecuencia de nuestra propia historia y de los errores —como el de los GAL, el más grave de todos— que se cometieron en la comunidad autónoma vasca.

Los sucesivos Gobiernos españoles, además, no supieron poner en valor el amplísimo y muy beneficioso autogobierno vasco, ni el repliegue de las Fuerzas y Cuerpos de Seguridad del Estado, ni el consiguiente despliegue de la Policía Autónoma ni, en fin, el flujo constante de transferencias desde la Administración central a la autonómica y a las forales. Además, los ejecutivos, presididos primero por Suárez y luego por González, no dejaron nunca de intentar negociar con los terroristas. Se mantenían contactos más o menos intensos a través de distintos mediadores o facilitadores, se tomaba «la temperatura» a la banda, se tanteaban posibilidades... con lo cual la percepción de que ETA disponía de alguna razón ética y política en su trayectoria criminal calaba así con más fuerza.

Reforzaba también esta sensación de cierta legitimación de la organización terrorista la inacción del Gobierno francés, que sólo a partir de mitad de los años ochenta se empleó más a fondo contra el refugio que ETA estableció en su territorio, primero al borde mismo de la frontera, en el departamento de los Pirineos Atlánticos, y después en zonas más alejadas. Francia fue durante al menos veinticinco años una retaguardia territorial bastante segura para los etarras, cuya dirección se estableció con una proximidad física a la linde española que transmitía una hiriente sensación de impunidad. La situación cambió a partir de los acuerdos de González con François Mitterrand, que impusieron las llamadas Conversaciones de Argel, en las que el Gobierno español intentó una negociación que, como otras posteriores a finales de los noventa con Aznar y a mediados de la primera década de este siglo con Zapatero, terminaron en nada. Estas negociaciones, precedidas por «treguas» etarras, eran concebidas por la cúpula terrorista como un procedimiento táctico de «acumulación de fuerzas».

La deriva se detuvo, precisamente, a partir de 1997. Aquel julio terrible del asesinato de Miguel Ángel Blanco y de la liberación de Ortega Lara que alumbró el llamado «espíritu de Ermua» impactó de manera fortísima sobre las sociedades vasca y española, hasta el punto de que quedó barrida por completo la legitimación que ETA y sus entornos —incluida la complacencia del nacionalismo— habían acumulado. Los vascos no eran capaces de digerir más dosis de tragedia, ni las coartadas historicistas y legitimadoras de los etarras fueron tampoco capaces de sobreponerse a la barbarie de aquellos asesinatos y secuestros. Por otra parte, el nacionalismo vasco, desde el PNV al sindicato Eusko Langileen Alkartasuna-Solidaridad de los Trabajadores Vascos (ELA-STV), se sintió también rebasado por el movimiento popular de rechazo a ETA y a su propia debilidad cívica frente a sus atentados, y cometió el error histórico de firmar el 12 de septiembre de 1998 el Pacto de Estella con la banda terrorista y su entorno para reclamar, de nuevo, una negociación con el Estado. Cuatro días después, ETA declaraba otra tregua táctica —que Jaime Mayor Oreja calificó de «tregua trampa»— a la que el Gobierno de Aznar respondió con un encuentro en Suiza con sus representantes y un amplio acercamiento de presos. La banda, sin embargo, por razones que exceden la intención de estas páginas, detuvo los contactos con el Gobierno y regresó a los atentados terroristas a partir del 28 de noviembre de 1999.

Desde el regreso de ETA a la eufemísticamente denominada *lucha armada,* el Gobierno del PP cambió radicalmente de política. Jon Juaristi, el intelectual más sagaz en la radiografía política y moral de Euskadi, había abierto el camino a una nueva política contra ETA en su ensayo «Crónica de una decepción», incluido en el libro colectivo *Ermua, cuatro días de julio,* editado en septiembre de 1997.[9] El filólogo bilbaíno aconsejaba —recientes aún los luctuosos acontecimientos de aquel verano— tres líneas de actuación.

La primera abogaba por la conveniencia de que «los vascos nos sacudiéramos de encima la maldita corrección política y empezásemos a entender la política en democracia como una lucha por el poder donde no caben paños calientes. Los únicos que parecen haberlo comprendido así, hasta ahora, son los nacionalistas, en cuyas filas se encuentra la mayor colección de bocazas intolerantes y destemplados que haya producido el País Vasco a lo largo de su historia. A los insultos y descalificaciones de los llamados nacionalistas democráticos o de los nacional-fascistas hay que responder en el mismo tono, sin preocuparse gran cosa de que les duela o les deje de doler. El victimismo nacionalista es de carcajada. No van a temblar más las resquebrajadas columnas de la democracia en el País Vasco por poner a los *abertzales* en su sitio. Parece que el pedigrí nacionalista da patente de corso para tratar groseramente a todo el mundo. Reclamemos también los demás ese derecho».

La segunda sugerencia de Juaristi no era menos rotunda que la primera: «Sería deseable —escribía— sustituir la llamada *cultura de la paz* (más bien del *desarme*) por una *cultura de la resistencia.* Algo de todo esto comenzó a asomar en las concentraciones y manifesta-

9. VV. AA., *Ermua, cuatro días de julio: cuarenta voces tras la muerte de Miguel Ángel Blanco,* Madrid, El País Aguilar, 1997.

ciones de julio, antes de ser ahogado en flor por los tiquismiquis pacifistas. Evidentemente haría falta un nuevo liderazgo social: la consolidación de grupos de opinión, aún embrionarios, que denuncien tanto los crímenes de ETA como las maniobras y componendas oportunistas de los partidos políticos. Es necesario que la mayoría social que se hizo oír tras la rebelión de Ermua haga suya la consigna de resistir y defender las libertades en vez de engañosas llamadas al diálogo y a la paz a cualquier precio».

Y, en tercer lugar, el escritor vasco aconsejaba «que los partidos democráticos elevasen la resistencia contra el terrorismo al rango de valor prioritario y que subordinasen sus respectivas estrategias a la necesidad de vencer a ETA. Sería deseable aislar políticamente a los partidos que preconicen el entreguismo o la rendición so capa de negociación, reconciliación, diálogo u otras músicas infernales. Sería deseable un pacto entre caballeros de los partidos no nacionalistas del País Vasco para darse mutuamente garantías de negarse a sacrificar el objetivo común de la defensa de la democracia a eventuales alianzas con un nacionalismo vocacionalmente claudicante». Juaristi terminaba su profético ensayo asegurando que si el pueblo vasco no conseguía lograr sus tres deseos habría que lamentar: *Lasciate ogni speranza* («Abandonad toda esperanza»), como reza uno de los versos que abren el «Canto del Infierno» de *La divina comedia*.

De reflexiones tan novedosas entonces como las esbozadas por Jon Juaristi surgieron realidades políticas definitivas: en diciembre de 2000, el Gobierno, el PP y el PSOE firmaron el Pacto por las Libertades y contra el Terrorismo; en las elecciones autonómicas de 2001, el PP y el PSE —Mayor Oreja y Redondo Terreros— se concertaron para gobernar el País Vasco obteniendo entre ambos treinta y dos escaños, uno menos que el PNV, y, por fin, en 2002 se aprobó la Ley Orgánica de Partidos Políticos que la sala especial del 61 del Tribunal Supremo aplicó a HB, en sentencia dictada en marzo de 2003, ilegalizando a la coalición, que no compareció como tal en los comicios vascos de 2005. En 2009, el Tribunal Europeo de Derechos Humanos ratificó la ilegalización de la izquierda *abertzale*, confirmando tanto la del Supremo como la del Constitucional, en una resolución en la que se consagra el principio de «democracia militante», es decir, establece unos límites infranqueables a los partidos y consagra la permanencia y vigencia constante de los principios constitucionales básicos.

La ilegalización de la izquierda *abertzale* —que antes de producirse concitó toda clase de augurios catastrofistas, ninguno de los cuales se cumplió— resultó ser la clave para desarbolar la organización terrorista ETA que, aunque seguiría asesinando hasta 2009, ya no se repuso de la extirpación de la legalidad de su brazo civil. HB constituyó la larga mano de los etarras en la sociedad vasca. Obtuvo en todos los comicios autonómicos representación parlamentaria: 11 escaños de 75 en 1980; el mismo número en 1984; hasta 13 en 1986, los mismos que en 1990; 11 en 1994; 14 diputados cuando compareció bajo la denominación de Euskal Herritarrok en 1998; y 7, bajo esa misma marca, en 2001. La función de la izquierda *abertzale* no fue nunca representativa, sino meramente vicaria de los intereses de ETA, a la que se supeditó en todo caso y sin sombra de duda. Retirarle la credencial para presentarse a las elecciones e ilegalizarla privaba a la organización criminal de uno de sus instrumentos más valiosos —quizá el más importante— de su estrategia global, que pasaba por la utilización del terror, pero simultáneamente por factores de reproducción ideológica y aspersores del miedo para que su socialización en Euskadi ablandase cualquier atisbo de resistencia política o meramente cívica.

Aunque el entorno etarra intentó una metamorfosis para seguir enganchado a las instituciones representativas en las elecciones vascas de 2005 y 2009, no consiguió reverdecer sus laureles. Compareció fragmentado, bajo marcas extravagantes (Partido Comunista de las Tierras Vascas), sus niveles de presencia cayeron hasta la irrelevancia y la ausencia de megafonía de las tesis etarras se fue diluyendo. De manera simultánea, y hasta marzo de 2004 —con los terribles atentados del 11 de marzo de ese año, que causaron 192 víctimas mortales, perpetrados por el terrorismo yihadista—, se fue construyendo el relato moral, apoyado en las víctimas, en su capacidad de referencia, en su altura moral —jamás pidieron venganza y jamás la tomaron por su mano— y también en la unidad frente al terrorismo y sus epígonos de los dos grandes partidos nacionales. Las elecciones vascas de 2005, en las que el entorno de ETA ya compareció camuflado, marcaron la culminación de una política de Estado que no había existido hasta entonces. El Gobierno de Zapatero, tras las elecciones de marzo de 2004, alteró en buena parte el nuevo statu quo y lo cambió por otro en el que ahora estamos.

IV

El 11-M de 2004 fue un punto de inflexión en la historia moderna de España que tuvo —sigue teniendo— consecuencias sociales y políticas de larguísimo recorrido. Entre ellas, la enormidad de la masacre —192 víctimas mortales y centenares de heridos— relativizó por algún tiempo el terrorismo de ETA. Mucho más cuando la banda terrorista se convirtió en un arma arrojadiza. La suposición inicial de su autoría en los atentados —incierta absolutamente, como se ha demostrado policial y judicialmente después— destrozó la imagen del Gobierno del PP en su pelea contra el terrorismo nacionalista, porque para amplios sectores de opinión el ejecutivo de Aznar habría instrumentado la participación de la banda en el crimen masivo, tratando así de validar una política antiterrorista, la suya, que no lo necesitaba. Lo decisivo fue, sin embargo, que la opinión pública española reparó en que el peligro a su convivencia pacífica no procedía ni sólo ni principalmente de ETA, sino de una nueva amenaza que había descargado sobre Madrid toda su capacidad letal. Y que atribuyó a decisiones de orden internacional —participación militar española en Iraq— del Gobierno de Aznar. Lo que también se revelaría falso porque los atentados del 11-M de 2004 estaban planificados desde mucho antes de que el Gobierno español decidiese alinearse activamente con la coalición internacional que invadió el país de Sadam Husein. En cualquier caso, la aproximación emotiva y práctica hacia el terrorismo etarra cambió, se alteró y, sobre todo, dejó de tener la prioridad y la perentoriedad que tuvo en la legislatura anterior.

Desde el primer momento de su gestión, José Luis Rodríguez Zapatero, imbuido de unas connotaciones que muy encomiásticamente se le atribuían —empatía, bonhomía y *buenismo,* una mirada nueva sobre la gestión política—, alteró las prioridades políticas. Entre ellas, la del tratamiento de la banda terrorista ETA y otras sinérgicas que, por lo tanto, afectaban a la percepción de su trayectoria y su presente en la sociedad española. El presidente del Gobierno, influido por un personaje como Jonathan Powell, jefe del Gabinete de Tony Blair, y por el mismo ex premier británico, se entregó por entero a conseguir el final de ETA. Apoyándose en la mediación que le proporcionaron determinadas instancias internacionales, Rodríguez Zapatero logró que ETA declarase un «alto el fuego permanente» —algo diferente, al menos semánticamente, a una tregua— en marzo de 2006, después de que durante 2004 y 2005 no se hubiesen producido atentados terroristas con víctimas mortales. Ese mismo año, el 30 de diciembre, ETA reventaba un aparcamiento de la Terminal 4 (T-4) de Barajas, matando a dos trabajadores. Habían transcurrido sólo nueve meses desde el «alto el fuego permanente». El presidente, en una comparecencia pública el día 29, se había mostrado satisfecho y optimista. El atentado golpeó de nuevo sobre la sociedad española y yo escribí —era entonces director del diario *Abc*— un artículo que titulé con la expresión que observé en todos los rostros que me rodeaban: «Desolación», y en el que decía lo siguiente:

> Sería miserable atribuir al Gobierno o a su presidente un adarme de responsabilidad en el brutal atentado terrorista perpetrado por ETA ayer en la T-4 de Madrid-Barajas. Pero no lo es —por el contrario, resulta obligado— subrayar críticamente la desoladora intervención de José Luis Rodríguez Zapatero en la criminal fechoría de la banda. Limitarse a *suspender* las iniciativas de diálogo con ETA, pero negarse a romper el «proceso» —y negarse a hacerlo hasta tres veces a requerimiento de preguntas de los pe-

riodistas— delata que el jefe del Gobierno se ha instalado en una banalidad política y en una inconsistencia intelectual alarmantes que, siendo perceptibles en sus decisiones desde hace mucho tiempo, constituyen, en estas circunstancias, un gravísimo riesgo para el Estado de derecho en nuestro país.

Cuando a la banda terrorista ETA se le responde tras un atentado como el de ayer con la *suspensión* de las iniciativas de diálogo o negociación —y no con una ruptura terminante—, se le está remitiendo la seguridad de que éste se retomará cuando las circunstancias muden, de tal manera que la generación de expectativas favorece las tesis de los que en la banda criminal consideran que el ejercicio de la violencia es el camino correcto para sentar al Estado en una interlocución negociadora. ETA y Batasuna —cuyo portavoz tampoco consideró roto el «proceso»— tienen ahora la seguridad de que Rodríguez Zapatero se abraza —aunque lo haga al modo de un náufrago— a la baza de una política de pacificación que no será enteramente rectificada ni siquiera con acciones tan bestiales como el atentado en la T-4 madrileña.

El presidente, como si de un autista se tratara, asesorado por ignotos expertos en la materia, actuando al margen de toda lógica y conocimiento de esos fantasmales interlocutores de la banda terrorista, ha incurrido en situaciones tan patéticas como la del viernes cuando declaró a bombo y platillo que «dentro de un año estaremos mejor que hoy» [...]. El presidente, con un rostro marmóreo, ha tenido que digerir que el máximo responsable de la Guardia Civil y la Policía aseverase el pasado miércoles que «no hay datos que hagan pensar ahora mismo en que ETA se esté rearmando», al tiempo que era descubierto un zulo y el propio Gobierno vasco expresaba por ello su preocupación. El presidente, inamovible, ha consentido que la banda terrorista ETA perpetrase un secuestro para el robo posterior de trescientas cincuenta armas cortas en Francia sin considerar que tal acción era ya una ruptura de la tregua y, en todo caso, un delito gravísimo. En definitiva: el presidente asumió desde los primeros compases de esta falaz iniciativa de paz que la verificación de la voluntad de ETA no era el abandono de las armas, sino la transacción con el Estado y la obtención de determinadas contrapartidas.

José Luis Rodríguez Zapatero se ha convertido así en un político temible, poseído de una soberbia cegadora e inabordable intelectualmente desde los más elementales argumentos de conservación de la integridad del sistema democrático. Todas sus iniciativas —ésta del proceso es la más grave— surgen como ocurrencias geniales, como grandes hallazgos, para derivar después en gravísimos problemas políticos que le restan todo margen de maniobra. Así ha ocurrido con la cuestión territorial, con la política exterior, con la llamada «memoria histórica» y, ahora, con este remedo de «proceso» de paz con la banda terrorista ETA que ha demostrado durante décadas ser impermeable a cualquier forma de interlocución que no pase por el fielato de reconocer su condición «política» y de «vanguardia» del nacionalismo vasco independentista. A este planteamiento delictivo de ETA sólo se le ha contestado coherentemente —tras las decepciones muy aleccionadoras de 1989 y de 1998— con la ilegalización de su brazo político mediante la aplicación judicial de la Ley de Partidos y la persecución policial —nacional e internacional— y la colaboración de la comunidad de democracias occidentales, desde la unidad de los partidos políticos en España, respaldada de forma aplastante por la sociedad.

El presidente del Gobierno, sin embargo, pecando de altivez —en la que cae al suponer que él es capaz de lograr lo que no alcanzaron otros—, abandonó esta política antiterrorista para introducirse en otra laberíntica en la que la banda terrorista ETA le ha ido ganando sucesivamente todos los órdagos de un juego de naipes con las cartas marcadas. Rodríguez Zapatero hablaba de paz y los terroristas lo hacían de negociación; el presidente hablaba de legalidad y los terroristas lo hacían de impunidad; el presidente hablaba de democracia y los terroristas lo hacían de imposición. ¿Cómo es posible que el jefe del Gobierno no haya reparado —o no se le haya hecho reparar— en que ETA no discurre por los circuitos de la lógica convencional?, ¿cómo se ha llegado a esta situación cuando todas las evidencias apuntaban indefectiblemente a un episodio trágico como el de ayer en Madrid?, ¿cómo es posible, por todo ello, que el presidente del Gobierno siga alimentando expectativas negociadoras mediante la mera suspensión del diálogo con ETA cuando la experiencia, propia y ajena anterior, le indica que la banda sólo entiende la política que excluye cualquier posibilidad de otro diálogo que no sea el preciso para datar la entrega de armas, señalar el lugar de los arsenales y acogerse a la generosidad que el Estado y la sociedad dispongan libremente concederle?

Este artículo apuntaba otras medidas que, además del «proceso» de negociación fallido con ETA, habían propiciado un cambio casi copernicano en el discurso contra la violencia terrorista etarra que continuó el año 2007 con dos atentados mortales, con cuatro en 2008 y tres en 2009. Sin embargo, la «internacional de la mediación» en la que se empantanó el presidente le hizo resistente a cualquier reconsideración de su estrategia. ETA lo estaba poniendo a prueba y, mientras tanto, insuflando moral a su entorno en el interior del País Vasco, que continuaba ilegalizado, sin voz, y que con el regreso a la actividad armada tras el «alto el fuego permanente» de marzo de 2006 remitía un mensaje inequívoco: la «vanguardia» sigue instalada en el conflicto.

El problema que se le planteó a ETA —por fortuna para la sociedad española— fue que el *abertzalismo,* su larga mano, su portavoz, su vicariato, comenzaban a desplomarse, a azularse por la falta de oxígeno. Necesitaban regresar a la legalidad y para ello era preciso que ETA demostrase capacidad operativa, no fuera que los próximos pasos previstos por la banda se tomasen por debilidad —la organización estaba desde luego débil— o por abandono. Y era especialmente necesario que el relato de referencia —el moral de las víctimas— regresase a la clandestinidad anterior a julio de 1997 para que lograse sobreponerse de nuevo la narrativa del conflicto bélico entre dos adversarios simétricos.

El resultado de este juego macabro consistió en una serie de acuerdos tácitos y expresos en función de los cuales Rodríguez Zapatero deterioró la cohesión territorial con la segunda vuelta de los Estatutos, exasperando la cuestión catalana; sometió a un fortísimo desgaste la gran obra de la Transición mediante la incorporación al acervo de prioridades políticas la llamada «memoria histórica» —un olvido intencionado de nuestras miserias pasadas que desconocía, además, la Ley de Amnistía—; dividió a las víctimas del terrorismo etarra, favoreciendo escisiones y la creación de asociaciones y agrupaciones autonómicas, estableciendo minifundios reivindicativos mal avenidos entre sí; y posibilitó, a la postre, que la izquierda *abertzale,* mediante un procedimiento cosmético, regresase a la legalidad y que a través de EH Bildu se convirtiese en la segunda fuerza política del País Vasco en las elecciones vascas de 2012.

Antes de que Bildu, por una parte, y Sortu, por otra, presentasen sus listas para las elecciones municipales y forales y luego para las autonómicas vascas, la organización criminal planificó una serie de hitos. El 5 de septiembre de 2010 volvió a decretar un «alto el fuego» desde la BBC; el 10 de enero de 2011 decretó otro, pero adjetivándolo como «permanente, general y verificable», y por fin, el 20 de octubre de 2011 anunció «el cese definitivo de la actividad armada» proponiendo un diálogo sobre «las consecuencias del conflicto» que no eran otras que la denominada «desmilitarización» del País Vasco, la negociación de la situación de sus presos y el regreso de los huidos. ETA, sin embargo, se cuidaba muy bien de declarar su disolución, tampoco entregaba las armas y, ni mucho menos, reconocía el daño a las víctimas ni mostraba arrepentimiento por ello.

El cese definitivo de la «actividad armada» consistió en la respuesta calculada y medida a la petición de los integrantes internacionales de la Conferencia de Paz de San Sebastián, celebrada tres días antes en el Palacio de Aiete. Kofi Annan, Bertie Ahern, Gro Harlem Brundtland, Pierre Joxe, Gerry Adams y Jonathan Powell, en un comunicado de cinco puntos, requerían a la banda para que declarase de inmediato el cese definitivo de sus atentados. Al acceder ETA a esa petición daba la impresión de atenerse a un sólido criterio de personalidades extranjeras. En realidad, la también conocida como Conferencia de Aiete era la culminación de lo que los etarras y su entorno siempre habían pretendido: la internacionalización del «conflicto».

Con el cese definitivo de ETA, la izquierda *abertzale* presentó listas que, aunque ilegalizadas por la sala especial del 61 del Tribunal Supremo, fueron autorizadas por el Tribunal Constitucional. Una revocación de resoluciones del máximo órgano jurisdiccional español que el Constitucional acordó mediante injerencia en la valoración de la prueba, comportándose como un órgano jurisdiccional superior al Supremo. El voto particular del magistrado Manuel Aragón Reyes puso de manifiesto la grave ruptura de las reglas de juego que implicaba esta intromisión en el ámbito competencial del Tribunal Supremo y el exceso de jurisdicción del Constitucional, que adoptó esa decisión fuertemente dividido.

Pero fuera como fuera, lo cierto es que la izquierda *abertzale,* el brazo político de ETA, emergía de nuevo en las elecciones locales del 22 de mayo de 2011 y en las vascas de 2012. Y lo hizo con fuerza, logrando la Diputación Foral de Guipúzcoa y la alcaldía de San Sebastián, presencia en las demás diputaciones y ayuntamientos, y un grupo parlamentario en Vitoria de veintiún escaños. ETA callaba para que hablase su entorno civil. La operación era rentable: los etarras, exhaustos, paraban —pero no se disolvían ni entregaban las armas— para que se moviera la izquierda *abertzale.* El entramado proetarra había logrado burlar la ilegalización de 2003, retomado posiciones institucionales que nunca tuvo, reformuló el discurso-relato del conflicto con el Estado, se insertó en el armazón institucional vasco, en el que no sólo ejercía poder, sino también disponía de recursos públicos.

La política de Rodríguez Zapatero desarboló los logros del «espíritu de Ermua» y devolvió el planteamiento dialéctico con ETA al inicio de los años noventa del siglo pasado. ETA podía, además, hacer pasar su cese definitivo de la violencia no como una derrota policial —que es lo que sucedió—, sino como una concesión a la comunidad internacional, mostrando una falaz disposición a una negociación en términos imposibles para el Estado.

Pero no sólo. Al cesar su actividad terrorista, el electorado vasco acrecentó el voto cautivo de la izquierda *abertzale* hasta llevarlo a un registro histórico de veintiún diputados en Vitoria (sobre setenta y cinco) y otorgarle el control de todo el territorio guipuzcoano, de sus instituciones forales y de la mayoría de las municipales. Un comportamiento que daría a entender que los vascos afectos a la causa *abertzale* radical son más de los que se pensaba. En realidad no fue así y no lo ha sido nunca. Los ciudadanos vascos trataron de «premiar» a la izquierda *abertzale* para que su éxito electoral disuadiera a ETA de regresar a la actividad terrorista. Los electores están dispuestos a primar en los comicios a EH Bildu o a cualquiera que sea la marca del proetarrismo con tal de que la organización siga paralizada en su «lucha armada». Ésa es la razón —entre otras— por la que ETA no se disuelve ni se disolverá, ni entregará las armas ni rectificará su relato sobre el conflicto ni, mucho menos, colaborará con la justicia ni reconocerá a las víctimas. Porque ETA sabe estar presente en el País Vasco sin necesidad de asesinar, chantajear o destruir. Basta su mera evocación para que una memoria fresca recuerde a los votantes que es mejor la situación actual que la anterior y que para ello es preciso que el brazo civil de los terroristas ostente posiciones de poder institucional y disponga de medios para mantener y extender su discurso. Muchos votan a EH Bildu y Sortu también por miedo, por cautela o por prudencia, pero no por convicción. Y así será hasta que ETA se disuelva y entregue las armas. De momento, no tiene intención de hacer ni una cosa ni otra. La cúpula etarra integrada por Josu Ternera, David Pla e Iratxe Sorzabal se instaló en Oslo (Noruega) y se desplazó luego a otros países —es posible que ahora se localice en Francia y se ha hablado también de Grenoble— y está a la espera de que el Gobierno de Rajoy, haciendo uso de la «industria de la paz», se ponga en contacto y negocie.

V

Tanto Rodríguez Zapatero como Mariano Rajoy sabían de antemano que la Conferencia de Aiete era la pista de aterrizaje que ETA deseaba para luego decretar el cese definitivo de la violencia. Uno y otro lo consintieron. Entre otras razones porque el presidente socialista había asumido compromisos con el hombre clave en la internacionalización del «conflicto». Se trataba de Jonathan Powell, pieza clave de Tony Blair como jefe de su gabinete durante la gestación de los acuerdos de Irlanda del Norte. Powell asesoró al centro Henri Dunant sobre los detalles del proceso irlandés y también sobre la situación en el País Vasco. Powell se dotó de la fundación InterMediate para profesionalizar la industria de la pacificación en conflictos diversos, entre ellos el vasco en España. Se hace ayudar de personas vinculadas al centro suizo Henri Dunant que también intervinieron en España: Martin Griffiths y Andrew Marshall. Además, mantiene una estrecha relación con el ex dirigente del IRA Martin McGuinness.

La intervención del británico fue decisiva para preparar la Conferencia de San Sebastián y fue también el que fichó a las personalidades que acudieron a la capital de Guipúzcoa, retribuidas abundantemente por Powell a través del centro Henri Dunant gracias a la generosidad de Noruega y en menor medida de Suiza, que cubren más del 50 por ciento del presupuesto de este centro vinculado a la Cruz Roja Internacional y otros organismos humanitarios y que se dedica, entre otras misiones, a mediaciones en situaciones de conflicto.

En su libro *Endgame for ETA: Elusive peace in the Basque Country [Final de juego para ETA: la esquiva paz en el País Vasco]*, Teresa Whitfield,[10] profesora del Centro de Cooperación de la Universidad de Nueva York, desvela que la financiación de la Conferencia de Aiete corrió a cargo de Noruega, que, además, acogió a la cúpula de ETA, lo que explica que el 17 de octubre de 2011 estuviese entre las personalidades que acudieron a San Sebastián la ex premier nórdica Gro Harlem Brundtland. La página web de la fundación InterMediate es muy reveladora de cómo colaboradores de Powell intervinieron en la preparación del acuerdo de la capital de Guipúzcoa que dio carta de naturaleza a la internacionalización de un conflicto, categoría internacional que el Gobierno español, los medios de comunicación y la opinión pública española no pudieron evitar o quizá no se empeñaron en hacerlo.

Powell, sin embargo, no ha sido ni es el único mediador —muy próximo siempre a las tesis de Batasuna— que ha intervenido en la operación de internacionalizar la cuestión etarra, aunque

10. Oxford University Press, 2014.

haya sido el interlocutor principal de Rodríguez Zapatero. También lo fue el sudafricano Brian Currin, que se define a sí mismo como «facilitador» y que creó el Grupo Internacional de Contacto integrado por Raymond Kendall, secretario general de la Interpol de 1985 a 2000; Silvia Casale, criminóloga y miembro de la comisión de revisión de sentencias de Irlanda del Norte y presidenta durante siete años del Comité de Prevención de la Tortura; Pierre Hazan, profesor universitario especialista en la llamada justicia transicional; Nuala O'Loan, defensora del pueblo de Irlanda en materia policial de 2000 a 2007 y enviada por la Cámara de los Lores a lugares con graves conflictos, como Timor Oriental, y Alberto Spektorowski, profesor de la Universidad de Tel Aviv. Batasuna y el propio PNV quedaron fascinados en los primeros años de este siglo con la resolución del conflicto sudafricano y a aquel país viajaron no sólo dirigentes de Batasuna para entrevistarse con Currin, sino también del PNV, entre ellos Juan José Ibarretxe. Currin sirvió de pantalla como aparente organizador de la conferencia de San Sebastián para evitar una excesiva exposición de Jonathan Powell.

La Comunidad de San Egidio es el instrumento del Vaticano para mediar en conflictos políticos. Lo ha hecho en muchos países como Mozambique, Albania, Guatemala, Armenia, Rumanía y otros. Y estuvo presente en el País Vasco en dos momentos históricos determinados: en 1998, cuando su máximo responsable, Matteo Zuppi, se entrevistó con Mayor Oreja y luego con ETA sin resultado alguno, y en 2012, cuando la banda terrorista quiso hacer llegar al Gobierno de Rajoy un mensaje que quedó sin respuesta. Los etarras, y la propia Iglesia vasca, pensaron que con Gobiernos del PP resultaba más adecuada la intervención de la Comunidad de San Egidio, pero la realidad desmintió esa opinión. Vinculado a esa entidad, actuó como mediador en 1998 el entonces obispo de Zamora —luego de la diócesis de San Sebastián— Juan María Uriarte, que en la actualidad visita a presos etarras en la cárcel y que, según todos los indicios, ha retomado una fluida relación con la Secretaría de Estado vaticana, cuyo titular es Pietro Parolin, creado cardenal por el papa Francisco en febrero de 2014 y hombre con una larga trayectoria como nuncio apostólico en Venezuela y componedor de situaciones políticas complicadas en distintos países del mundo como Vietnam.

En la actualidad sólo funciona la llamada Comisión Internacional de Verificación (CIV), que se constituyó el 28 de septiembre de 2011 tanto para tutelar el «alto el fuego permanente, general y verificable» decretado por la banda como el «cese definitivo» de 20 de octubre de 2011. Y, como ocurre con los demás consultores, facilitadores y mediadores internacionales, todos son «viejas glorias» de la política. La integran Ronnie Kasrils, Chris Maccabe, Ram Manikkalingam, Satish Nambiar, Fleur Ravensbergen y Aracelly Santana. Esta comisión ha emitido hasta cuatro declaraciones, la última en febrero de 2014, verificando el «sellado» de armas realizado por ETA. La CIV es, en realidad, irrelevante, sigue el juego que ETA le marca y se mantiene con la única finalidad de proyectar la internacionalización de la cuestión terrorista vasca. Los verificadores no recaban el respeto de ningún estamento político o social en España, ni siquiera de un sector de EH Bildu, y en algunos momentos, ante sobreactuaciones y excentricidades, sus miembros han incurrido en comportamientos ridículos, solemnizando meras anécdotas de ETA como si se tratasen de grandes avances en la disolución y entrega de las armas por parte de la banda.

Concurre en esta suerte de *melting pot* de mediadores y facilitadores una suerte de patetismo. Porque a nadie se le escapa que, muy lejos de cualquier altruismo, este sistema de mediación en conflictos —salvando excepciones muy honrosas— es una manera como otra cualquiera de profesionalizar una actividad remunerada por personalidades que antes ocuparon con mayor o menor éxito una responsabilidad pública. Sin excluir en algunos casos la buena fe, es más generalizada la opinión —tanto en los partidos políticos como en los centros de opinión más cualificados del País Vasco— de que se trata de logreros agrupados para hacer sinergias entre sus actividades de mediación con el ejercicio de consultorías, las disertaciones académicas en universidades y fundaciones y la redacción de informes y libros que les reportan pingües beneficios.

Su experiencia se ha labrado en situaciones sin parangón alguno con el País Vasco: en Sudáfrica y en Irlanda del Norte, sobre cuyo conflicto —y sobre las diferencias con el vasco— bastaría leer el libro del periodista Íñigo Gurruchaga, editado en septiembre de 1998 bajo el sugestivo título de *El modelo irlandés: historia secreta de un proceso de paz.*[11] En ese proceso, el Gobierno británico controló la intermediación extranjera negociando la intervención de Estados Unidos a través del senador George J. Mitchell, cuya actuación fue crucial para lograr el Acuerdo de Belfast, que se firmó el Viernes Santo de 1998. Además de reconocerse los méritos de Mitchell por su papel en Irlanda del Norte con el Premio Nobel de la Paz, el propio Gobierno de Londres lo distinguió con la Orden del Imperio Británico. Cualquier comparación con la internacionalización de la mediación en el País Vasco es pura coincidencia. Y, aún hoy, la pacificación en Irlanda del Norte pende de un hilo. El 29 de marzo de 2014, *The Economist* publicaba un demoledor reportaje titulado «History Trumps Democracy» [«La historia zancadillea la democracia»], en el que quedaba de manifiesto que «la gente del resto del Reino Unido tiende a pensar que el problema de violencia sectaria en Irlanda del Norte se resolvió con los Acuerdos del Viernes Santo de 1998 [...], pero por desgracia no ha sido así». El texto periodístico, de un gran dramatismo, relata cómo sigue habiendo asesinatos —«un par al año»— y el «sectarismo sigue en la sociedad», y añade: «De la verdadera reconciliación [...] no hay casi señales», y también: «Los británicos de la gran isla piensan que el conflicto ha pasado, pero sigue sin un urgente progreso, Irlanda del Norte podría fácilmente regresar a un conflicto empapado en sangre». Ese modelo —tan precario— es con el que han comerciado los mediadores en España y, muy en particular, un personaje tan viscoso como Jonathan Powell. No es extraño, por tanto, que el cuadro que podría hacerse del País Vasco

11. Barcelona, Península, 1998.

coincida mucho más con las tesis del reportaje de *The Economist* que con determinadas visiones almibaradas que loan la recuperación de una convivencia que está lejos, muy lejos, de desarrollarse en la normalidad. Por si hubiese dudas, habría que remitirse al gran fresco periodístico relatado en el diario *El País* de 19 de octubre de 2014 por Luis Rodríguez Aizpeolea titulado «El reto de la convivencia». Políticos de los partidos constitucionalistas (PP y PSE) han podido prescindir de escoltas y salen a la calle con normalidad, «pero la intimidación persiste en los pueblos», constatando que no se «puede pasar página sin más».

Si para la izquierda *abertzale* la intervención de personalidades extranjeras en la mediación y verificación del cumplimiento por ETA de sus compromisos de cese de la violencia han sido activos intangibles en términos de imagen, para el Estado han sido acontecimientos muy lesivos, en buena parte responsabilidad de la gestión de José Luis Rodríguez Zapatero, que debió confiar en los instrumentos políticos nacionales los procedimientos de negociación, y a las Fuerzas y Cuerpos de Seguridad la verificación del cumplimiento de los acuerdos que pudieran haberse concluido. Esta cobertura internacional —volcada, además, en las tesis que mantiene la izquierda *abertzale*— protege al brazo civil de ETA de decisiones que corresponden en exclusiva a la soberanía del Estado español.

Como supone un político español con altísimas responsabilidades —y que por ello solicita el anonimato—, la internacionalización de la situación en el País Vasco impediría plantear a la Fiscalía, incluso al Congreso, «una eventual ilegalización de EH Bildu si se demostrasen connivencias criminales de esta organización con la banda terrorista, lo que en modo alguno resultaría improbable dada la nomenclatura de los actuales dirigentes de la izquierda *abertzale* tanto en la coalición como en las propias instituciones. La presión sería insoportable». No sólo, pues, se ha contraído la expansión del relato moral de las víctimas en beneficio del alternativo del conflicto entre ETA y el Estado, sino también el frente internacional se ha trabajado de manera deficiente permitiendo que España se convirtiese en un espacio idóneo para la creatividad y la ingeniería de la industria de la pacificación dirigida por los profesionales de la mediación que, en último término, obtienen rentabilidades —económicas, de reputación e imagen— a costa de debilitar la autonomía del Estado en la resolución de una cuestión que, requiriendo dosis de política en distintas áreas, debe calificarse como un desafío a la ley, al pueblo y al propio Estado español.

VI

El 1 de abril de 2014 me permití la audacia de calificar de «bodrio» la película *Ocho apellidos vascos,* aunque mi crítica nada tenía que ver con la que en el diario *abertzale Gara* firmó su crítico Mikel Insausti. Reproduzco el texto de *El Confidencial* porque creo que esta comedia podría marcar un línea, un antes y un después, en la forma de percibir lo que ha ocurrido durante las últimas décadas en el País Vasco, estableciendo en el régimen de opinión pública en el que vivimos una serie de paliativos éticos que harían más dificultosa la recuperación de la dignidad con la que deberíamos acometer el cierre de este capítulo de nuestra reciente historia.

Escribía en la primavera de 2014, en pleno y casi histórico éxito de la película, lo siguiente:

> Arrasa en taquilla (ya va por 16 millones de euros) y se ha convertido en una especie de paradigma de la *comedia* española. A tal punto que se ha llegado a comparar con la francesa *Bienvenidos al norte* que en 2008 fue un gran éxito en Francia y en Bélgica. Sin embargo, *Ocho apellidos vascos* es un auténtico bodrio que no llega ni de lejos a la altura de la astracanada (un disparate para hacer reír y sonreír con la ironía), de las que elaboraba con maestría Pedro Muñoz Seca. Por supuesto, tampoco es comedia (obra en cuya acción predominan aspectos alegres o humorísticos, y cuyo desenlace es feliz).
>
> Es comprensible que a los *abertzales* proetarras no les haya gustado; igualmente, tampoco a las víctimas del terrorismo. Pero a los que, siendo vascos y en la misma medida, españoles, y ni *abertzales,* ni víctimas, y he-

mos vivido allí y ahora lo hacemos aquí y no necesariamente por gusto (en mi caso nací en Bilbao en 1954 y me trasladé a Madrid en 1998), la película de marras podría parecernos —a mí me lo parece y a vascos que tengo muy cerca con ocho apellidos de aquella tierra también— una torpe banalización de lo que suponen ETA y su entorno, realidades sociales ambas que están muy lejos de haber desaparecido en sus aspectos más trágicos de la memoria —incluso del presente— de los ciudadanos del País Vasco.

Los gags de *Ocho apellidos vascos* los podía haber escrito aquel cómico sin demasiado esfuerzo, aunque no hubiese caído, seguramente, en la frivolidad de manejar según qué cosas con una pretendida benéfica *desdramatización* [...]. La propuesta para hacerlo es inoportuna y extemporánea. No ha pasado tiempo suficiente.

Quedan años para que podamos reírnos de un *aita arrantzale* (Koldo) que reúne en su apariencia y sus dichos todos los tópicos y estereotipos del vasco sin urbanizar; quedan muchísimos más para que podamos creer (y reírnos de) que los *abertzales* radicales que corean al protagonista por su impostado vigor independentista y *borroka* son una especie de imbéciles inocuos, o que la protagonista, la tal Amaia, pueda representar a una muchacha estandarizada dado el brote psicótico que le afecta durante toda la historia que dirige Emilio Martínez Lázaro y a la que hace pronunciar la expresión *hostia* decenas de veces durante el metraje. Por no hablar de Mercedes, luego *Mertxe* y más tarde *Anne Igartiburu*, que aparenta ser viuda de un guardia civil, vive en un caserío adornado de tricornios y a la que le entran furores por el *aita* de Amaia, hasta que se lo lleva a la piltra por aquello de que los vascos son tímidos sexuales.

Como escribió Jon Juaristi en *Abc* el pasado domingo, «la tragedia de ETA sigue formando parte del paisaje cotidiano del País Vasco, y se resiste a su transformación en comedia. El tiempo no ha empezado siquiera a desgastarla». Pero hay algo mucho más grave en esta película que el intelectual bilbaíno denuncia: «Conozco los estereotipos de los vascos que corren entre los andaluces, y a la inversa, los que circulan de los andaluces entre los vascos, y nunca dejarán de parecerme peligrosamente ambiguos. En el extremo, refuerzan el inveterado cainismo de la raza».

Y sí, ya lo sé: tenemos poco sentido del humor (los vascos tenemos otros sentidos, pero no precisamente ése); hay que reírse porque hacerlo relativiza las tragedias y beneficia la salud (¿y los que no están?); es bonísimo que nos riamos de nosotros (¿dónde estamos *nosotros* en ese bodrio?), etc. Por si acaso, y no sea que la película —aun no queriéndolo— pretenda arrebatarnos la afección a la justicia y la necesaria indignación, me permito, desde mi humilde experiencia vital, alertarlos para que no se tomen a broma *Ocho apellidos vascos*. Si lo hacen, cometerían, sin saberlo, un serio error.

La película de Martínez Lázaro había recaudado en enero de 2015 la insólita cifra de 54.531.064 euros y llevado a las salas de proyección a 9.208.877 espectadores. Todo un gran éxito. Nadie pudo, ni el más crítico, sustraerse a la risa o a la sonrisa ante el gracejo de Dani Rovira y la gran interpretación de Karra Elejalde y Carmen Machi. Pero quien criticase la cinta por razones de fondo, en función de sus mensajes subliminales —creo que involuntarios por parte del productor, director y guionistas— era víctima de todo tipo de descalificaciones y chanzas. Se destacó, por otra parte, que el filme no había gustado ni a la izquierda *abertzale,* ni a las víctimas ni a los «conservadores» —quizá en referencia a vascos como Jon Juaristi o yo mismo—, lo cual no era del todo cierto.

La izquierda *abertzale* pronto, muy pronto, comenzó a extraer reflexiones positivas de *Ocho apellidos vascos* por las razones que apuntaba Jon Juaristi en su artículo de *Abc:* por el *cuándo* de esta comedia que presentaba una parodia de lo que fue el terrorismo. Las parodias en el cine son un género. No hay tragedia —ni la del Holocausto— que se haya librado del sentido del humor, de una visión diferente y «liberadora» (la risa libera). Pero esas parodias son digeribles cuando ha transcurrido un tiempo de duelo, cuando las consecuencias de su acaecimiento han cedido y han sido olvidadas, cuando no hieren —o apenas lo hacen— a aquellos que las han padecido.

Cuando en Euskadi aún siguen impunes tres centenares de asesinatos, se desconoce todavía el colaboracionismo financiero con la banda terrorista, la izquierda *abertzale* sigue intimidando a sus adversarios y homenajeando a los *gudaris* etarras que salen de las cárceles; cuando técnicos de obediencia radical se afanan por borrar el rastro etarra en Internet con una comprensión por parte de Google que causa perplejidad; cuando ETA no se ha disuelto y sigue disponiendo de grandes arsenales de armas y su cúpula permanece agazapada y presta a tomar decisiones quizá trágicas, ¿acaso no es perfectamente legítimo plantear un debate a fondo sobre los mensajes confusos que transmite una película aparentemente inocua como *Ocho apellidos vascos*? Muchos pensamos que sí. Que todavía no ha llegado el momento de tomar la distancia adecuada para poder parodiar la tragedia que allí se ha vivido y aún se vive, especialmente en plena ofensiva del brazo civil de ETA por blanquear su trayectoria criminal.

A ETA y a EH Bildu no les interesa la historia académica. De hecho, han perdido la influencia sobre los historiadores de referencia de la Universidad del País Vasco que, con rigor y profesionalidad, están elaborando un relato ajustado a la realidad de lo que significa el terrorismo, el daño desolador que ha causado a los vascos y los demás españoles y las terribles consecuencias que ha dejado en la sociedad de Euskadi. A ETA y a EH Bildu les interesan los medios audiovisuales y las redes sociales para hacer permear un mensaje superficial y de fácil aprehensión que transforme la perversión en heroísmo; el crimen, en daño inevitable; el terrorismo, en confrontación con el Estado; el chantaje, en colaboración de la sociedad vasca con su propia libertad; la destrucción, en una necesidad de regeneración catártica; a los terroristas, en referentes personales; y a ETA como colectivo, en una forma extrema y martirial de amar el país de sus ancestros, enlazando así con la mitología milenarista y fantástica de aquel pueblo fundado por Túbal, nieto de Noé, que hizo del euskera una lengua que en algún momento de la historia ha sido la madre de todos los idiomas.

La producción de documentales es prolífica en el País Vasco y su distribución, discreta pero eficiente, va cumpliendo sus objetivos tanto políticos —la reivindicación humana y política de los terroristas— como cuantitativos, es decir, número de espectadores y de proyecciones en salas comerciales. *Zohardia,* seudónimo de Josu

Muguruza, dirigente *abertzale* asesinado en Madrid en 1989, cuando escribía en *Egin,* glosa su figura en términos encomiásticos y casi ditirámbicos. *La hija del mar* cuenta la historia de Haize, a cuyo padre mataron los GAL en 1983: se trataba de Mikel Goikoetxea, alias *Txapela,* miembro de ETA. La hija reconstruye la historia de su progenitor en un ambiente intimista y nostálgico. *Tiempo de manzanas* relata la «condena» de Kristiane Etxaluz y Alfonso Etxegarai, que viven su amor a siete mil kilómetros de su patria, Euskadi. Etxegarai, activista de ETA militar, acabó en Santo Tomé y Príncipe deportado. El documental embellece la historia de un hombre tétrico.

Otros documentales son menos domésticos y particulares, menos sentimentales y más duramente políticos y descriptivos. Es el caso de *De Echevarría hasta Etxeberria,* cuya sinopsis dice lo siguiente: «A partir exclusivamente de gente que vive o es natural de Oiartzun, el documental tratará de indagar la importancia que ha tenido la violencia dentro del mundo de la izquierda *abertzale,* entendiendo ésta como un grupo grande y heterogéneo. La violencia, eso sí, expresada en sus diversas formas (la de ETA, la policial, la política, la del pueblo, la del Estado, la psicológica, etc.). Para ello, el director se centra en su pueblo natal, para intentar responder a una serie de preguntas que lo acompañan desde que hace ocho años se mudó a Barcelona. ¿Por qué él no acabó siguiendo los pasos de entrar en ETA como otros sí hicieron?».

Ventanas al interior, un documental de largo metraje, trata, según la sinopsis oficial, «sobre el mundo de las/os presos/as políticos/as vascos/as y está compuesto por cinco pequeñas historias independientes dirigidas por cinco directores vascos de reconocida trayectoria para mostrar desde un punto de vista humano una realidad social muchas veces retorcida y distorsionada por los medios oficiales: la realidad humana de los presos vascos. Refleja por primera vez la historia de cinco presos vascos con el objetivo de retratar a las personas, personas a las que en ocasiones se esconde tras su condición de presas. Sin embargo, es un tema polémico y viciado por visiones parciales [...], el problema de los presos es humano, muchas veces desconocido y aparece lleno de prejuicios. Miraremos a los presos/as vascos/as como lo que son: personas normales. Pretendemos aportar una visión diferente, más dirigida al plano humano, a la persona que hay en cada uno de ellos».

Caso aparte constituye el documental *Asier ETA biok* (*Asier y yo,* aunque la grafía de la conjunción en euskera *eta* —*y*— se convierte en este título en el acrónimo de Euskadi Ta Askatasuna, ETA), que relata la relación entre el director del corto, Aitor Merino Merino, y el etarra Asier Aranguren. La cinta mereció elogios de medios solventes y el premio al cine vasco de 2013 en el Festival de San Sebastián. En esencia trata de cómo es posible mantener la relación de amistad con un etarra pese a no compartir ni su ideario ni sus prácticas delictivas. Se trata, seguramente, del documental que más alcance ha tenido de los rodados en el País Vasco en los últimos cinco años y el primero en coproducción con otro país, en este caso Ecuador. No ha llevado masas a su proyección, pero recibió críticas positivas desde la revista *Fotogramas* a *Cinemanía,* pasando por *La Vanguardia,* y sólo algunas, las menos, reticentes o negativas.

La izquierda *abertzale* —retrasada respecto de otros colectivos políticos en la utilización de las redes sociales e Internet— está comenzando a tantear estos nuevos territorios favorables para la propaganda y la aspersión de criterios heterodoxos. Quizá el portal Euskal Memoria sea el ejemplo más completo de una iniciativa exitosa para el entorno etarra en Internet. La web, además de informaciones de carácter historicista, es de una militancia ideológica desaforada. Basta echar una ojeada a «¿Quiénes somos?» para retratar el sesgo de Euskal Memoria y, sobre todo, de su terrible sectarismo que alimenta con informes (*Las víctimas que el relato intenta ocultar,* por ejemplo), libros (*Cárceles y campos de concentración en Bizkaia, Legazpi 1936, No les bastó Gernika*) y DVD con algunos de los documentales antes reseñados y otros de parecido corte. Euskal Memoria dispone de un archivo gráfico y de otro documental en donde se acumulan datos de «fallecidos/as» en dos grandes períodos de tiempo: entre 1936 y 1960, y a partir de 1960. También incorpora un apartado de personas «torturadas». En conjunto, este portal evoca el martirologio del Holocausto muy en línea con la idea de que el Estado español cometió, desde el bombardeo de la villa de Guernica el 26 de abril de 1937, un auténtico genocidio que se ha ido prolongando en el tiempo prácticamente hasta nuestros días.

Esta hiperactividad propagandística, alejada de cualquier espíritu de integración y, sobre todo, de reconocimiento del daño hecho por el terrorismo etarra, intenta adelantarse a los centros memoriales que el Gobierno de España y el Gobierno vasco —en una competición política e ideológica que demuestra hasta qué punto la fractura en la sociedad vasca sigue abierta— van a instalar en el País Vasco. La iniciativa del Gobierno ha sido diseñada por un grupo de expertos que entregó su informe al ministro del Interior en febrero de 2015. El Centro Memorial está previsto en una ley de 2011 y dispone de un edificio en Vitoria —la antigua sede del Banco de España en la capital alavesa— y se articulará mediante una fundación que impulsará no sólo exposiciones permanentes y temporales, sino también actividades de muy diferente naturaleza. El memorial gubernamental acogerá a las víctimas del terrorismo de los GAL y dispondrá de una subsede en Madrid dedicada a las del yihadismo. El Instituto de la Memoria del Gobierno Vasco tiene una pretensión más ambiciosa, porque pretende camuflar el terrorismo etarra con el franquismo y sus víctimas en la lógica nacionalista de establecer un *continuum* entre la guerra civil y la otra «guerra» de ETA contra el Estado español.

En este contexto, la «nueva» izquierda *abertzale* adquiere importancia estratégica. No se presenta como la heredera de ETA, sino como la hacedora de la paz. Quiere negociar las «consecuencias del conflicto» (desmilitarización de Euskadi, excarcelación de presos y regreso de los huidos) con las mínimas concesiones a las víctimas etarras y, en todo caso, dando el mismo tratamiento externo a los fallecidos por enfrentamientos con las Fuerzas y Cuerpos de Seguridad del Estado o que resultaron asesinados por los GAL. Trata por todos los medios de establecer una simetría, un balance de daños y perjuicios igual al del Estado de derecho; intenta, también por todos los medios, retener la legitimación de la «lucha armada» de ETA y, sobre todo, intenta —ése es su máximo objetivo— que se redacte en la conciencia colectiva un relato canónico de lo que ha sucedido y que se implante la justicia transicional. Que consiste en «una forma de abordarla en épocas de transición desde una situación de conflicto o de represión por parte del Estado», según la definición que hace el International Center for Transitional Justice. La izquierda *abertzale* y ETA tratan por todos los medios no sólo de evitar cualquier pago por su historia delictiva, sino de recibir de ella un dividendo de legitimidad y de dignidad. Ése es su discurso político actual y desconocerlo es letal para la democracia española. Porque le abre un boquete en el flanco moral de la conciencia colectiva.

Declaraba en 2002 Joseba Arregi, ex consejero de Cultura del Gobierno vasco y ex diputado del PNV, un hombre de capacidad moral acreditada que no ha dudado en abandonar las tesis nacionalistas para ponerse del lado de las víctimas y de la justicia, lo siguiente: «La postura del nacionalismo es bastante contradictoria. Cree que la violencia hace daño a sus postulados y quiere que acabe cuanto antes, y por otro lado tiene el convencimiento de que para terminar con el terrorismo hay que hacer algo de lo que ETA reclama políticamente. No creo que sea tanto una cuestión de enfrentarse. La dificultad quizá es otra: para terminar con ETA hay que deslegitimar su discurso político y eso obliga también a reformular el propio nacionalismo; dar el salto definitivo de la defensa de una comunidad étnica a un nacionalismo en el que tenga cabida la sociedad, un nacionalismo constituido por ciudadanos, no por miembros del pueblo».[12]

12. «Para acabar con ETA hay que deslegitimar su discurso político», en *El Mundo,* 20 de mayo de 2002.

VII

La sociedad española quiere olvidar la historia criminal de ETA y utiliza para ello el cloroformo de la crisis y de la comedia. Aquélla ha priorizado otros problemas sociales de enorme calado y ésta suaviza el escozor del recuerdo. Pero ETA sigue existiendo y su entorno en la legalidad sigue también actuando. Una y otro lo hacen en un intento —no podría decirse que fracasado— de ganar la batalla política luego de haber perdido la operativa, la policial o la «bélica» (según su jerga). No será suficiente evitar que los terroristas maten si persisten en socializar el miedo a enfrentarse a ellos, si imponen su modelo social en Euskadi y, sobre todo, su modelo moral. No será suficiente la victoria policial porque se habrá ganado a la acción, pero no a la idea y al ideal que tras las pistolas los terroristas decían y dicen atesorar. Arregi, un nacionalista de primera hora, ponía el dedo en la llaga.

La solución está en la mano del nacionalismo vasco del que en 1959 nace ETA como un esqueje de las tesis sabinianas étnicas, excluyentes y teocéntricas. El PNV es el patriarca del nacionalismo, su gran reproductor, y hasta tanto no transforme el concepto de pueblo vasco por el de sociedad vasca y establezca que la etnia, la religión o el nacimiento son circunstancias accidentales, irrelevantes para la plenitud de la ciudadanía, no habrá solución. Hasta tanto el nacionalismo vasco en su conjunto no supere sus propios condicionamientos históricos y extirpe la interiorización de determinados integrismos, no se producirá el marco adecuado para una solución.

Que no pasa por una justicia transicional, como si en España el Estado de derecho de 1978 hubiese sido un Leviatán opresor, sino por la justicia reparativa, que no es vengativa, pero que sí administra la sanción en función de la responsabilidad culpable que podría —si hay contrición y arrepentimiento éticos— combinarse con generosidades penitenciarias de distinto grado y a diferentes ritmos. Rememorando el libro extraordinario de Reyes Mate, no podemos dejar a las generaciones futuras *La herencia del olvido*.[13]

13. Madrid, Errata Naturae, 2008.

5

Poder tóxico y medios prostituidos

Víctima de la confluencia de varias crisis, el periodismo agoniza cuando acaso tenga más sentido, sin duda cuando más lo necesita el sistema constitucional para renacer de sus cenizas. La democracia de 1978, que mimó el periodismo, se ha quedado sin periódicos, sin contrapeso, porque el poder económico y el político han acabado forzando un tóxico conglomerado promiscuo en el que no se sabe dónde acaban los intereses y dónde empieza la información, si ésta asoma por alguna parte. Como si alguien le hubiera escrito un guion, la realidad nos regaló una metáfora rotunda cuando en el curso de unas cuantas semanas fueron destituidos Pedro J., Javier Moreno y Antich, directores de *El Mundo*, *El País* y *La Vanguardia*. La economía y la política planearon sobre las tres defenestraciones.

La épica del *Watergate* ha dado paso a la picaresca de *WikiLeaks*, el periodismo de investigación al de filtración, la información circula a velocidad de vértigo por el ciberespacio, desbocada, desnuda de análisis, huérfana de comprobación, y quienes pueden darle un sentido ya no saben si les manda un redactor jefe o un consejero delegado, un jefe de informativos, el dircom de la empresa que pone la pasta, o cualquier neoestratega atrincherado en Ferraz, Génova o la plaza de Sant Jaume. Los ciudadanos se han dado cuenta y ya no compran periódicos, si acaso ven *realities* disfrazados de debates.

El nuevo régimen democrático, o el actual regenerado, necesitará volver a la separación de poderes, en el sentido clásico y también en el ámbito informativo. Los anunciantes que anuncien, los periodistas que informen. Y no será posible sin un doble impulso, gestor y profesional, por un lado; regenerador, por otro. Aunque haya que sacrificar cabeceras históricas que hoy, desprestigiadas, ya no son valores intangibles, sino paradigmas del desastre.

I

Almorcé con Pedro J. Ramírez en el restaurante Aldaba de Madrid, a instancias mediadoras de José Antonio Sánchez, presidente editor de *El Confidencial*, pocos días antes de la fiesta de entrega de los premios periodísticos de *El Mundo* en noviembre de 2013. El encuentro se debía a un cierto afán conciliatorio por parte de Sánchez después de que el todavía director de *El Mundo* elogiase mis artículos en el diario digital. Me pareció que debía acceder a la invitación y tratar de superar las graves y grandes diferencias con Ramírez que tanto daño hicieron a *Abc* y a mí mismo a propósito de la supuesta y falaz conspiración del 11-M.

La comida en Aldaba me resultó muy reveladora. No es que no conociese a Pedro J. Lo conocía razonablemente bien. Pero el personaje que pude observar aquel día era un hombre derrotado. Porfió durante el almuerzo en la seguridad de que, pese a haber hostigado al presidente del Gobierno con sus SMS al encarcelado Bárcenas («Luis, nada es fácil, pero hacemos lo que podemos» y «Luis. Lo entiendo. Sé fuerte. Mañana te llamo. Un abrazo», publicados por *El Mundo* en julio de 2013), ministros e, incluso, la vicepresidenta debían acudir a la fiesta de *El Mundo* en la que se entregaban, entre otros a Mario Vargas Llosa, los premios periodísticos anuales. Me limité a decirle que lo veía altamente improbable; que tampoco acudirían los primeros empresarios del Ibex 35 y que se había confundido con la publicación de los SMS de Rajoy a Bárcenas si su intención con ello consistía en derribar al presidente del Gobierno. Le subrayé que carecía de munición, o así lo parecía, para seguir con la escalada de tensión y que Rajoy le había ganado la partida. Replicó que no podía seguir investigando el caso porque era controlado por el Centro Nacional de Inteligencia (CNI) y no se daban «condiciones democráticas» en España para un periodismo libre, después de que hubiese abierto su periódico el domingo 7 de julio de 2013 con un resumen de su larga conversación con el ex tesorero del PP bajo el título «Cuatro horas con Bárcenas» y un subtítulo que lo decía todo: «El ex tesorero describe la financiación ilegal del PP y sus contactos con Rajoy». Que el firmante de esta crónica fuese el propio director del periódico sorprendió y alumbró la sospecha de que Pedro J. tenía atrapado al presidente del Gobierno de modo incuestionable y definitivo. Pese a que no fuera así, Ramírez persistía en su deseo de que miembros del Gobierno asistieran al festejo de su diario. No lo hicieron y Pedro J. cometió el garrafal error de titular a tres columnas el día 22 de noviembre de ese año: «El Gobierno boicotea por primera vez los premios periodísticos de *El Mundo*», añadiendo que «en todas las ediciones de estos galardones siempre han acudido el presidente o un vicepresidente, así como otros miembros del ejecutivo, a veces al completo».

No pudo extrañarme en absoluto que en enero de 2014, Pedro J. Ramírez fuese destituido de la dirección de *El Mundo*. En octubre de ese año, la misma fiesta recibió a los Reyes, a la vicepresidenta del Gobierno, a varios ministros y a una colección de empresarios acaudalados. Pedro J., herido en lo más profundo, leyó su discurso y luego lo rompió amargamente. Era evidente que había perdido no sólo el poder, sino incluso la influencia y, quizá, algo más: la capacidad de referencia. Por eso, el domingo 9 de noviembre ya no apareció su columna en *El Mundo,* después de que desafiase a Casimiro García-Abadillo y los propietarios italianos se pusiesen de su lado.

Y es que el personaje y el poder resultaban por completo inseparables. Ramírez —en una pura contradicción— deseaba presentarse como el gran *outsider* del sistema, golpeando a la clase dirigente por sus corrupciones, ciertas o supuestas, haciendo un periodismo de «investigación» que tanta atalaya le ofreció en los años noventa (el *caso GAL*) y, al mismo tiempo, formando parte de la nomenclatura del país, de tal modo que no hubiese manifestación de poder en la que él no se incrustase. Ramírez deseaba ser una especie de dios Jano: atacar desde la periferia del sistema, pero anidar en su espacio central oficiando como los grandes prescriptores. Agredido hasta el escarnio —el vídeo sexual que trató de hundirlo fue la noticia más impactante del otoño de 1997—, denostado y demandado, Ramírez aguantó gracias a alianzas tejidas con el poder. Primero con Aznar, durante los años de oposición del PP en los noventa del siglo pasado contra Felipe González, al que desestabilizó con la complicidad de Luis María Anson, y al que apoyó durante su gestión (sin el ex presidente, Pedro J. no hubiese reconquistado la aceptación social tras la ominosa trampa que le tendieron entrometiéndose en su intimidad personal) y luego con Zapatero contra un Rajoy al que jamás tomó la medida y que terminó en 2014 por doblarle el pulso.

La historia de Pedro J. Ramírez enhebra la pasión del periodismo y la pasión por el poder, la una inseparable de la otra, de tal manera que aquélla sin ésta carecía de sentido en su particular visión de la vida y de la profesión periodística. Cuando en enero de 2014 fue apartado de la dirección de *El Mundo,* el periodista no hizo el análisis sosegado necesario para comprender el decurso de los acontecimientos. Enfrentado desde años atrás con Rajoy y sin el apoyo del PSOE —Alfredo Pérez Rubalcaba lo detestaba y lo sigue haciendo—, no logró descabalgar al gallego y el presidente lo descabalgó a él. *El Mundo* y su grupo, Unidad Editorial, en 2014, perdían dinero a espuertas y la entidad propietaria de la empresa —RCS MediaGroup Rizzoli— no obtenía ya ni dividendo dinerario ni dividendo social, es decir, réditos en términos de influencia. Cuando acudió a pedir ayuda al sistema financiero y a los poderes públicos, se encontró con la oferta de un trueque: financiación y espacio a cambio de la *cabeza* del director fundador. Y los italianos se la entregaron. Como escribió Iñaki Gabilondo en *El fin de una época: sobre el oficio de contar las cosas,*[1] Pedro J. Ramírez «hubiese podido ser el mejor periodista del país si se hubiera dedicado a este oficio, pero se ha dedicado a otro: al oficio de querer mandar sin presentarse a las elecciones. En realidad —sigue Gabilondo—, nos tienen que mandar los que tienen competencias y formación para mandarnos. No podemos ser más importantes que los que deciden. El protagonismo del periodista puede ser máximo con tal de que no se confunda con el de los verdaderos protagonistas de la vida. Hay que asumir la condición de segunda voz».

Pero Ramírez se equivocó en un aspecto de su análisis. Si su periódico hubiera dado beneficios o, no alcanzándolos, se hubiera mantenido en pérdidas soportables, y continuara su influencia de quitar y poner, de dar y negar en la vida política española, quizá su destitución no se hubiese producido. Acusar al Ibex 35, al Gobierno y al propio Rey —entonces Don Juan Carlos I— de su destitución fue una reacción comprensible de un hombre que quiso estar en la procesión y repicando, ser el Pepito Grillo del sistema y a la vez su protagonista mediático, estar junto a los poderosos y zaherirlos. No advirtió Pedro J. que el poder, disfrutado como él lo disfrutó, corrompe, prostituye y derrota a quien no se atiene a sus normas. No es posible estar con un pie en cada una de las orillas y él lo pretendió. Su credibilidad, además, resultó mermada por dos operaciones que él aún no ha terminado de desvelar: cuánto dinero cobró por sus acciones de *El Mundo* cuando fueron adquiridas por el grupo italiano y cuánto percibió de indemnización por la rescisión de su contrato y, eventualmente, por la cláusula de no concurrencia. Las cifras que él ha ofrecido en alguna ocasión no cuadran.

Por otra parte, aun después de su destitución, Ramírez sigue aspirando al poder. Sea el honorífico —desea fervientemente ser elegido miembro de la Real Academia de la Historia por sus dos últimos libros—, sea el mediático, para fundar un diario digital que se tome la debida revancha sobre los que lo apartaron. Persiste pues en una visión anacrónica del periodismo de nuestros días: lo

1. Barcelona, DeBolsillo, 2011.

que ha entrado en crisis no es solamente el paradigma informativo de los medios convencionales, sino, sobre todo, la promiscuidad entre el poder y los medios, sus editores y sus profesionales.

En esa cercanía que contagia los virus de la autocensura y las dádivas recíprocas, en plena crisis del modelo de negocio y editorial de los periódicos de papel, una personalidad como la de Pedro J. Ramírez reúne todas las virtudes y todos los vicios de una época: la vinculación culpable, la complicidad como grado de participación en el descrédito de las clases dirigentes, el mejunje entre políticos, empresarios y editores y directores y grandes periodistas. Ramírez practicó siempre la geometría variable. Hubo momentos en que estuvo con el PP, otros con el PSOE, ahora con este juez estrella, luego contra él, apoyando a su contrario. E incluso ensayó el salto mortal: Rodríguez Zapatero se proponía «matarlo a besos» al mismo tiempo que el propio Ramírez lo atacaba para cubrir el expediente mientras entraba en franca connivencia con él. El consejero delegado de RCS MediaGroup se encargó de dejar las cosas claras en una entrevista en el diario *El País* el 12 de febrero de 2014: «No podemos permitirnos perder lectores. Ése es el punto clave», aludiendo así a los que lo eran del PP y dejaron de adquirir *El Mundo* tras los ataques a Rajoy. Pietro Scott Jovane afirmó también que «nunca cambiamos a un director de periódico por presiones políticas», algo bastante menos creíble que la sentencia posterior del ejecutivo: «Si no eres rentable y pierdes ejemplares, debes dejar paso a otra persona». La realidad es que siempre que a un director lo destituyen media una crisis de empatía con sus propios lectores que, o abandonan la compra del periódico, o no se inmutan por el cese.

Los méritos de fundar un periódico quedan en la historia, en tanto sobrepasar el umbral de las propias capacidades ya acreditadas condena al fracaso. Ramírez quizá intente una mano más en el póquer mediático, pero será probable que le ocurra como —salvando las distancias— le sucedió a Indro Montanelli. El periodista italiano se hizo ayudar por Berlusconi para salvar su periódico y cuando éste mostró sus fauces populistas, el mítico periodista italiano se rindió. Murió en 2002 con noventa y dos años, pero en la amargura de que su última aventura había sido un mero y simple remedo de sus éxitos anteriores. Todo tiene un tiempo y unas pautas. El poder es tóxico para los medios, sobre todo cuando, desecadas las fuentes de la financiación ordinaria de los periódicos, hay que acudir a las extraordinarias de la ayuda, el patrocinio, la venta de espacios informativos como si fueran publicidad y la distribución de ejemplares ficticios. En la cepa del desplome de los medios —como la filoxera de las viñas— está, ha estado y estará la promiscuidad con el poder.

II

Tres semanas después de la destitución de Pedro J. Ramírez se produjo la de Javier Moreno al frente del diario *El País*. Moreno había recabado una reprobación del 75 por ciento de la redacción tras un ERE que despejó el periódico de decenas de sus mejores profesionales. Sin embargo, ésa no fue la causa de su destitución, sino la transformación accionarial que el grupo Prisa y el propio diario *El País* experimentaron mientras él lo dirigió (2006-2014). En esos años se fraguó la auténtica ruina del grupo. El desplome del mercado publicitario y de las ventas, por un lado, y un apalancamiento que succionaba recursos de manera auténticamente bestial, por otro, llevaron a Prisa a una situación preagónica. A tal punto que las refinanciaciones se sucedieron y concluyeron con la transformación de la deuda en capital por parte de las entidades financieras. De tal modo que, hoy por hoy, Santander, La Caixa y el Hong Kong and Shanghai Banking Corporation (HSBC) disponen de más del 20 por ciento del capital del grupo, en tanto Telefónica —que adquirió Canal Digital— ostenta el 5,29 por ciento. Casi un 30 por ciento del capital de Prisa está, pues, en manos empresariales y financieras.

Podría afirmarse sin miedo a errar que Prisa es un grupo de comunicación intervenido por sus acreedores, bancarios y tecnológicos, de tal manera que se habría cumplido la denuncia de la izquierda mediática, nacional e internacional, según la cual la crisis económica acabaría con la dependencia de los grandes medios del sistema financiero. El resultado sería, según esos análisis, el que, desgraciada pero ciertamente, ha ocurrido: una merma galopante de la credibilidad de los periódicos.

Aunque esas entidades citadas se han mantenido al margen del consejo de administración y no intervienen directamente en *El País,* Juan Luis Cebrián, un hombre definido según sean amigos o enemigos quienes lo hagan como «práctico», «manipulador», «instintivo», «inteligente», «vanidoso» o «sorprendente», ha llegado a responder que en el diario se funciona bajo la ley de la gravedad: no se nota, pero existe en forma de autocensura no inducida por terceros, sino por los propios redactores, que desarrollan su trabajo en un marco de referencias que podrían resultar intimidantes de una deseable espontaneidad informativa. Javier Moreno —un hombre muy parco en palabras y con tendencia a recluirse en exceso en el despacho pisando poco la redacción— no le pareció a Cebrián el hombre adecuado para timonear *El País* con los pesos pesados acreedores en función vigilante. Ni Cebrián ni el consejo desean que Telefónica, Santander, La Caixa o HSBC vendan sus acciones y se vayan del capital. Prefieren tenerlos dentro que fuera porque, aunque condicionan, también garantizan la continuidad del diario y el negocio en general, aunque los hándicaps de la situación no sean menores.

En ese contexto hay que entender —aunque haya distintas variables adicionales— la destitución de Javier Moreno. Mientras él dirigió el periódico, éste quedó en manos de los «coroneles» que impusieron un día a día poco engastado y coordinado, sin que la interlocución entre Cebrián y Moreno fuese lo suficientemente efectiva. Antonio Caño, corresponsal del diario en Washington y responsable de la edición para América Latina, garantizaba cuando fue nombrado en febrero de 2014 —aunque tardó en incorporarse— una visión más liberal y menos izquierdista del periódico —lo que satisfaría a sus acreedores— y, además, un hábito de trabajo personal más a pie de obra, es decir, más en contacto con los «coroneles», lo que fue enseguida perceptible en *El País,* que se posicionó en un terreno centrista, templado, sin acritudes ni para unos ni para otros, y con una relación con el Gobierno que complacía a sus acreedores, quienes a su vez se relacionaban sin dificultad con el diario sin necesidad de intervenciones intrusivas, salvo algunas de César Alierta, el presidente de Telefónica, en particular durante la larga gestión en la compañía de un hombre al que se ha considerado el gran padrino de la comunicación corporativa: Luis Abril.

La política de relación con medios de Telefónica —gran anunciante, patrocinador y, al cabo, gestor telefónico con intereses decisivos en Internet— no se explica desde 2001 sin Abril, un hombre de mente oriental y triple rostro —en función de las circunstancias, las personas y la oportunidad, hablaba y se comportaba de manera diferente— que ha dejado discípulos en grandes compañías del Ibex 35. Para Alierta ha sido su larga mano en asuntos mediáticos —en *El Mundo,* desde luego, cuando Pedro J. se lanzó contra el presidente de Telefónica por su prescrito delito de información privilegiada, cuya fase de enjuiciamiento fue borrada de los medios por Abril y que mereció el reproche de *The Wall Street Journal*— y el hacedor de una política de sacrosanto respeto de los medios a la compañía, agudizado por la necesidad a partir del estallido de la crisis. Y *El País* no escapó, en absoluto, a esa dinámica.

La relación del principal diario español con el poder —algo diferente a la subordinación que ahora implica la presencia tan contundente en su accionariado de entidades financieras y Telefónica— se consumó durante los años del socialismo gobernante, especialmente entre Jesús de Polanco, Juan Luis Cebrián y los sucesivos Gobiernos de Felipe González entre 1982 y 1996. *Una historia de El País y del grupo Prisa,* de María Cruz Seoane y Susana Sueiro, publicada bajo el sugerente subtítulo *De una aventura incierta a una gran industria cultural,*[2] ofrece todas las claves del desarrollo de esta gran concentración de empresas que han abarcado la televi-

2. Barcelona, Plaza & Janés, 2004.

sión, la radio, los periódicos, los diarios digitales, las editoriales... hasta componer en su momento un enorme imperio cuya velocidad de crucero no podría entenderse sin la referencia del PSOE en el poder. Una relación sometida al pragmatismo de Jesús de Polanco en función de la cual, el Gobierno, en su ámbito, establecía una preferencia por Prisa y sus empresas, y *El País,* también en su ámbito, y sin presiones, se mantenía en una posición de apoyo —a veces crítico, pero siempre constante— hacia el PSOE. La descomposición de la situación financiera del grupo ha ido pareja en el tiempo a la del socialismo español, hasta el punto de que, hoy por hoy, *El País* es el principal medio del *establishment* político y empresarial, alejado de cualquier apoyo cerrado a planteamientos de unos o de otros.

El diario se parece a sus financiadores: navega bajo pabellón de conveniencia de una manera suficientemente solvente, aunque sin aportaciones regeneracionistas. Parece contagiado de un *conservadurismo* propio de las generaciones transicionales y le cuesta extraordinario esfuerzo digerir las transformaciones sociales y políticas que se están produciendo en España. *El País* ha pasado de ser un periódico receptivo a las novedades a otro mucho más reactivo y receloso ante ellas. Otro síntoma de cercanía al poder, aunque este comportamiento informativo y editorial responda no a una involuntaria inercia, sino a un pensada estrategia que introduce un quiebro significativo en la coherencia de su trayectoria como medio bastidor del lienzo de la izquierda socialdemócrata en España. Quizá le ocurra como a esa corriente ideológica: que encerrada en el laberinto de la crisis económica y de representación de nuestro tiempo, no alcanza a ver otra salida que la de la prudencia coyuntural, esperar y ver, pero no hacer.

Ocurre, sin embargo, que en *El País* —y no hay mejor intérprete auténtico del diario que Juan Luis Cebrián— existe un profundo y subterráneo sentimiento de frustración. Se percibe cuando sostiene que de tener una nueva oportunidad no volvería a fundarlo en papel, sino como diario digital, que *El País* es una «institución» y que la crisis de la prensa no es tal, sino «un cambio de paradigma», tal y como declaró en 2012 en una extensa entrevista en *Jot Down,* añadiendo que «la prensa tal y como la conocíamos, se ha acabado. No que se va a acabar, es que se ha acabado ya. Y la migración de los medios tradicionales a los medios *on-line* es muy difícil, en el caso de *El País* y en todos los casos. Hasta ahora no se ha dado una historia de éxito». Ya en 2009, en uno de sus últimos y quizá más sugestivos libros —*El pianista en el burdel*—,[3] Cebrián escribía que «los periódicos, con seguir siendo muy importantes, cada vez lo son menos en las sociedades desarrolladas. Su ascendiente sigue siendo grande entre las élites, pero a medida que las jerarquías sociales se difuminan, cambian de residencia o de lugar, el poder de los diarios, cualquiera que sea, disminuye para dar paso a los nuevos fenómenos de la comunicación electrónica y audiovisual. Nadie piensa hoy que la prensa escrita sea más decisiva que la televisión para ganar unas elecciones. El mundo de la imagen tiene una primacía formidable sobre cualquier otro a la hora de determinar comportamientos sociales, hábitos, gustos, modas, valores, criterios a los que se acoge una comunidad».

En estas expresiones no se refugia sólo un diagnóstico más o menos acertado, sino una profunda increencia en el rol de los periódicos debida en esencia al hecho de que su modelo de negocio y editorial —ambos— son incompatibles, desde el punto de vista material, con la emergencia de la realidad digital. Tal punto de vista sería coherente si viniese de un teórico o de un académico, pero resulta chirriante cuando procede de un ejecutivo que ha de innovar un diario y rescatarlo de la ruina. La increencia en el periódico tradicional —y la constatación de que no hay un caso de éxito que avale su transición a la tecnología *on-line*— formula, en el fondo, una frustración. Pero frustración, ¿por qué? No por la idoneidad del periódico de papel para subsistir, sino para hacerlo en las condiciones, quizá, en las que en la actualidad lo tienen que hacer *El País* y otros periódicos, es decir, demasiado condicionados por cortapisas y peajes financieros que no permiten su desenvolvimiento en

3. Barcelona, Galaxia Gutenberg, 2009.

un contexto de credibilidad que es el intangible esencial que se ha perdido en la prensa.

Como en el caso de *El Mundo* —aunque con variantes—, el agostamiento del diario *El País* respondería, sí, a la crisis que desplomó los ingresos por publicidad y ventas, pero sobre todo a una cercanía tóxica con el poder. De tal manera que el cambio de paradigma no consiste en que la prensa haya entrado en crisis en beneficio de los soportes digitales; el auténtico cambio de paradigma sería que los medios han pasado de ser autosuficientes dependiendo de un mercado amplio y diversificado de la publicidad y a un ingreso sostenido por sus ventas reales, a financiarse mediante acuerdos institucionales con empresas, publicidad pública, refinanciación de sus deudas, transformaciones de éstas en capital y, en consecuencia, el nuevo paradigma es que han entrado en crisis las grandes empresas de comunicación, pero no necesariamente el periodismo. O que si éste plantea algunos aspectos críticos, no es debido a su falta de utilidad y carácter necesario, sino a la irrupción de las redes sociales y la participación «deliberativa» de los lectores en los propios medios que han hecho saltar por los aires la intermediación. Es ésta una realidad que frustra un tanto a los periodistas *print* que deben asumirla con entereza moral: el paradigma es que se ha quebrado otro paradigma, el de Jefferson, quien prefería que no hubiese Gobierno a que no hubiese periódicos, porque abominaba de un Gobierno sin ellos.

En España, la caída de Pedro J. Ramírez —al fin y al cabo un periodista, pero de incontestable carácter innovador y de mestizos propósitos políticos y profesionales— y la merma de las constantes vitales de un periódico como *El País* han sido elementos que —extrapolados también a los ámbitos de la prensa regional— han envilecido la democracia y el sistema institucional.

III

En este viaje emerge con fuerza el fenómeno de Cataluña y *La Vanguardia*. En el mes de marzo de 2014 —en enero, Ramírez; en febrero, Moreno, tómese nota de la cronología— es destituido su director, José Antich. Lo era desde 2000. Un caso curioso de cómo un buen periodista y un prosista de excelente factura, como lo demostrarían sus artículos publicados los viernes desde París, una vez cesado de la dirección de *La Vanguardia* y enviado a la capital francesa como delegado del diario, fue engullido, transformado, utilizado y reconvertido por el poder, en este caso de la Generalitat de Cataluña. Porque Antich, fichado para *La Vanguardia* por el gran Joan Tapia, lo sustituyó a los pocos días de que Aznar ganase en marzo de 2000 las elecciones generales por mayoría absoluta. Antich, quien había trabajado antes en el diario *El País,* mantenía buenas relaciones con Jordi Pujol —fue uno de sus biógrafos autorizados—, pero también con José María Aznar.

Con su nombramiento, *La Vanguardia* y su presidente editor se comportaban según los cánones que rigen en los periódicos con una proximidad inmediata al poder, aquellos que editados con cercanía física a los poderes autonómicos han de hacer cíclicas adaptaciones al signo de las administraciones que se suceden. Ocurre en Cataluña, pero también en Euskadi y lo escribe alguien como yo, que fue primero director adjunto y luego director de *El Correo* de Bilbao, periódico que no era ni nacionalista ni socialista —en Madrid en los años noventa, hasta pasado su ecuador, gobernaba el PSOE— y que, siendo el más vendido con diferencia respecto a todos los demás de la comunidad autónoma, debía acoger las realidades del país sin obviar la mayor de todas: la realidad sociológica, política e ideológica que es el nacionalismo vasco, como en Cataluña, el catalán.

José Antich se escapó de las manos de quienes lo nombraron y se hizo autónomo en la dirección de un periódico de importancia decisiva en Cataluña, pero que expresa hacia el resto de España la pulsión de las franjas más ilustradas y poderosas de su sociedad. La autonomía de Antich se produjo respecto a sus mentores políticos —especialmente, José María Aznar—, pero de manera determinante del propio editor de *La Vanguardia,* Javier Godó, conde de Godó. Seguramente, de haberse producido entre el director y el editor una más profunda sintonía en el diagnóstico y tratamiento informativo y editorial de lo que ocurrió en Cataluña desde las elecciones de 25 de noviembre de 2012 —en las que CiU perdió doce escaños cuando reclamó una mayoría «indestructible» para comandar el proceso soberanista—, quizá se hubiera evitado el debate, a veces ribeteado de una flagrante ausencia de ecuanimidad, respecto del papel del diario en la marcha de los zapadores proindependentistas en Cataluña. Antich, aduciendo la sintonía que el periódico tenía que mantener con su audiencia —ciertamente de amplio espectro—, se fue venciendo hacia las posiciones más duras de CDC, hasta el punto —no se sabe qué fue antes, si el huevo o la gallina— de marcar o dejar marcarse la agenda informativa al o desde el Palau de la Generalitat. Sea como fuere, el director de *La Vanguardia* incorporó a toda la intelectualidad «proderecho a decidir» —Salvador Cardús, Pilar Rahola, Francesc-Marc Álvaro, su hermano Xavier, Xavier Sala i Martín, Rafael Nadal...—, tratando de contrapesarla con algunas firmas madrileñas, entre ellas la mía.

Se yerra al suponer que la cercanía de *La Vanguardia* al poder político de la Generalitat se debía sólo a razones alimenticias. Es cierto que las ayudas a la edición en catalán del diario y los acuerdos institucionales —auténticas subvenciones— han sido y seguirán siendo, probablemente, importantes dentro del conjunto de los ingresos de los periódicos catalanes. Pero ¿acaso es diferente en la prensa madrileña?, ¿acaso no hay, no ha habido, acuerdos con instituciones autonómicas como Ifema o el Canal de Isabel II?, ¿tal vez alguien podría negar que en Madrid, como en Barcelona, las instituciones han adquirido a porrillo miles de ejemplares a precios políticos para engrosar la circulación total de los diarios? Sencillamente, las prácticas de la Generalitat no son muy diferentes de las de la Comunidad de Madrid en los buenos tiempos de Gallardón y Aguirre —sobre todo Aguirre—, y ambas similares a otras autonomías en las que el poder regional aspira a tirar del ronzal económico de los periódicos de cabecera de sus respectivas capitales.

El grave problema que no se planteó Antich consistió en el cálculo de consecuencias de llevar al editor del diario a un terreno en el que éste se encontraba incómodo o, directamente, no deseaba. Godó, en determinado momento, que sabe de periodismo mucho más de lo que se le reconoce, contempló preocupado cómo el periódico se le iba de las manos como le había ocurrido antes con el propio director. Quien el 25 de noviembre de 2012, cuando Mas, en vez de una mayoría suficiente, cosechó un notorio fracaso, no reparó en que había firmado su destitución. Un proceso controlado por CiU —ése era el cálculo de Antich— nada tenía que ver con el que se implementó con el pacto de estabilidad entre CiU y ERC y, en consecuencia, tampoco nada tenía que ver con el papel que él había pensado en ese contexto para *La Vanguardia.* El presidente editor supo esperar, dio margen de maniobra, peleó en Madrid por mantener la postura del periódico, se alineó hasta extremos vertiginosos con el catalanismo, pero a la postre no pudo dejar de constatar que el director se había emborrachado de poder, que atendía la agenda gubernamental más que la propia y se distanciaba de sus posiciones. Godó esperó hasta marzo de 2014, dieciséis meses después del fiasco electoral del 25-N, para destituirlo, enviarlo a París de delegado y nombrar nuevo director a Màrius Carol, que en 2000 ya era el candidato de muchos —entre ellos, Josep Piqué— para sustituir a Joan Tapia. Para entonces, Javier Godó había soportado durísimas tensiones con La Zarzuela y La Moncloa, al tiempo que tenía que contener la presión de la Generalitat y los organismos populares independentistas, como la Asamblea Nacional Catalana y Òmnium Cultural. No obstante, el conde manejaba con habilidad las teclas de su multimedia, porque aunque *La Vanguardia* es el santo y seña, RAC1 es la emisora de radio que se lleva la parte de león de la audiencia catalana —desde un radicalismo indudable—, mientras 8tv, comandada por el programa de Josep Cuní, logra *shares* que, a veces, desbancan a TV3.

Pero haciendo abstracción de *La Vanguardia* como tal, lo cierto es que no se vio en España —quizá para atisbar algo semejante hubiera que acudir a la época de la Transición— una mayor comunión entre el poder y los medios que en la Cataluña de estos últimos años. El 25 de noviembre de 2009, todos los periódicos catalanes publicaron un editorial conjunto —«La dignidad de Cataluña»— defendiendo la integridad del Estatuto que entonces estaba sometido al contraste de su constitucionalidad ante el órgano de garantías constitucionales a instancias de un recurso de un grupo de diputados del PP. Un comportamiento mediático unitario impensable en cualquier otra comunidad de España —el País Vasco, incluido— que se debe no sólo a la argamasa y las vinculaciones que se establecen con el poder autónomo (así se interpretó con cierto reduccionismo), sino, sobre todo, a la idiosincrasia de un catalanismo que, desde 2006 —fecha de aprobación del Estatuto—, entró en una dinámica de victimismo exacerbado y que fue alcanzando masa energética con la crisis económica, que en Cataluña alcanzó una especial virulencia en la destrucción de empleo y en el descenso del consumo.

En procesos de afirmación identitaria los medios pierden con habitualidad histórica su independencia de criterios y se enganchan a la emotividad y a la sentimentalidad de los fervores patrióticos. Ahora son fenómenos populistas; antes, en la historia, lo fueron de otra naturaleza más malvada, pero en cualquier caso estos episodios son proclives a los trazos gruesos y a la uniformización de conductas, comportamientos y pronunciamientos, de tal manera que se crea un *nosotros* inclusivo y un *ellos* excluyente. No había en Cataluña, en los hervores más borboteados del proceso soberanista, demasiado margen social y político para la diferenciación de posiciones. A lo más, para rituales llamadas al diálogo y la negociación.

En todo este trance, José Antich fue un líder, un dirigente, un referente. A tal punto que cuando se casó una de sus hijas el 25 de julio de 2011 en la iglesia de Santa María del Mar de Barcelona, el director de *La Vanguardia* reunió a políticos y banqueros, empresarios y profesionales, y al que pronto sería el presidente del Gobierno, Mariano Rajoy Brey, y al entonces ya presidente de la Generalitat de Cataluña, Artur Mas i Gavarró. ¿Una anécdota? En absoluto: una categoría que demostraría un gran poder de convocatoria y, en particular, el reconocimiento de que una parte del mango de la sartén de la política catalana estaba en la mano del padre de la novia y anfitrión de estos postineros invitados. Era también un recado al conde de Godó que el presidente editor de *La Vanguardia* tampoco olvidó en su larga lista de agravios cuando en marzo de 2014 dio boleto a París a Antich, de manera no sustancialmente diferente a como actuaron los que hicieron lo propio con Ramírez y, en menor medida, con el muy discreto Javier Moreno. En definitiva, Antich quiso que la boda de su hija fuese, en términos de poder, como las fiestas de Pedro J. en *El Mundo* o los Ortega y Gasset de *El País* o los Mariano de Cavia de *Abc:* un muestrario de nombres y cargos que acuden a la llamada del poderoso convocante, que más lo es cuantos más acuden.

Esta tercera historia —la tercera destitución de un director en un trimestre de 2014, directores, por más señas, del primer, segundo y tercer periódico de España— compone un retablo aleccionador de la relación entre el poder y los medios, entre aquél y los periodistas, y el papel que juegan en esa triangulación las coyunturas internas o externas de las empresas periodísticas, que son las que están en una profunda crisis de credibilidad antes que de ingresos o de modelo, aunque también lo estén en ambos aspectos. El deterioro de la democracia —que tiene también una geometría ortodoxa y otra heterodoxa— es la causa y la consecuencia de una confundida asunción de roles sociales. Los periodistas y los medios deben situarse en un territorio acotado que les asigna el mandato del buen orden democrático y que se corresponde con la intermediación y la acumulación de valor añadido a las informaciones, un papel influyente pero nunca gobernante, jamás protagonista y, menos aún, usurpador de las funciones de cada cual en la métrica que compone la sinfonía de un sistema de libertades, de un modelo de convivencia democrática.

Cuando con la perspectiva que ofrece el tiempo pueda estudiarse más a fondo qué ocurrió en la Cataluña del bienio 2012-2014, habrá que zambullirse en el papel de los medios de comunicación que en el futuro tendrán que someterse a una cuarentena de contacto con el poder para recuperar no ya la lozanía, sino la fiabilidad que, perdida en el resto de España, en Cataluña es aún sostenible por las peculiaridades idiosincráticas de la sociedad catalana, entre ellas, la lingüística. Pero siempre habrá un denominador común: la cercanía entre el poder y la prensa, perdida determinada distancia sanitaria, es tóxica y en esa proximidad siempre gana aquél y pierden, además de los medios, los ciudadanos.

IV

El cáncer de las compañías de comunicación se infiltró en ellas en los años noventa, cuando empresas familiares de dimensiones reducidas y gestionadas con criterios todavía no profesionales comenzaron a disponer de importantes excedentes que, en vez de reinvertir en los periódicos, supusieron que permitían lo que se llamó la aventura multimedia. Se trataba de establecer un conglomerado de medios (periódicos, radio, versiones digitales, televisión, editoriales) que lograsen realizar sinergias y aumentar así la potencia de la empresa y el volumen de sus beneficios. El desastre sobrevino pronto porque, estando sometidas la radio y la televisión a licencia administrativa, hubieron de transar con los poderes públicos, con lo cual comenzaron a experimentar una enorme pérdida de independencia. Y, de otra parte, las inversiones en los nuevos medios superaban con mucho sus reservas y obligaban a un progresivo y peligroso apalancamiento con entidades financieras.

Desde entonces —desde mediados de los noventa— comenzó el proceso de subordinación de las empresas periodísticas tanto a los poderes políticos como a los financieros. Pero todavía se produjo un efecto perverso más abrasivo: la endogamia en los grupos multimedia. Es decir, la retroalimentación entre los diversos medios del conglomerado componía una sinfonía de sectarismo. El periódico debía publicitar su televisión y su radio, criticar positivamente sus programas, lanzar al estrellato a sus *prime donne* y, al mismo tiempo, arrinconar la presencia de la competencia con independencia de la calidad de sus servicios, productos o profesionales. Lo mismo ocurrió con la cuadra de sus autores cuando el sector multimedia disponía de editoriales: la promoción de sus libros se basaba —y sigue sucediendo— sobre la cobertura que los demás medios del grupo ofrecen a las publicaciones. En esa espiral, el usuario, el cliente, el oyente, el espectador o el lector fueron situados en un terreno marginal, puramente instrumental, porque lo esencial era la retroalimentación sinérgica de los medios del grupo correspondiente.

El efecto de estas prácticas sobre los profesionales de la información fue enormemente pernicioso, porque desde la gestión y la dirección de los medios se les hizo partícipes de esa estrategia al margen de la opinión deontológica que pudiera merecerles. Poco a poco, el papel protagonista en la intermediación que correspondía a los periodistas fue cortocircuitado. La obtención de licencias de radio y de televisión condicionaba la crítica a las Administraciones Públicas, que las concedían en concursos dudosísimos y casi siempre previamente pactados, de tal manera que no se produjeran impugnaciones contencioso-administrativas; los críticos cinematográficos y literarios debían dosificar sus criterios —positivos y/o negativos— sobre los autores y las obras de las editoriales del grupo, e incluso los críticos cinematográficos se veían —se ven— en la obligación de prestar una especial atención a las empresas productoras del filme porque es habitual que lo sean canales de televisión conectados con los periódicos en los que escriben.

Desde el punto de vista de la independencia y credibilidad de los medios, la aventura multimedia fue regresiva por completo. Y en lo financiero fue despilfarradora y, a la postre, ruinosa. Gestores sin *know how,* sin preparación, sin cualificación, se creyeron hombres orquesta con capacidad para entender soportes informativos y comunicacionales por completo diferentes. Sus planes de negocio resultaron directamente temerarios y acabaron en sucesivas refinanciaciones y en venta de activos por debajo de su valor en los balances, que terminaron por resultar un pálido reflejo de su real situación patrimonial. La entrega, a veces por muy poco dinero, de empresas editoras a empresarios con intereses urbanísticos y constructores —algunos de ellos con episodios carcelarios que no dejan su reputación a buen recaudo— fue una de las estrategias para evitar el desplome, aunque a costa de concluir con los intangibles de los medios. El afán de pasar de una empresa informativa a una empresa «sin más», como subraya Aurelio Medel en su tesis doctoral sobre los medios y su irrupción en la Bolsa de valores, ha terminado por fracasar porque se obviaron las especificidades de estas compañías editoras, cuyo dividendo, cuyo beneficio, no es solamente económico, sino también social, y que se materializa en intangibles difícilmente mensurables.

Salvo Antena 3 Radio, que salió a Bolsa en 1989, hay que esperar a la primera década de este siglo para contemplar cómo lo hacen los grandes grupos de comunicación que en esas fechas, con un mercado de la publicidad boyante, unas audiencias de radio y televisión crecientes y unas ventas de periódicos sostenidas, aspiraban a incorporarse a una primera división empresarial. Sogecable acude a Bolsa en 1999, Prisa lo hace en el año 2000, lo mismo que Recoletos, Antena 3 TV en 2003, Telecinco en 2004 y Vocento —compañía *holding* resultante de la fusión del Grupo Correo y de Prensa Española, editora de *Abc*— se decide a salir al parquet la última: en 2006, a las puertas de la crisis. Si comparamos la capitalización de los grupos y medios que salieron a Bolsa entonces con la que ahora registran, se comprobaría el estado de ruina en el que se encuentran, especialmente Prisa y Vocento, además de otros que no han ido directamente a competir en el mercado bursátil y cuyas matrices, como en el caso de Unidad Editorial, cotizan fuera de España. Una acción de Vocento, que en 2006 llegó a los 16,55 euros, se mueve hoy por hoy en una horquilla que oscila entre uno y dos euros. Ésta es la situación que ya no parece reversible.

Este proceso, fugazmente relatado, explica el deterioro de un sector que —a salvo de las televisiones y algunas radios— se ha desplomado no sólo empresarialmente, sino también social y políticamente. El sistema constitucional español diseñó un auténtico paraíso para los medios. No sólo por la prevalencia que el Tribunal Constitucional ha establecido doctrinalmente para la libertad de expresión, sino también por la contemplación en la Carta Magna del secreto profesional —sin desarrollar por norma ordinaria u orgánica— y de la cláusula de conciencia —desarrollada por ley, pero escasísimamente utilizada por los profesionales—. Al tiempo, han decaído los delitos de injuria y calumnia y los diferendos sobre derechos fundamentales se sustancian en procedimientos civiles que protegen —siempre con la prevalencia de la libertad de expresión— los derechos al honor, la intimidad y la propia imagen. La nuestra era una democracia preparada para constituirse como un Gobierno con periódicos, es decir, con contrapesos y la realidad final —de ahora mismo— es que el sistema de poderes políticos y los financieros han absorbido esa aspiración tanto por su capacidad expansiva como por la torpeza gestora y predictiva de los ejecutivos de las compañías de comunicación.

Además, los poderes de las Administraciones en la concesión de licencias de radio y de televisión parten de un concepto anacrónico: se conciben como concesiones del espacio radioeléctrico en el caso de la radio y como servicio público en el caso de la televisión. Son licencias, en consecuencia, sometidas a condicionados, de lo que se sigue que son revocables y, en todo caso, sometidas a tutelas. El hecho de que los Gobiernos no hayan ejercido esa función no quiere decir que no exista. En definitiva, han sido socialistas y conservadores, sin distinción de comportamientos, los que han ido cincelando el panorama de medios audiovisuales, tratando de mediatizarlo —y en muchos casos consiguiéndolo— y subordinándolo a sus intereses. De tal suerte que el conglomerado de medios —con excepciones muy contadas— no cumple con su misión, con el rol específico que le corresponde en la pluralidad social. Las fortísimas dependencias de los medios con el poder, en un contexto de ruinoso mercado de la publicidad y un progresivo e imparable descenso de las ventas, han acabado por restar credibilidad, fiabilidad y capacidad referencial a los medios convencionales, coincidiendo su crisis con la propia crisis institucional del sistema.

V

Hay también causas, digamos que técnicas, para explicar los destrozos en el sector de los medios de comunicación. Un destrozo evaluable: hasta 2013 y desde que empezó la crisis se han destruido más de once mil empleos en el sector y se han cerrado desde 2008 nada menos que 364 medios, mientras que entre 1976 y 2013 las universidades *escupieron* 81.002 nuevos licenciados en Periodismo. La difusión de los diarios de pago ha descendido, de media, un 25 por ciento entre 2008 y 2012, con una pérdida neta de 1.873.228 ejemplares. Sólo entre 2011 y 2012, la pérdida de difusión fue del 12 por ciento (396.296 ejemplares). Los cuatro diarios gratuitos que existían en 2008 quedaron reducidos a una sola cabecera en 2012 y este tipo de periódicos —sin coste para el lector— registró entre 2011 y 2012 una pérdida de casi setecientos mil ejemplares. La publicidad disminuyó en el soporte de los medios convencionales de manera dramática: más de un 50 por ciento entre 2008 y 2012, y sólo en el bienio 2011-2012 cayó un 21 por ciento. En fin, los guarismos indican un proceso agónico en el que además se produce una migración publicitaria y de lectores de los medios convencionales a los medios digitales, únicos que registran algunos incrementos de ingresos publicitarios.

¿Por qué este panorama apocalíptico? No sólo por la pérdida de la credibilidad y la proximidad al poder de los medios, sino también por la incompetencia de los gestores en la introducción en su negocio de un artefacto —las versiones digitales— que no han sabido manejar. Las versiones *on-line* de los grandes diarios —además de los periódicos digitales nativos que en muchos casos han constituido un gran éxito de audiencia, aunque haya costado y cueste mucho monetizar ese activo— han canibalizado a los diarios, los han dejado viejos antes de imprimirse y distribuirse, y han incentivado la abstención de compra de los lectores que han encontrado en las versiones digitales gratuitas un aporte informativo y de opinión más que suficiente. En plena crisis, restringir los gastos que en España se tienen por superfluos —los periódicos lo serían, como en general determinados productos y servicios culturales— resultaba del todo lógico. Los diarios con su estrategia en Internet se han arruinado de manera adicional a como los destrozaba financieramente la crisis económica. El error parte, insisto, de la incompetencia gestora en el modelo de negocio digital y su relación con el medio convencional en papel, y en el desconcierto sobre el modelo editorial o de contenidos.

Los gestores no han contado en momento alguno con un factor social transversal en España que ellos mismos han fomentado: la gratuidad de los contenidos de Internet, por una parte, y la piratería, por otro, que arrambla con los derechos protegidos por la propiedad intelectual. La combinación de ambos factores ha sido calamitosa para los medios. De tal manera que fórmulas como el *paywall* y el pago de contenidos *premium* han sido un sonoro fracaso. No han funcionado y siguen sin hacerlo. Tampoco han dado el resultado apetecido las versiones digitales en formato papel para tabletas en general. Aunque las suscripciones a los periódicos resultan más económicas en estos formatos, sus volúmenes de contratación siguen sin ofrecer un horizonte de rentabilidad.

Los editores de medios —impulsados por la demagogia tradicional sobre la gratuidad en España— no han combatido ese «gratis total» según el cual las noticias y reportajes, las entrevistas y crónicas, como productos culturales, eran de acceso libre a todos los que lo deseasen. Y cuando han intentado rectificar esta confundida política de populismo cultural, han fracasado. Hoy por hoy, los medios en la Red están siendo tan depredados como la música, el cine o los libros, sin que la Ley de Propiedad Intelectual o la famosa tasa Google —un mero paliativo con más inconvenientes que ventajas— los rescate de las penurias. Una labor depredadora de los medios la han protagonizado los buscadores y agregadores que desde puntos geográficos inalcanzables legalmente actúan como pulpos sobre los contenidos de los periódicos digitales y los abren en canal sin respetar ni la firma ni la procedencia de los contenidos que parasitan. A partir de hace unos años, las hemerotecas son, en la práctica, innecesarias porque basta acudir a un buscador para llegar al dato noticioso que en cada caso se necesite. A las hemerotecas de la prensa les ha ocurrido lo que a las enciclopedias: visten bien las librerías, pero sus ejemplares están mohosos por desuso.

Ni gestores ni editores han entendido que el modelo editorial de las versiones digitales y de los periódicos debía ser netamente diferente: en Internet, las noticias con una fuerte rotación —las noticias son hoy una *commodity*— y en el papel las historias. Dos conceptos diferentes; dos géneros distintos. Cualquiera hoy puede ofrecer una noticia en una red social; grabar un acontecimiento en su teléfono móvil o encender un debate social en Twitter. Sin embargo, la elaboración de un relato noticioso que blanquee sus rostros opacos, que indague sobre el significado de los hechos, que investigue sus causas y trate de proyectar sus consecuencias, forma parte del nuevo periodismo que se impone y que no es fácil localizar en el mercado de la información en España. Esta versión elaborada del periodismo, que puede estar en papel, pero también en soporte digital y con coste, porque sólo se paga lo diferente y lo escaso (el lujo de lo escaso), es la única que cabe augurar con algún futuro prometedor. Siempre y cuando se acompañe de una reeducación de la sociedad española que no alienta sentimiento alguno de culpa cuando piratea en la Red. Junto a estas mayorías sociales inconscientes de la responsabilidad que contraen, existen lectores de medios de Internet altamente cualificados, como demuestra la tesis doctoral de Matías Jove Díaz, quien bajo el título *Influentials: localizando líderes de opinión en «El Confidencial»*,[4] elabora un exhaustivo trabajo sobre los usuarios de este diario digital que responden a un patrón muy elitista desde el punto de vista de la formación académica —especialmente en el ámbito financiero— y que disponen de una fuerte capacidad de prescripción social. Probablemente en modelos como *El Confidencial* se inspire el periodismo digital del futuro si, además, logra monetizar más y mejor —por vía publicitaria o por pago por contenidos— sus audiencias, que lo sitúan ya como tercera opción informativa en la Red en España, sólo por detrás de *El País* y *El Mundo*.

Es cierto que durante la crisis se han creado hasta trescientos nuevos medios, pero hay que tener en cuenta que se trata de una creación de minifundios. Muchos de ellos de carácter alternativo y

4. Pamplona, Eunate, 2011.

en la Red, o con fórmulas muy novedosas, o con fuerte espíritu reactivo a los medios tradicionales, como los que examina Pascual Serrano en su libro *La prensa ha muerto: ¡viva la prensa!*, subtitulado *De cómo la crisis trae medios más libres.*[5] Aunque es imperdonable que el autor se olvide de *El Confidencial,* que en España es el medio emergente en Internet —nativo— con más empuje y pujanza, es muy interesante comprobar experiencias en las que la gestión novedosa, la incorporación al proyecto periodístico de los lectores y sus entornos, la reducción de la infraestructura del medio y su independencia —normalmente orientada hacia planteamientos muy iconoclastas bien recibidos por una audiencia azotada por la crisis y sus excrecencias— han dado con modelos viables. Es el caso de *Le Monde Diplomatique, La Jornada, Le Courrier, Brecha, IPS, Democracy Now!, Junge Welt, The Nation* y algunos otros. Al socaire de la enorme facilidad de crear plataformas informativas en la Red se han llegado a normalizar los llamados «diarios zombis», meros pantallazos al servicio de intereses turbios, como se demostró tras el desmantelamiento en España de la trama de la *Operación Púnica,* una red corrupta y corruptora. Estos «diarios zombis» sólo servían para mejorar la reputación de algunos de los autores de esas fechorías, pero fue tal su grado de actividad que hasta firmaron contratos de publicidad, en este caso con el PP.

El gran paso, al margen de lo anterior, está por dar y es el que corresponde al papel, a los periódicos y a los grandes diarios digitales que superan la mentalidad de comuna o de cultivo de hortalizas informativas. Y ese reto quizá requiera de una refundación de los actuales, porque parece claro que los procedimientos de fusión y concentración en nuestro país resultan de muy escaso éxito. El ejemplo de la fusión por absorción del Grupo Correo y Prensa Española con la resultante de Vocento es disuasorio para otros intentos que sería conveniente abordar, aunque con criterios que no respondan a una pretendida suma de audiencias o a un mero ahorro de costes. Este planteamiento no sólo adolece de falta de ambición,

---

5. Barcelona, Península, 2014.

sino también de realismo. Las fusiones no pueden considerarse adiciones mediáticas, sino reiniciaciones de proyectos informativos regenerados y para ello es preciso que desaparezcan cabeceras, incluso con sus atributos positivos, y nazcan otras nuevas que agrupen energías para crear medios de dimensiones sostenibles y con un modelo de negocio y editorial coherente con la realidad social, política, cultural y económica de nuestros días.

Esta desregulación tan clara del periodismo, su crisis de intermediación, la dependencia de los medios hacia sus acreedores financieros y hacia los poderes políticos, la piratería, el minifundismo mediático, la gratuidad en la Red, en definitiva, el desplome del sector y su alternativa, mucho más débil y reducida, es una situación cómoda para los Gobiernos que rompen su paradigma de gestionar los asuntos públicos y velar por las libertades al hacerlo ahora sin medios que oferten un contrapoder. Podríamos estar ante Gobiernos sin periódicos y en una democracia sin perros guardianes (los periodistas), que Jefferson y Churchill, respectivamente, connotaban como elementos esenciales de un sistema de libertades y buen gobierno. Por otra parte, el fenómeno de la sobreinformación —que es la sensación subjetiva de estar abundantemente informado— es un trampantojo democrático: cuando se tiene demasiada información, ninguna se valora, ordena y prioriza, lo que a los poderes políticos y a algunos otros no les viene nada mal. Cuando en 2013 el barómetro del CIS preguntó por el crédito de los periodistas, no salieron malparados, especialmente, frente a los jueces: en febrero de ese año obtuvieron un aprobado alto del 5,9 y en marzo casi un notable: 6,43. Como veremos, los periodistas disponen de mejor consideración que los medios en los que trabajan. Sabiduría popular.

VI

En este contexto merece la pena una digresión sobre el llamado *periodismo de investigación* que ha alcanzado en nuestros días, al menos en España, un enorme grado de instrumentalización al servicio —aunque parezca contradictorio— de los poderes de turno. Ya era un eufemismo desde el inicio de la jerga profesional del siglo pasado referirse al periodismo de investigación. Aludía a una actividad del periodista sabueso, que gracias a unas supuestas dotes por encima de las habituales, con una perspicacia natural y un instinto singularísimo, era capaz de detectar un caso o un episodio que, siendo ocultado por sus protagonistas, el profesional investigaba, descubría y publicaba. El periodismo de investigación constituía la épica de la profesión, el desiderátum aristocrático de su ejercicio. Trae su causa y su aureola de Ben Bradlee —fallecido en octubre de 2014 a los noventa y tres años— y el *caso Watergate.*

En el libro *Los elementos del periodismo*, de Bill Kovach y Tom Rosenstiel[6] se introduce una nueva terminología mucho más ajustada a la realidad de la práctica profesional: el *periodismo de verificación.* La verificación, según estos autores que han sentado criterio —aunque todavía no ha llegado a España plenamente—, es una disciplina esencial del periodismo e impone determinadas condiciones: 1) nunca añadas nada que no esté; 2) nunca engañes al lector; 3) sé lo más transparente posible sobre tus métodos y motivos; 4) confía en tus propias investigaciones; y 5) haz profesión de humildad. La investigación es, en consecuencia, una de las buenas prácticas de la verificación e implica contrastar, depurar, contextualizar, dimensionar y valorar una información habitualmente obtenida por una filtración que, también habitualmente, es una información interesada porque se produce *contra* alguien o *a favor* de alguien. O en otras palabras: la filtración que se verifica a través de la investigación periodística no implica jamás altruismo o desinterés, ni aportación a la comunidad para que incremente su transparencia —salvo excepciones, naturalmente—, sino que incorpora un propósito que en demasiadas ocasiones es torticero. Corresponde al periodista reorientarlo en un sentido constructivo como aportación de conocimiento a la sociedad. Y todo otro plan-

6. Madrid, Aguilar, 2003.

teamiento que introduzca una épica que sea distinta a la verificación de una filtración constituye seguramente mercancía averiada, vanidosa y, a la postre, falsa.

El fenómeno de WikiLeaks, contado con detalle y amplitud por Daniel Domscheit-Berg, estrecho colaborador de Julian Assange, en su libro titulado *Dentro de WikiLeaks*,[7] nos remite a todos los profesionales a una nueva etapa del periodismo. A una era en la que la captura de información reservada se traduce en un arma de destrucción masiva contra adversarios —personas, grupos, sistemas— en aras de intereses que aún no están claros o, al menos, carecen de nitidez. La épica del *Watergate* ha sido sustituida por la grosera filtración selectiva del *caso WikiLeaks*, provocando un vuelco en el mundo del periodismo que ya pocos denominan de investigación, sino de verificación. Otro caso que ha marcado las llamadas «investigaciones periodísticas» fue el protagonizado por el diario sensacionalista británico *News of the World*, que su propietario, Rupert Murdoch, cerró el 10 de julio de 2011 al haber obtenido su directora determinadas informaciones mediante escuchas ilegales. El magnate de la prensa británica y australiana no tuvo más remedio que clausurar un diario con más de ciento cincuenta años porque las malas prácticas profesionales empleadas causaron tal impacto que pudieron llevarse su ya erosionada reputación por delante.

Lamentablemente, en España, durante los últimos años, el periodismo de investigación —mal llamado así— ha servido para espectaculares ajustes de cuentas. Sin necesidad de remitirse a los años noventa y a las «investigaciones» periodísticas sobre los GAL —que protagonizaron la *guerra sucia* contra la banda terrorista ETA— en las que hubo pagos por obtener datos y versiones, favores y connivencias, bastaría referirse a casos más inmediatos. Como la publicación de informaciones que han afectado a las finanzas de los partidos políticos y, en particular, a sus dirigentes. Éste no ha sido ni un periodismo de investigación —que como tal no existe—

7. *Dentro de WikiLeaks: mi etapa en la web más peligrosa del mundo*, Madrid, Roca, 2011.

ni siquiera de verificación. Ha sido, en muchas ocasiones, un mero periodismo de filtración que, además, no se ha contrastado fiando su veracidad —bastaba para darla por buena que la información filtrada fuera verosímil— en la supuesta calidad oficial de la fuente: la policía, un responsable político, un juez, un fiscal o un funcionario más o menos cualificado.

Estas informaciones —que mejor sería denominarlas como *exclusivas* aunque se socializan en muy pocas horas a diferencia de episodios periodísticos del siglo pasado—, siempre comandadas por el medio que iniciaba la historia o el relato, han formado parte y aún la forman de la lucha política y suponen la instrumentalización de los periodistas y de los medios para fines opacos. Los profesionales saben que son instrumentos cuando estas filtraciones se producen, pero aunque lo saben son conscientes también de que no pueden ser meras correas de transmisión. Y es ahí, en ese estadio intermedio, entre la filtración y la publicación, en el que debe producirse la verificación. La ausencia progresiva de profesionales con veteranía y *expertise,* con fuentes complementarias que ayudan a chequear el asunto y a radiografiarlo antes de publicarlo, con experiencia para contextualizar y añadir valor a la información, ha determinado que el periodismo de investigación en nuestro país se haya convertido en una mera filtración ilustrada que en ocasiones acierta y en otras falla clamorosamente, sin que ni unos ni otros se sientan concernidos muchas veces por el impacto de la noticia. Se trata de una doble irresponsabilidad: de las fuentes que filtran y de los medios y periodistas receptores de la información que utilizan muchas veces material averiado o que no depuran correctamente la intencionalidad torticera del filtrador.

El gran filtrador en estos últimos años en España ha sido el poder político, mucho más que el económico o el de otros ámbitos. Y lo ha hecho para reposicionarse en el tablero público, sacar ventaja al contrario, fidelizar al medio y a los periodistas, emplear globos sonda, presionar a los jueces, buscar la eliminación política del adversario, desprestigiar al contrario o condicionar procesos electorales o legislativos. La debilidad de los medios y la escueta dieta informativa habitual de los periodistas en estas épocas de explosiva velocidad en el conocimiento de los acontecimientos han hecho del mercado de la información una especie de zoco en el que siempre ha sacado ventaja el vendedor de la mercancía, que ha logrado imponer sus condiciones. Unas condiciones que consistían en exigir una publicación textual de la filtración sin margen para la verificación.

Este turbio panorama sobre el mal denominado periodismo de investigación es otro de los rejones de muerte con que se está toreando a los medios desde los poderes públicos. Éstos miden la ética de los demás por el rasero de la suya propia, logrando contagiar su pedestre moralidad cívica de suerte tal que no sólo la política en España ha descendido por escalones que han llegado a las cloacas, sino que han extendido la mugre a los distintos ámbitos sociales, entre ellos el mediático, logrando su mediocridad dócil y consiguiendo que periódicos, radios y televisiones se tornen sectarios y cainitas. Ante las llamadas exclusivas de asuntos turbios, no sólo hay que reivindicar el derecho a la transparencia, sino también el derecho a saber cómo se ha verificado la información haciendo compatible esta trazabilidad de la calidad del relato informativo con el secreto profesional, y la guardia y custodia de las fuentes. Pero incluso la protección de las fuentes importa menos: ya sabemos, porque se ha contado, que se han publicado informaciones compradas con fondos reservados y que se han difundido en contextos de alta tensión política para «romper las piernas» al adversario. La degradación de la deontología informativa en España es una muestra más del fin de época de un régimen constitucional que, en sus inicios, dispuso de un ejemplar «Parlamento de papel» que ayudó decisivamente a conseguir las libertades. No es seguro que ahora esté colaborando —inconscientemente en la mayoría de los casos— a restringir las libertades o, al menos, a simularlas en su autenticidad y profundidad.

Habrá que preguntarse por qué cuando en 2011 el CIS interrogó sobre la corrupción en distintos ámbitos, la contestación en lo que afectaba a los medios de comunicación fue la siguiente: casi un 21 por ciento creía que estaba muy extendida; el 30,9 por ciento, bastante extendida; sólo «algo» extendida el 13,8 por ciento. Apenas el 0,6 por ciento creía que en los medios no había corrupción. Es decir: un 52,5 por ciento de los consultados —mayoría clara— pensaba entonces (qué será ahora) que en los medios de comunicación había corrupción. Semejante respuesta no se hubiese producido ni en los años ochenta ni en los noventa. El sistema mediático se ha convertido en una de las partes menos consideradas y respetadas del régimen. Por lo demás, existen más registros sobre la confianza que infunden los medios de comunicación en la población. No logran el aprobado. En 2011, la nota de confianza era del 4,97, repuntado en marzo de 2013 al 5,16, pero volviendo a bajar al 4,79 en abril de ese mismo año —apenas hay un mes de distancia entre un barómetro y otro—, sin remontar en 2014, cuando llegó a bajar a un 4,51. Cifras muy expresivas.

VII

La acumulación de malas prácticas periodísticas —inducidas por el poder, consentidas por los editores y gestores, y a las que los periodistas, poco aficionados a la sindicalización, no saben resistir— es verdaderamente preocupante. Las comparecencias sin preguntas que, curiosamente, se denominan «ruedas de prensa» se han generalizado en todos los ámbitos, no sólo en el político, sino también en el empresarial. Los agentes sociales y políticos logran establecer así una relación de superioridad con los medios que se visualiza en el subconsciente colectivo. Observar a un nutrido grupo de profesionales escuchar una declaración leída o recitada que se transmite textualmente sin posibilidad de preguntar al compareciente es uno de los espectáculos más lamentables del oficio informativo de los últimos años. Sin embargo, no ha habido reacción eficaz —sí protestas— ni de las asociaciones de la prensa ni de los colegios profesionales. La docilidad se da por descontada en ministerios y en empresas, de tal manera que los periodistas conforman una suerte de extras en una *performance* aparentemente transparente —dar una explicación, comunicar un acuerdo—, cuando en realidad se realiza de forma opaca. Esta práctica prepotente suele tener una variante engañosa: la de seleccionar a determinados periodistas —más o menos próximos a la personalidad que comparece— y, pactando con ellos los textos de las preguntas, darles la vez y la voz en detrimento de un juego libre y espontáneo de cuestiones y respuestas. Tampoco ante esta sofisticada manipulación se han rebelado las redacciones, pese a que en los ámbitos profesionales se ha discutido una y mil veces poner coto a situaciones degradantes de la práctica profesional. Peor aún es obligar —o dar por sobreentendido que los periodistas pasarán por el trance les guste o no— a que los profesionales asistan a una comparecencia en una sala adyacente en la que se los estabula y desde la que escuchan por circuito cerrado de televisión la disertación del político de turno que no se dirige a los medios —y a su través, a la opinión pública—, sino a los mandarines del partido.

Abundan también las entrevistas con cuestionario previo e incluso con contestación por escrito —previamente pactada aquélla—, de tal manera que el género se convierte en una estafa para el lector. Es habitual que a los jefes del Estado se les pase un cuestionario y que una vez contestado se reúnan con el entrevistador. Hasta hace poco tiempo ése era un lógico nivel de tolerancia. Ahora se ha generalizado. También abundan prácticas incompatibles con el buen hacer informativo, como la remisión de las entrevistas ya elaboradas y tituladas a los entrevistados, que luego *negocian* para salir favorecidos. La praxis adecuada es remitir, si se solicita, la entrevista en bruto al entrevistado y en caso de discrepancia se impone la versión grabada. De ahí que sea una forma peligrosa de encarar una entrevista la mera anotación de las contestaciones. Y ¿qué decir de las entrevistas y artículos que aparecen por tales, pero son pagados según tarifas que dicen cubrir los gastos de producción? Hoy es perfectamente posible en España aparecer en determinados medios con la mejor de las apariencias y en el momento que sea más conveniente previo pago del espacio como si de publicidad se tratara. Por supuesto, la tipografía será la misma del diario y no aparecerá advertencia alguna de que se trata de un publirreportaje o un remitido. El engaño al lector es, así, completo y soez.

Por si fuera poco, formatear las mentes de los periodistas es otra de las prácticas de los emisores de información empaquetada. Se logra a través de la remisión —en general, por vía de *e-mail*— de argumentarios diarios para que los profesionales que acudan a debates en televisión o radio, o escriban columnas habitualmente, tengan en cuenta el punto de vista —expresado muchas veces de manera imperativa— del partido político de turno. Es perfectamente comprobable observar el buen funcionamiento de esta técnica de establecer rediles argumentales según derroten los medios y los periodistas. Pocos son los que piden educadamente ser excluidos de estos cochambrosos envíos que transmiten mucho más consignas, y conforman agitación y propaganda, que materiales intelectuales factuales para hilar un relato informativo solvente.

En esta línea, la negativa a los debates preelectorales es generalizada en España. Forma parte de la opacidad en la que se refugia la clase política ante la opinión pública. Siempre se proclama el deseo de celebrarlos y tantas veces como parecen posibles se suelen frustrar por detalles que responden, en la verborrea usual, a aspectos colaterales y sin mayor trascendencia, pero que sirven de perfecta excusa para sortearlos. En este contexto, los medios públicos se ven obligados, en períodos electorales, a ofrecer una información rígida, por el orden que les impone la Junta Electoral, al margen de cualquier criterio profesional en función de su importancia o dimensión. De poco vale que en TVE, por ejemplo, su consejo de informativos advierta que la emisión de información electoral se atiene a criterios no profesionales sino impuestos, porque nadie, ni partido ni autoridad alguna, ha refutado que el sistema deba funcionar conforme a pautas que deslegitiman la función informativa. Lo mismo ocurre en las televisiones y radios autonómicas que replican con una fidelidad notarial las peores prácticas de clientelismo informativo de los medios de titularidad estatal. Por si fuera poco, la señal televisiva y radiofónica de los mítines y convenciones es la institucional: los partidos no permiten cámaras que escrutarían auditorios escasos y gradas calvas de personal, o emitirían los cortes que resultasen más interesantes. Sencillamente, no hay carta sino menú del día para los informadores que, por lo general, consiste en un plato de lentejas, de tal modo que si no las quieren las dejan, pero sin alternativa alguna. Los políticos en puestos de poder habitualmente se refugian también en entrevistas y reportajes elaborados por los medios públicos —televisión, radio, agencias— y cubren así, o lo creen al menos, las exigencias de transparencia que demanda la sociedad y requiere la funcionalidad de los medios de comunicación. En ocasiones, acuden a medios extranjeros para sortear a los nacionales, alimentando a los corresponsales o enviados especiales a los que el actual montaje de medios ha ido privando de utilidad.

La elección sectaria de los medios a los que se conceden entrevistas o en los que se publican artículos es una práctica tan habitual como la del sistema de cuotas en los medios públicos de comunicación para los formatos de tertulias y debates. No se busca la especialidad del profesional, su calidad argumentativa y su capacidad de correcta discusión, sino que se prefiere al próximo, al bronquista *hooligan,* al dócil, al indocumentado debidamente aleccionado y, frecuentemente, al irrelevante que, sin embargo, cubre con su presencia y sus balbuceos una función de aparente pluralismo. En ocasiones, el comportamiento de los políticos es aún más insidioso respecto de los periodistas: se dejan acunar por los intrusos en la profesión y acuden a sus programas de ocio y entretenimiento, espacios banales en los que se muestran desenfadados, aparentemente próximos, luciendo ese irritante populismo comunicativo con el que algunos hacen gala de una campechanía informativa que emplean para seducir a profesionales sobrevenidos que confunden el oficio periodístico con otros de presentadores, *showmen*, comunicadores sin más o telepredicadores.

Este fenómeno lo ha inscrito Mario Vargas Llosa en *La civilización del espectáculo,*[8] título de su último ensayo en el que advierte

8. Madrid, Alfaguara, 2012.

que «el desprestigio de la política en nuestros días no conoce fronteras y ello obedece a una realidad incontestable: con variantes y matices propios de cada país, en casi todo el mundo, el avanzado como el subdesarrollado, el nivel intelectual, profesional y sin duda también moral de la clase política ha decaído. Esto no es privativo de las dictaduras. Las democracias padecen ese mismo desgaste y la secuela de ello es el desinterés por la política que delata el ausentismo en los procesos electorales tan frecuentes en casi todos los países».

El resultado de estas prácticas —malas prácticas— es la erosión progresiva, sostenida, tenaz, del buen periodismo, de ese periodismo que informa con contextos comprensibles de la noticia, que maneja con garantía de acierto los distintos géneros, que analiza con certeza en los datos, que relata con conocimiento de los hechos, que se configura en definitiva como un contrapoder al servicio de la ciudadanía practicando, justamente, la ética del civismo y prestando su aportación a la civilidad. En España, esta contribución al sistema desde los medios de comunicación se ha hecho tan escasa que parece inexistente, y no tanto por los medios y los periodistas cuanto por el papel obstructivo de los poderes y por la connivencia de los gestores con los políticos con mando en plaza. Los profesionales de la información han perdido, sin embargo, muchos puntos en la valoración pública. En las dos oleadas de 2013, el barómetro del CIS preguntó por su crédito y el resultado no fue negativo: en febrero, la valoración de los periodistas era de 59,09 sobre cien y en marzo del mismo año de 6,43 sobre diez. Aun así, el periodista era el profesional peor valorado, sólo por detrás de los jueces.

VIII

Por un corto espacio de tiempo, España dispuso de una televisión y radio públicas dignas del tal nombre. Hasta la Ley 17/2006 de 5 de junio, Televisión Española y Radio Nacional de España —la actual Corporación RTVE— estuvieron enclaustradas bajo los poderes del turno del Gobierno a través del nombramiento del director general de la entidad. Fue el ejecutivo de Rodríguez Zapatero el que, en una de sus mejores decisiones, estableció un consejo de administración verdaderamente digno de tal nombre y previó que el presidente de la Corporación fuese elegido por dos tercios de los miembros del Congreso para una gestión de seis años. Se propiciaba así que el máximo responsable de los medios públicos audiovisuales (la Agencia EFE estaba dirigida entonces y ahora por un responsable elegido directamente por el Gobierno a través de la Sociedad Estatal de Participaciones Industriales, SEPI) fuese independiente del ejecutivo y la oposición, y que su trayectoria al frente de la entidad superase la legislatura (cuatro años). Mientras este sistema funcionó, los servicios informativos de TVE y de RNE lograron las más altas cotas que se recuerdan de reputación y reconocimiento, con audiencias ganadoras y, lo que es más importante, con una clara vocación de servicio público. Quedaba demostrado que si se quería, se podía. Que si se quería otorgar independencia de los poderes públicos a la televisión y la radio públicas, era posible con la articulación de un mecanismo de blindaje en el cargo de su máximo responsable, proporcionándole un período de tiempo amplio para que su labor pudiera ofrecer los mejores resultados.

Luis Fernández, un profesional acreditado, fue el primer presidente de la Corporación con ese nuevo estatuto. Por poco tiempo, porque la experiencia tan alentadora comenzó a irse al garete cuando en 2009 la vicepresidenta del Gobierno, a la sazón María Teresa Fernández de la Vega, presionada por las televisiones privadas comerciales y deseosa de ganarse su apoyo, alteró gravemente el régimen de financiación de RTVE, suprimiendo en ella la publicidad y estableciendo un sistema mixto: el 50 por ciento de sus ingresos, por vía de transferencia presupuestaria, y el otro 50 por ciento, a cuenta del 0,3 por ciento de los ingresos brutos de explotación de las operadoras telefónicas; el 3 por ciento de los ingresos brutos de explotación de las televisiones comerciales y el 50 por ciento del importe de las tasas sobre el espacio radioeléctrico. Viendo venir que la insuficiencia financiera de RTVE resultaría inevitable en las puertas ya de la crisis económica, Luis Fernández dimitió y el Gobierno y el PP no tuvieron mejor ocurrencia que nombrar, también por el sistema de la Ley de 2006, a Alberto Oliart, ex ministro de Defensa, nuevo responsable de la Corporación. Un abogado del Estado de ochenta años no parecía el hombre adecuado para conducir un artefacto tan pesado, y a la vez tan delicado, como RTVE. Duró menos que Fernández: exactamente de noviembre de 2009 a julio de 2011.

La «solución» que introdujo el PP cuando ganó por mayoría absoluta las elecciones generales de noviembre de 2011 no pudo ser peor. En abril del año siguiente y por decreto ley regresó al sistema anterior y nombró con simple mayoría al presidente de la Corporación, reduciendo el consejo. Se volvía así al sistema enfeudado anterior a la reforma de 2006. Puso al frente —otro error— a un abogado del Estado de la máxima confianza de la vicepresidenta, Soraya Sáenz de Santamaría, en una línea de nombramientos en los que la fidelidad y la amistad parecían credenciales más que suficientes. Leopoldo González-Echenique se encontró en RTVE como un pulpo en un garaje. Ni supo manejar sus cuentas —la Corporación está en quiebra después de un ERE muy amplio y caro que sacó adelante Carmen Caffarel antes de que Luis Fernández llegase a la presidencia de la Corporación—, ni mostró jamás conocimiento mínimo del medio. El hundimiento de las audiencias de TVE y de RNE fue parejo al financiero. La entidad tiene un déficit brutal —800 millones—, una plantilla de nuevo sobredimensionada y está por debajo del 10 por ciento del *share* total de la televisión española, rebasada por las privadas. González-Echenique, nombrado en junio de 2012, arrojó la toalla el 25 de septiembre de 2014; desde octubre de ese año, lo sustituye un viejo dinosaurio de la factoría de periodistas al servicio del PP: José Antonio Sánchez, que estaba instalado en la dirección general de la irrelevante Telemadrid, y que ya había sido director general de RTVE con José María Aznar. El PP y el Gobierno de Mariano Rajoy cerraban así el círculo: primero desmontaban el estatuto de independencia del presidente de la Corporación y después terminaban situando a un fidelísimo periodista —que reconoció haber cobrado del partido mientras desempeñaba las funciones de corresponsal parlamentario en el diario *Abc*, entonces dirigido por Luis María Anson— al frente de RTVE en la fase final de la legislatura, es decir, antes de las municipales de mayo y de las generales de 2015.

Lo que no hizo el Gobierno fue revertir una de las razones de la quiebra de RTVE: su régimen de financiación establecido por Rodríguez Zapatero en 2009, en el que se la condenaba a privarse de los ingresos por publicidad. Una medida que hubiese tenido una cierta lógica si se hubiese implantado en España un sistema alternativo de canon como en Gran Bretaña o se hubiese garantizado, además de la subvención presupuestaria, un nivel de ingresos mínimo por otros conceptos. Si a esa insuficiencia financiera se une la torpeza comercial para manejar en el mercado los contenidos audiovisuales de RTVE, se llega a la conclusión elemental de que la quiebra estaba cantada. En noviembre de 2014, precipitadamente, el grupo parlamentario popular en el Congreso presentó y aprobó una proposición no de ley para revisar el régimen de financiación de TVE apostando por los ingresos publicitarios. Muy tarde para una iniciativa que aunque prosperase sólo sería viable si se reconstruyese la infraestructura comercial de TVE, ahora desmantelada.

Una quiebra, decía, que no ha sido sólo económica, sino también ética y cívica. RTVE ha vuelto a ser con el PP, como lo fue antes de la vigencia de la Ley de 2006 que otorgaba un estatuto independiente a su presidente, la voz de su amo. La pérdida de audiencia hay que relacionarla directamente con la de credibilidad y con otro factor transversal y persistente en las filas del PP y en las convicciones del Gobierno: la comunicación no es tan importante; la información no es tan prioritaria; los periodistas no son tan necesarios. Bastaría —han pensado en La Moncloa— llevarse bien con el resto del espectro televisivo para así disfrutar de una cómoda travesía.

Si las cadenas comerciales depredaron a TVE con la supresión de la publicidad para su financiación en 2009 (en 2013 acapararon el 80 por ciento de los ingresos publicitarios totales, que llegaron a 1.700 millones de euros), la arrasaron en audiencia en el período de 2011-2104. Con dos operadores principales (La Sexta y Antena 3 en manos de José Manuel Lara —Atresmedia—, en cuyo conglomerado hay que incluir Onda Cero y la cercanía del diario *La Razón,* y Telecinco y Cuatro bajo la férula de Mediaset-Berlusconi), los medios públicos de comunicación, supuesto servicio público, se han venido abajo, se han desplomado. Conviene recordar, sin embargo, algunos datos que ilustran sobre la importancia que para la democracia española tuvo el período en que RTVE fue verdaderamente independiente. En 2009, por ejemplo, los informativos de TVE fueron reconocidos como los mejores del mundo, quedando en segundo lugar del ránking el año siguiente —era director de informativos Fran Llorente, al que se le distinguió con numerosos reconocimientos— y, sobre todo, eran los más seguidos con un *share* próximo al 15 por ciento; ahora se pelean en una horquilla que va del 8 al 9 por ciento, mientras en 2013 la cuota de pantalla de Antena 3 fue del 13,4 por ciento y la de Telecinco del 13,5 por ciento.

En julio de 2014 el Consejo de Informativos de TVE reclamó un cambio drástico ofreciendo un panorama catastrófico de manipulación. Se denunciaron tergiversaciones tan groseras como la eliminación de los malos datos de valoración del presidente del Gobierno y del líder de la oposición en el barómetro trimestral del CIS; la ocultación inicial de las polémicas palabras en la campaña electoral —tildadas de machistas— del candidato popular Miguel Arias Cañete; el desplazamiento a horarios intempestivos de la información electoral; la omisión de espacios de análisis o su arrumbamiento a horarios imposibles (durante dos años, el mítico *Informe semanal* se emitió a las 24.00 horas de los sábados, cuando de siempre había ocupado la franja horaria del *prime time*) y otras actuaciones y comportamientos que el Comité pedía que se rectificasen. Inútil petición cuando el director del área nombrado por González-Echenique fue Julio Somoano, procedente de la inevitable Telemadrid, cesado por Sánchez, que nombró a un periodista veterano en el papel pero poco ducho en televisión procedente de

La Razón, el periódico más inclinado hacia las tesis gubernamentales, José Antonio Álvarez Gundín. Ambos nombramientos, sometidos a votación de los trabajadores, recibieron un aplastante rechazo. Contra el nombramiento de Somoano votaron 335 profesionales de los 472 sufragios emitidos, y contra el de Álvarez Gundín, 573 de los 745 emitidos.

De nuevo la degradación de la radio y la televisión públicas contribuye a la del propio sistema y se constituye como un síntoma más de la erosión del conjunto. El caso de RTVE es especialmente hiriente porque entre 2006 y 2012, apenas seis años, se demostró que los medios audiovisuales públicos podían ser auténticos instrumentos de democratización y regeneración del régimen constitucional de 1978. No obstante, estos experimentos regeneracionistas duran poco en España. Es indicativo a este respecto que ninguno de los tres últimos presidentes de la Corporación RTVE concluyese su mandato de seis años. Fernández apenas si estuvo tres años; dos Oliart y dos González-Echenique. Es de suponer que Sánchez tras las elecciones generales cese también de manera automática. Resulta elemental la consideración de que esta rotación perjudica gravemente al ente público, cuyo mando se asemeja demasiado a un botín de urna.

Por otra parte, no es que sólo hayan desaparecido prácticamente los mejores atributos de los otrora buenos informativos de RTVE. Ha desaparecido también el modelo de programación que se intentó en 2006. Concursos fallidos, películas de serie B, ausencia de debates de actualidad, restricción de la información internacional, regreso a la factura ñoña de programas de beneficencia en tiempos de crisis, espacios rosáceos como en las televisiones antes tan criticadas por los populares cuando estaban en la oposición, mucho deporte como cloroformo social y una ausencia de audacia que ha hecho retroceder TVE a sus peores épocas. Ésas son las características de la programación de TVE. RNE, que antes se codeaba con Onda Cero y la COPE, ha pasado a instalarse en el cuarto lugar según el *Estudio general de medios,* cuando dispone de un mapa de postes sólo equiparable al de la Cadena SER.

En este cuadro, además, hay que apuntar dos fenómenos interesantes y, seguramente, determinantes. De una parte, la fuerza casi arrolladora de La Sexta (Atresmedia), y por otra, la generalización de los grandes sectores de la población que ya no ven la televisión, sino que se introducen a diario en YouTube. Porque la programación vibrante, muy ideologizada, polémica y de debate constante que ha puesto en marcha La Sexta ha refrescado la mentalidad programadora de las otras comerciales —además de desarbolar a TVE— e incidido en la vida política. No falta quien atribuye a los programas informativos y tertulias de esta cadena la fortaleza con la que emergió Podemos en las elecciones europeas del mes de mayo de 2014. Algunos expertos sostienen que la exposición de Pablo Iglesias, secretario general de la organización, y de otros dirigentes, en este tipo de programas constituyó el núcleo de su campaña electoral, asunto abordado con brillantez analítica por Pablo Prieto Fernández en el trabajo titulado *Del sound bite al tuit: cien días que sorprendieron al país.*[9] Se trata de un trabajo de fin de máster en Márketing, Consultoría y Comunicación Política que, entre otras cuestiones, plantea el manejo de las redes sociales como instrumentos de captación de votos y se cuestiona cómo es posible que la televisión haya favorecido tanto a Podemos cuando sus adversarios están instalados en esos programas mucho antes y mucho más que los representantes de la organización liderada por Iglesias.

Por otra parte, las televisiones tienen un desafío de grandísimo calado: miles de jóvenes en el mundo se ganan la vida —son los *youtubers*— creando vídeos para YouTube y algunos se han convertido en estrellas de la Red, como relató con todo lujo de detalles un interesante reportaje del diario *El País* del 15 de noviembre de 2014.[10] YouTube también tiene un *prime time* capaz de desbancar a los más sólidos de las cadenas generalistas. Y monetizan su trabajo con unas facturaciones de publicidad estimables. Según el diario,

9. Fundación Ortega-Marañón, 2014.

10. «Las estrellas de YouTube desafían a la televisión», *El País*, 15 de noviembre de 2014.

un *youtuber* puede ganar en España entre dos mil y tres mil euros al mes si tiene seguidores y sabe cuándo debe subir sus vídeos. Estos nuevos «profesionales» están siendo contratados por grandes compañías para la elaboración de sus producciones, en las que insertan publicidad. Un ejemplo exitoso de esta televisión alternativa es la compañía Vice News, que en noviembre de 2014 se felicitó por haber alcanzado el millón de suscriptores en su canal. Lo esencial de este fenómeno es que la televisión se verá pronto ante una depredación similar a la que están sufriendo los periódicos por las versiones digitales y diarios digitales nativos, y tendrán que alterar y retocar —quizá revisar en profundidad— sus modelos de negocio y de contenidos, no sólo por la pérdida de audiencias (las que conforman la generación denominada *millennials,* los nacidos después de 1980), sino también —y quizá, sobre todo— por la erosión de sus ingresos publicitarios. De modo que si los paradigmas más convencionales de la comunicación pública se han roto para los diarios en papel, también podría ocurrir lo mismo y a muy corto plazo para las televisiones. El poder mediático se fragmenta, incorpora a los usuarios como agentes activos, interactúa, pero se volatiza, se hace fugaz y velocísimo, y crea un magma en el que lo urgente y lo importante, lo inmediato y lo decisivo, se entremezclan creando una confusión en la que los poderes —siempre estructurados— siguen avanzando en sus posiciones de confort dominador.

IX

El panorama de las televisiones autonómicas no es mejor —es peor— que el de la pública estatal. Concebidas como piezas de un sistema de autogobierno replicante del Estado —tienen su Gobierno, su Parlamento, su Defensor del Pueblo, su Tribunal de Cuentas y en el pasado reciente hasta su banca pública en forma de cajas de ahorros, ahora subsumidas en el sistema financiero bancario—, han sido y siguen siendo instrumentos burdos del poder más cercano. Más allá del servicio que la catalana, vasca y gallega prestan a los idiomas propios de sus comunidades, esas televisiones públicas son, en potencia, bombas de relojería. Porque no sólo pesan como losas sobre los presupuestos autonómicos, sino, y es lo más importante, son los receptáculos de las peores prácticas —tantas veces corruptas— clientelares y nepotistas.

El caso más dramático y a la vez escandaloso quizá haya sido el de la clausurada Radio Televisión Valenciana (RTV). Creada en 1989, se cerró en 2013, luego de que la incompetencia gestora del Gobierno de la Generalitat de Valencia gestionase tan mal el ERE del medio que los tribunales lo declararon nulo, con lo cual, la obligación de readmisión automática de los empleados obligaba al cierre. Pero RTV llegó a tener una plantilla de mil setecientos empleados, disponía de Canal Nou HD, Canal Nou 24 (en valenciano), llegó a mantener Canal Nou 2 y Canal Nou Internacional. ¿Una locura? Seguramente, porque su cuota de pantalla fue en 2012 del 5 por ciento y en 2013 del 3,7 por ciento. Cuando se anunció su cierre, los trabajadores tomaron el control de los programas e iniciaron un rosario de denuncias. Todo ello se ha judicializado y no precisamente por la vía contencioso-administrativa, sino penal. Y un dato que no debe escaparse por la irritación social que produjo el descubrimiento del desbarajuste interno de ese conglomerado: en la jornada de cierre, la televisión valenciana logró nada menos que el 36 por ciento de *share*. En este momento, la entidad tiene una deuda viva de 1.000 millones de euros. El servicio que ha prestado a los valencianos esta monstruosa radio y televisión ha sido tan lamentable como perseguible por los tribunales, porque se pasó de la manipulación y el clientelismo directamente a la requisa. En noviembre de 2014, el presidente de la Generalitat Alberto Fabra sugirió la posibilidad de refundar RTV provocando una polémica de gran repercusión. No obstante, la sorpresa saltó cuando el presidente de la Diputación de Valencia, Alfonso Rus, propuso una televisión pública de carácter provincial, externalizada, con un coste de 3,2 millones de euros. Aunque la Diputación valenciana disponía entonces de superávit, resulta escandaloso que una entidad local se empeñe en una inversión de estas características. La distorsión de las prioridades de gasto en la clase política alcanza perfiles casi patológicos.

El ejemplo de que las televisiones públicas ni siquiera han servido, allí donde hay idioma propio, a la extensión de la lengua y a su fortalecimiento, lo ofrece la vasca. Con casi mil empleados, Euskal Irratia Telebista (EITB) dispone de un primer canal (ETB1) en euskera, con una cuota de pantalla en 2012 y en 2013 que no superó el 2,5 por ciento. Por el contrario, el canal en castellano (ETB2) logra en ese bienio nada menos que el 9,9 y el 9,6 por ciento, respectivamente. Pero las dimensiones del ente son más amplias y replicantes de la televisión del Estado: ETB3 es exclusivo para TDT y emite en euskera; ETB4 combina el euskera y el castellano, y ETB SAT emite para España y Europa en ambos idiomas. Por fin, Canal Vasco emite en castellano en América Latina para llegar a la diáspora vasca en aquellos países donde hay abundantes comunidades de naturales del país. Si se examinan las audiencias se observará que el euskera no deja de ser una coartada para mantener una estructura comunicativa que, con un sesgo ideológico atosigante, es un factor de reproducción del nacionalismo.

De forma corregida y aumentada, lo mismo ocurre con la radio y la televisión catalanas: sirven tanto a la lengua —el castellano está prácticamente proscrito— como a la causa independentista de CiU y ERC. Creada en 1983, TV3 cuenta con más de dos mil empleados y un presupuesto que el año 2014 superó los 255 millones de euros en una comunidad que está técnicamente quebrada y, en consecuencia, sin acceso a los mercados financieros y que de no ser por la asistencia extraordinaria del Estado a través del Fondo de Liquidez Autonómico no podría poner en funcionamiento ni sus servicios básicos.

TV3 es un gran conglomerado, porque además de TV3 HD dispone del llamado Canal 33, de contenidos culturales; el Super3/33, con programación infantil; el 3/24, que se asemeja a un canal-río de noticias; Esport, dedicado a deportes; y TVE3 CAT, que se emite por Internet, pensado para catalanes fuera de Cataluña. Todos estos canales y la radio están integrados en un ente público denominado Corporació Catalana de Mitjans Audiovisuals, que depende de la Generalitat de Cataluña. TV3 tiene realmente peso, con *shares* en 2012 del 14,3 por ciento y en 2013 del 13,5 por ciento, lo que demostraría, a diferencia del País Vasco, que en la comunidad la penetración del idioma propio alcanza niveles de bilingüismo. Las otras opciones son, desde el punto de vista de audiencia, mínimas porque se mueven en cuotas de pantalla de entre el 1,1 por ciento y el 1,7. El papel que están jugando los medios públicos de la Generalitat en el proceso secesionista catalán es de una extraordinaria relevancia porque concurren, además, con otros privados, creando un microclima informativo sólo roto por los programas más explosivos de las privadas comerciales. TV3 y Catalunya Ràdio son factores no sólo de reproducción del nacionalismo, sino de dinamización de los procesos políticos que aquél pone en marcha y suministran contenidos que alimentan la concienciación nacional catalana desde un punto de vista hostil al conjunto de España, sin concesiones.

El caso de los medios públicos catalán y vasco es un ejemplo de cómo el principio de lealtad a los valores de integración de la Constitución no es asumido en sus respectivas comunidades —véase el mapa de la información meteorológica que eleva la anécdota a categoría— y otro no menos importante de deslealtad a los principios deontológicos que han de presidir un medio de comunicación de carácter público. La gravedad de las actitudes comunicacionales de TV3 y ETB nos remite a una permanente tensión segregacionista que actúa como corriente subterránea constante desde que los estatutos de autonomía establecieron sistemas de autogobierno cerrados y duplicados respecto de los organismos del Estado y han favorecido el servicio a los nacionalismos en dos planos: en el de su supervivencia y expansión como ideologías hegemónicas en Cataluña y Euskadi, y como agentes de sus políticas concretas en los aspectos más delicados de la conformación de la opinión pública y, en muchas ocasiones, también publicada.

Por fin, Canal Sur —la televisión pública andaluza—, con más de mil quinientos empleados y 126 millones de euros de presupuesto en 2014, con tres canales, es el típico caso de medio regimental porque desde que se constituyera en 1989 no ha dejado de estar al servicio de la permanencia del PSOE en el poder comunitario. Con una cuota de pantalla siempre en torno al 10 por ciento, es una opción mediática considerable en la comunidad autónoma más poblada de España que, sin embargo, no sirve a la cohesión interna del territorio, muy desgarrado entre la zona oriental y la occidental, y con dos capitales de referencia, Sevilla y Málaga. Valga como anécdota que Canal Sur 2 —la aparatosidad como signo de poder— dejó de emitir sus propios contenidos a finales de 2012 (su *share* no superaba el 1,5 por ciento) y emitió la misma señal que Canal Sur 1, pero con subtítulos y lenguaje de signos. Se pretendió, pero fue imposible, financiar programaciones diferentes. Naturalmente, Canal Sur 2 se desplomó y ni siquiera se registra su audiencia.

El examen de este despilfarro económico y del correlativo deontológico podría continuar con Telemadrid, arruinada y sectaria; con la inútil de Murcia o la de Castilla-La Mancha; las inanes de Asturias o Extremadura; y las más entonadas de Canarias y Baleares; a más de la gallega, que no ha salido de las manos del PP, salvo episódicamente, y que es un bastión para sus intereses electorales en la región. Pero conviene mencionar este listado de televisiones y radios, con apunte de sus despilfarros estructurales, para destacar la profunda inmoralidad de sostener plataformas al servicio del poder cuando —sin objetivos a qué servir, más allá de la lengua y la cultura— drenan recursos que precisan la sanidad, la educación o la dependencia. Desde esa perspectiva sólo se entiende la emergencia de estos fenómenos de comunicación partidista por el principio dispositivo establecido en la Constitución que ha permitido incorporar a los estatutos estas maquinarias de generar déficit y corromper los criterios deontológicos del periodismo como servicio público. Un saco terrero más sobre la espalda de un sistema al que le tiemblan las piernas.

X

El ecosistema mediático está bastante menos dañado en los ámbitos locales y regionales. Los grandes periódicos territoriales —cuya distribución satura una comunidad— siguen teniendo una mejor salud que los llamados nacionales. Mantienen una difusión que, aunque disminuida, es más sana que la de los periódicos que se editan en Madrid y, sobre todo, unas audiencias poderosas. Varios ejemplos advierten que, incluso, hay periódicos regionales con más lectores que algunos de los editados en Madrid (como *La Razón* o *Abc*). *La Voz de Galicia,* según datos de 2014, llega a los 604.000 lectores; *El Correo* de Bilbao, a 410.000; *La Nueva España* de Oviedo, a 302.000; *Faro de Vigo,* a 280.000; *Levante* de Valencia, a 259.000; *Heraldo de Aragón,* a 237.000; *El Diario Vasco* de San Sebastián, a 253.000; y *El Norte de Castilla* de Valladolid, a 188.000. Y aunque la publicidad ha descendido —especialmente la inmobiliaria y la denominada como anuncios por palabras—, los modelos de gestión son más austeros y previsores. Además, la proximidad al poder y las presiones consiguientes las han neutralizado estos periódicos abundando en el concepto de *información de servicios,* que incluye una amplia información local —muchas veces reflejada en numerosas ediciones comarcales o zonificadas— y otras de utilidad para la vida diaria de los ciudadanos. Con perfiles editoriales muy bajos y posicionamientos muy transversales, estos diarios han obtenido licencias para mantener de forma complementaria radio de programación local —en ocasiones asociada a grandes cadenas nacionales— que les permite una gran proximidad a sus lectores, con los que crean vínculos de máxima cercanía, con clubes con ventajas en precios, actividades culturales, visitas de colegios y entidades locales regionales, asumiendo la dinamización de algunas actividades de patrocinio, bien deportivas, bien culturales, de modo que procuran un entrelazamiento entre la vida ciudadana y rural y el periódico. Son modelos de supervivencia en la crisis mucho más efectivos que los que han intentado los grandes periódicos, aunque la mayoría de aquéllos se integran en grupos

(Vocento, Prensa Ibérica) que disponen de una filosofía editorial tan inteligente como descomprometida: en cada comunidad autónoma se alinean con las corrientes políticas más potentes y hegemónicas. Mientras *Levante* de Valencia —del Grupo Moll-Prensa Ibérica— es crítico con el PP —secundado por *Las Provincias*—, en Asturias *La Nueva España* es un diario más alineado con los populares que con los socialistas.

Para los medios locales, la ausencia de compromisos editoriales y la colaboración transversal y continuada con las distintas Administraciones Públicas (autonómicas, provinciales y municipales) supone un comportamiento defensivo-preventivo que les ha evitado especiales convulsiones, más allá de las que la crisis económica ha propiciado, lo que ofrece, sin embargo, una sensación connivente con el poder, en todo caso complaciente y siempre renunciante a ejercer de contrapoder. Si estos medios se opusieran a las instancias de poder en su ámbito, podrían ser fácilmente arrollados, razón por la que optan por un periodismo de servicios y extraordinariamente amable, escapista de las polémicas y muy receptivo a las sugerencias. En algunas ocasiones, como ha ocurrido cuando estas empresas familiares se extinguían por el acabamiento de las sagas que las gestionaban, logreros de última hora se han hecho con el control de los diarios y los han puesto al servicio de sus negocios, generalmente promotores y urbanísticos. No obstante, el arraigo de estas cabeceras —la mayoría antañonas— ha resistido la mala reputación de sus dueños, de tal forma que su *lectoría* las ha sostenido contra viento y marea.

El sistema autonómico ha hecho que estos medios tuvieran gran importancia estratégica por su conocimiento del terreno. Es notable, desde esa perspectiva, cómo los diarios nacionales intentaron una estrategia de expansión mediante delegaciones —algunas muy nutridas— que, sin embargo, y salvo excepciones muy concretas, han ido declinando, imponiéndose así la oferta informativa local. Poco ha importado a los lectores que la mansedumbre de estos diarios locales haya sido a veces muy notoria y hasta clamorosa. El periódico en el ámbito inmediato se compra como un hábito ciudadano, como un rito colectivo, que, además, se transmite en la familia de padres a hijos mediante las suscripciones individuales, cuyo número es, en términos relativos, mucho más importante que en los medios de difusión nacional.

La alineación de las estrategias audiovisuales a las de los diarios es muy disciplinada para que no se generen problemas. Las radios y las televisiones privadas locales son igualmente romas, sin aristas, descomprometidas —siempre salvo excepciones—, de tal manera que disponen de un discurrir plácido y concesivo, dejando que sean las televisiones comerciales y las grandes cadenas de radio las que, si es el caso, asuman el coste de la crítica a sus poderes más próximos. Las élites autonómicas, además, han salido de muchas familias propietarias de los medios locales o regionales, que a su vez tienen conexiones con las ejecutivas de los partidos en ese nivel territorial y presencia en las empresas del lugar más prósperas. Es decir, se crea toda una línea de defensa del diario que es el elemento central de derivadas circulares con fuerte presencia económica, política y social.

XI

Una de las fallas tectónicas del sistema es la mediática. El fin de régimen lo forma una convergencia de fallas que se movilizan lentamente creando movimientos sísmicos destructivos. Las democracias maduras no están preparadas para vivir sin contrapoderes, sin referencias críticas, sin factores de regeneración, sin reproductores de la culturización informativa de la sociedad. Si el poder no se contiene en extraer el oxígeno que permite la vida a los medios cuando les falta por la crisis y procura, por el contrario, una promiscuidad tóxica para ellos, el sistema se altera y los roles sociopolíticos se prostituyen. El gen que ordena los espacios en democracia, que establece los equilibrios, que genera los anticuerpos, que balancea las situaciones, debe mantenerse sano y protegido. No lo está en la sociedad española por lo que a los medios de comunicación se refiere.

El futuro de éstos no depende sólo de la superación de los condicionamientos de la crisis económica, sino de un doble impulso. El impulso gestor y profesional, y el regeneracionista. En función del primero, hay que ir a medios con infraestructuras menos pesadas, a cabeceras nuevas —sacrificando los activos intangibles que en un determinado momento se han convertido en lastres: se tiende a sacralizar el significado histórico y los valores inmanentes de cabeceras seculares, cuando ya comienzan a transmitir desvalores—, a la diferenciación por soportes de los géneros adecuados a cada uno de ellos, a la contratación, no sólo de nuevos profesionales, sino de los llamados séniors, regresando al periodismo de reflexión y dejando que las noticias fluyan en la Red, en la radio y en la televisión. En definitiva, hay que rehacer el mapa de medios, asignándoles funciones y papeles distintos a cada cual en razón de su más ventajosa idoneidad: inmediatez, imagen, voz, reflexión y análisis... hasta componer una sinfonía que sea coherente y melodiosa. No es imprescindible ni mucho menos que las empresas de comunicación sigan siéndolo: las editoras de periódicos pueden ser fundaciones sin ánimo de lucro que busquen su supervivencia con independencia y un fuerte sentido de servicio a la sociedad.

El reduccionismo según el cual la crisis ha sido determinante en el naufragio mediático es reprobable democrática y éticamente. La pérdida de credibilidad ha sido una razón de contundente peso en el abandono de los periódicos por los lectores. Simplemente, se les ha retirado la fiabilidad —no son creíbles— y el monopolio de la intermediación, suponiendo que los periodistas practican un oficio ya innecesario cuando seguramente lo es más que nunca. Y esta pérdida de intangibles está directamente relacionada con la intrusión del poder —sea político o económico— en los medios, que actuaría como *longa manu* de intereses en los que los ciudadanos no se ven reflejados y en profesionales a los que no se les connota con los atributos referenciales que necesitan los periodistas para gozar de un crédito y una reputación que les permitan ejercer con solvencia su función y su profesión. De ahí que no haya que reformar sólo las instituciones de poder, sino también las que lo ejercen en términos *soft*. Porque los medios —al igual que los sindicatos— forman parte de la constelación constitucional, regimental, con unas facultades indirectas, pero reconocidas y reconocibles, que están en la urdimbre de la democracia. Si falla esa función porque es absorbida por el poder, el sistema se resiente y cojea. Como ya lo viene haciendo desde hace muchos años en España.

Agradecimientos

En estas breves líneas de agradecimiento tengo que expresarlo al periodista Álvaro García-Zarzalejos, uno de mis sobrinos, que ha colaborado eficazmente en la búsqueda del dato exacto, la fecha precisa y la estadística olvidada. Sin su ayuda, la redacción de este ensayo hubiese retrasado la cita con los lectores. Que llega en tiempo y forma por el empeño amable pero disciplinado de mi editora Ángeles Aguilera, y que ha mejorado gracias a las sugerencias y advertencias de Adolfo García Ortega. A ellos y a mi mujer, Lourdes, que ha sacrificado viajes, cine y teatro para que emplease el tiempo en elaborar estas páginas y lo ha hecho con su permanente paciencia y alegría, debo darles las gracias. Y lo hago sinceramente.

Índice onomástico